EDUCATION FOR TOMORROW

내일을 위한 교육

DUCATION FOR TOMORROW

내일을 위한 교육

류완영 지음

한양대학교 출판부

| 머리말 |

나는 2017년 8월부터 일 년 간 미국에서의 유배(?)생활과 비슷한 삶을 사는 행운을 갖게 되었다. 아내의 안식년을 가족의 일원으로 따라가게 된 것이다. 나는 이 소중하고도 귀한 시간에 내가 공부해온 교육학 분야에 관한 책을 하나 쓰고 싶다는 욕심이 생겼다. 그 배경에는 몇 가지 동기들이 숨어 있었다. 첫째는 오랫동안 대학에서 학생들을 가르치면서 느낀 것인데, 몇몇 개념들에 대한 잘못된 이해를 바로잡고 싶다는 욕심에서였다. 둘째는 일반인들과 관련되는 것으로 이들에게 교육에 대한 관심을 높이고, 교육에 대한 균형된 감각과 관점을 갖게 하고 싶어서였다. 셋째로는 교육에 관한 연구가 패러다임적 전환에 따라 대혼란을 겪고 있는데 이를 정리하고, 앞으로 교육이 지향해야 할 방향을 제시하고 싶어서였다.

인간의 사물이나 사건에 대한 이해는 주로 비교나 대조를 통해서 이루어진다. 예를 들어 특정한 돌의 속성을 파악한다고 할 때 다른 돌들과 단단함, 색깔, 무늬, 무게 등의 비교를 통해서 얻는다. 교육학적 개념이나 이론들도 마찬가지 이치에서 몇 가지 기준에 따른 비교나 대조를 통해서 그 성격을 분명히 할 수 있다.

이 같은 생각에서 나는 교육의 4대 구성요소인 교사, 학생, 내용, 그리고 환경 변인을 중심으로 약 50여 개에 이르는 대립적 관계에 있는 이론이나 개념들을 선정하였다. 이렇게 선정된 이론이나 개념들은 특정 기준에 따른 연속선상에 놓고 보면 양극단에 위치한 값이라고도 볼 수 있을 것이다. 그러나 이들은 포괄성이나 추상성의 면에서 서로 간에 차이가 나고 교육학적 측면에서의 중요성이나 가치도 서로 달라 조정할 필요를 느꼈다. 이렇게 해서 결과적으로 얻게 된 것들이 이 책에서 다룬 16개 주제들이다.

우리의 삶은 언제나 과거가 없는 현재는 없고, 현재가 없는 미래는 또한 없다. 그래서 과거부터 현재에 이르는 교수학습 이론이나 관련 개념들은 전반부인 '오늘의 교육'으로 묶고, 앞으로 나아가야 할 방향을 논의한 주제들은 후반부인 '내일의 교육'으로 묶게 되었다.

'오늘의 교육'에서 교육의 과정(過程)은 교육목표, 교육방법, 교육평가의 세 영역으로 나누고, 각 영역마다 1개씩의 주제를 선정하여 다루었다. 주제명들을 구체적으로 언급하면 구체적 목표와 추상적 목표, 연역법과 귀납법, 그리고 상대평가와 절대평가였다.

교육은 흔히 '인간 행동의 계획적인 변화과정'이라고 규정한다. 여기서 행동이란 용어는 행동주의를 연상하게도 하지만, 그만큼 교육에서 중시하는 대상이라는 것만은 부정할 수 없을 것이다. 따라서 여기서는 인간의 행동을 수동 행동과 작동 행동으로 구분하여 각기의 의미를 살펴보았다.

교수학습에 대한 연구프로그램들은 행동주의, 인지주의, 그리고 비판이론 순으로 변천되어 오늘에 이르고 있다는 것이 일반적인 시각이다. 행동주의 이론은 보이는 행동, 외적 행동 중심의 이론으로서 강화이론이라 할 정도로 강화(强化)를 중시한다. 여기서는 다섯 번째 주제로 정적 강화와 부적 강화를 중심으로 다루되, 강화계획, 행동의 형성과 소멸 등도 함께 살펴보았다.

인지이론은 보이지 않는 행동, 내적행동을 주로 다루는데, 학습자에게 지식이 어떻게 확장되어 가는지를 Piaget의 동화, 조절, 평형화의 개념과 스키마 이론에서의 스킴의 개념을 가지고 고찰하였다. 나아가 속진 학습이 불가능하다고 보는 Piaget학파의 단계론과 속진이 가능하다고 보는 Bruner와 Vygotsky의 연속론을 대비하여 보았다. 또한 인지양식을 사물을 지각하고 파악하는 습관화된 형태로 정의하고, 인지양식의 여러 가지 유형들, 이들과 교육방법 간의 관계 등을 다루었다. 그리고 인지적 정보처리이론에 근거하여 정보처리의 과정을 살펴보고, 부호화encoding와 인출retrieval의 효과적인 기법들에 대해 정리해 보았다.

비판이론과 관련해서는 지식과 실천의 문제를 다루어 보았다. 이 주제는 교직의 전문화와 관련이 깊은데, 지식과 실천이 직접적 관계인지, 간접적 관계인지, 아니면 호혜적 관계인지와 지식이 실천을 낳는지 아니면 실천이 지식을 낳는지의 문제를 다루었다.

제1부의 마지막 주제는 '교수학습 연구의 패러다임적 변천: 실증주의, 해석주의, 그리고 비판지향이론'이었다. 실증주의, 해석주의 및 비판지향이론은 각기 교육에서의 행동주의, 구성주의 그리고 상황학습이라는 제반 이론을 낳았다고 볼 수 있는데, 이 책에서는 이 이론들의

본질이 무엇인지를 밝히려 하였다. 여기서는 각 패러다임별로 철학적 배경, 교육적 시사점들, 연구 방법적 특징들 그리고 주요 교수학습이론 등을 제시하였다. 나아가 연구를 통해 찾아야 할 타당한 지식이 무엇이며. 어떻게 찾아야 하는지, 그리고 어떻게 가르쳐야 한다는 것인지에 초점을 두었다.

제2부 '내일의 교육'은 5개의 주제로 구성되어 있는데, 첫 주제로 성별 인성을 다루었다. 최근 젠더gender 갈등이 심각해지고 있다. 이 같은 갈등은 정략적 희생물이라고도 볼 수 있겠지만 과거에 비해 그 심각성이 증대되고 있음은 분명한 것 같다. 성별 갈등은 또한 개인 수준의 문제에서 집단 수준의 문제로 옮겨가는 경향을 보인다. 그 근본 원인은 남녀 간의 사회적 역할 구분이 불분명해지고, 이에 따라 경쟁이 더욱 치열해진 데 있지 않나 생각된다. 여기서는 이성(異性) 간의 이해를 도모한다는 차원에서 남성이 갖는 여성적 성향을 나타내는 애니마anima와 여성이 갖는 남성적 성향을 나타내는 애니무스animus를 다루었다.

제2부의 둘째 주제는 담론문화와 관련된 것이다. 우리는 객체object들에 대해서 의미를 만들며 살고 있다. 특히 궁극적 지식이 부재하는 사회적 지식 분야에서는 개인 수준에서의 의미 만들기meaning making를 강요하는 측면이 있다고 말할 수 있다. 이렇게 개인 수준에서 만들어진 의미가 좀 더 타당성을 갖기 위해서는 집단 수준의 담론과정이 요청된다. 미래사회가 모든 사회구성원들에게 커뮤니케이션 기능과 협상 기능을 필연적으로 요구할 것이라는 것도 같은 맥락에서 이해할 수 있을 것이다. 담론discourse에 있어 내가 모른다는 것을 아는 것은 매우 중요하다. 내가 모른다는 것을 아는 것은 알기 위한 노력의 시발점

이 되기 때문이다. 본 주제에서는 담론 참여자가 갖추어야 할 요건과 원활한 담론이 이루어지기 위한 심리적, 환경적 조건들도 함께 논의하였다.

제2부의 셋째 주제는 '무의식의 교육적 의의: 의식과 무의식'이었다. 의식이란 깨어 있는 상태에서 사상(事象)에 대하여 인식하는 작용을 나타내며, 무의식이란 스스로 지각하지 못한 상태에서 진행되는 개인 내부의 복잡한 정신활동을 가리킨다. 이 무의식은 충동, 열정, 억압된 생각, 감정 등으로 구성되는 것으로 알려져 있다. Freud는 무의식 영역을 의식적 사고와 행위들을 절대적으로 통제하는 거대한 지하세계라고 언급한 바 있다. 그럼에도 불구하고 교육은 마치 의식의 세계가 전부인 양 의식만을 주로 교육의 대상으로 삼고 있다. 최근 정신질환이나 사회적 부적응 행동이 급격히 증가하고 있는데 교육영역의 편협한 제한에 그 부분적인 책임이 있지 않나 생각된다. 교육의 궁극적 목적으로 삼고 있는 자아실현이 이성과 감성, 의식과 무의식이 균형과 조화를 이룬 상태라고 보았을 때 교육의 영역을 무의식으로까지 확대하는 것은 당연하다 할 것이다.

내일의 교육으로 넷째로 주장하고 싶은 것은 자기중심적 사고나 의식으로부터 벗어나야 한다는 것이었다. 미래사회는 복잡성과 모호성이 증가하는 사회가 될 것으로 예견하고 있다. 또한 개인과 개인, 국가와 국가가 함께 살아가야 할 하나의 지구촌이 되어가고 있음은 누구나 인정한다. 나아가 환경의 파괴와 기후의 변화 등은 지속 가능한 세계를 하루빨리 만들어야 할 당위성을 일깨워 준다.

그러나 육체적 욕망의 끝없는 추구는 멈출 줄 모르고, 상대방을 배려하지 않는 개인적 탐욕은 끝내는 지구를 파멸시키고 인류의 공존을 위협하는 지경에 이르고 있다. 지금은 사고의 대전환이 필요한 시기이다. 이에 따라 여기서는 Kegan의 의식발달이론에 근거하여 어떻게 하면 자기중심적 의식에서 탈 자기중심적 의식으로 전환할 것인지를 논구하였다.

'내일의 교육'의 마지막 주제로는 교육의 이념으로서 수월성과 평등성을 다루었다. 나는 수월성과 평등성이 상호배타적 개념이 아니라 함께 갈 수 있는 양립적 개념으로 보았다. 교육의 궁극적 목표 자체가 개개인의 평등성을 해치지 않으면서도 잠재능력을 최대한 개발하려는 수월성 교육에 두고 있기 때문이다. 여기서 수월성 교육이란 모든 학습자들이 각자의 수준에서 높은 표준을 설정하고, 이를 성취하기 위해 최선을 다하는 교육을 가리킨다. 문제는 어떻게 하면 수월성을 끌어 올릴 수 있는 여건을 조성할 것이냐 인데, 여기서는 개인의 수준에서 재 헌신에 대한 결의를 다지고, 사회 수준에서 활력을 불어 넣어 주며, 각자 자기 분야에서 가장 유능한 사람이 되겠다는 의지를 가져야 함을 강조하였다.

이 책을 쓰는 과정에서 수차례에 걸쳐 수정과 가필의 과정을 거쳤다. 그럼에도 여전히 미흡하고, 매끄럽지 못한 구석들이 눈에 띈다. 매 주제마다 맨 앞에 요약을 실었는데, 이를 읽고 본문을 읽으면 이해하는 데 많은 도움이 되지 않을까 싶다. 그래도 이해가 되지 않으면 한 번 더 읽어 달라고 독자 제위께 부탁드린다.

이 책을 완성하기까지 여러 사람의 도움을 받았다. 먼저 아내 김현주 교수에게 고맙다고 말하고 싶다. 힘들 때마다 일으켜 세워주고, 여러 주제들에 대한 지루한 이야기들을 참을성 있게 듣고 조언해 주었다. 자료 찾기와 토론에 응해준 많은 제자들, 끊임없이 관심을 가져준

온누리 교회 62순 가족 여러분에게도 감사를 드린다. 그리고 원고 타이핑과 교정을 맡아준 막내아우 류오영 교장 선생님에게도.

나는 이 작은 책을 어머니께 바친다. 나에게 어머니는 항상 훌륭한 스승이셨다. 어머니의 마음의 바다 끝은 어디인지 지금도 헤아리지 못한다. '너는 지금 몇 년째 학교에 다니고 있느냐?'고 꾸지람 반, 흐뭇함 반으로 나무라시던 선친께도 이 책을 바친다.

2022년 10월 상강일에

송파 우거에서 류완영

| 차례 |

PART 2 내일의 교육

PART 1

오늘의 교육

01 교육목표 : 구체적 목표와 추상적 목표

02 교수방법 : 연역법과 귀납법

03 교육평가 : 상대평가와 절대평가

04 인간의 행동 : 수동 행동과 작동 행동

05 강화 : 정적 강화와 부적 강화

06 지식의 확장 : 동화, 조절 그리고 평형화

07 인지 발달의 단계론과 연속론

08 인지양식 : 장 독립성과 장 의존성

09 머릿속에 집어넣기와 머릿속에서 꺼내기

10 지식과 실천 : 그 관계와 상대적 우위성

11 교수·학습 연구의 패러다임적 변천 : 실증주의, 해석주의, 그리고 비판이론

01

교육목표

구체적 목표와 추상적 목표

교육목표

교사와 학생 활동의 공동의 표적. 평가의 기준이나 근거 역할 수행

교육목표의 대비적 유형

- 일반적 목표 대 명세적 목표
- 추상적 목표 대 구체적 목표
- 궁극적 목표 대 즉시적 목표
- 암묵적 목표 대 명시적 목표

교육목표 구체화의 배경

교육의 과학화(교육활동의 예측 가능성과 설명력 제고 의도)

Mager의 교육목표 진술 요건

- 행동적 용어 사용
- 수행 기준 명시
- 수행 조건 제시

구체적 교육목표에 대한 논란

- 목표의 구체화, 상세화하기의 어려움
- 교사의 자율성 제한
- 우연적, 상황적 학습활동의 제약

나의 삶에서

- 목표의 유무와 그 장단점
- 내 삶에서 가장 중요하다고 생각하는 것은? 그 이유는?

우리의 삶 속에는 여러 가지 유형의 목표들이 있다. 하루의 목표와 평생의 목표, 명료하게 드러나 보이는 명시적 목표와 두루뭉술하게 표현한 암묵적인 목표가 있을 수 있다. 여기서 목표objective라는 용어는 일반인들이나 교육자들에게 목적goal과 동의어로 사용되기도 하며, 조준aim 혹은 의도 intention라는 용어로 대체(代替)되어 사용되기도 한다.

교육이란 목표 추구적 활동이라고 말할 수 있다. 이는 교육이라는 것이 목표를 달성하려는 의도를 가지고 이루어지는 활동이라는 뜻이다. 따라서 가르치고 배우는 과정에 교육목표가 당연히 존재함을 나타낸다. 이들 목표 속에는 몇 가지 의미가 내포되어 있다. 첫째, 목표는 미리 짜여진 교수·학습 프로그램에서 의도되고 명세화된 성과를 가리킨다는 점이다. 이는 곧 교육목표가 프로그램 개발의 근거가 됨을 나타낸다. 둘째, 교육목표는 수업을 마친 후에 학생들이 배웠으면 하는 희망을 표현한 것이라는 점이다. 따라서 교육목표는 선생님과 학생의 공동의 표적이 되며, 평가의 기준이나 근거 역할을 하게 된다.

교육목표는 그것이 가리키는 추상성의 정도에 따라 일반적 목표general objectives와 명세적 목표specific objectives, 혹은 추상적 목표와 구체적 목표로 나누어진다. 또 교수·학습이 이루어지고 나서 곧바로 성취되었기를 기대하는 것을 기술해 놓은 즉시적 목표와 먼 훗날 교육을 통해서 기르고자 하는 것들을 기술해 놓은 궁극적 목표로 나누어 볼 수 있다. 이 외에도 명시적 목표와 암묵적 목표, 가까운 목표와 먼 목표 등 여러 가지 형태의 교육목표가 있을 수 있다.

교육목표의 중요성과 목표의 구체적 진술은 교육의 과학화, 즉 교육활동의 예측 가능성과 설명력을 높이려는 시도에서 강조되어 왔다. 우리나라에서도 행동주의 교육이론이 활발하였던 1970년대까지 초·중등학교를 대상으로 교육목표 상세화 작업이 활발히 이루어졌는데, 모두 이 일환으로 진행되었다고 볼 수 있을 것이다.

교육목표의 구체적 진술 방식의 예들은 Mager의 교육목표 진술 요건에 잘 나타나 있다. 그는 하나의 교육목표 진술문은 다음과 같은 세 가지의 요건을 내포하고 있어야 한다고 말한다.

① 행동적 용어 : 목표는 관찰 가능한 행동적 용어를 사용하여 기술되어야 한다. '안다', '이해한다', '느낀다' 혹은 '감상한다'와 같은 관찰 불

가능한 정신의 내적 상태를 가리키는 동사의 사용은 금해야 한다.

② 수행 기준: 목표의 달성 여부를 판단할 수 있는 수행 기준(표준)이 명시되어야 한다.

③ 수행 조건: 행동을 시연해 보일 수행의 조건 혹은 장면을 명백하게 밝혀야 한다.

Mager의 교육목표의 예

컴퓨터 키보드를 사용하여 1분에 100타 이상을 칠 수 있다.

③ 수행 조건 ② 수행 기준 ① 행동적 용어

목표는 삶에서든 교육에서든 꼭 필요하다. 그러나 위에서 언급한 바와 같이 과녁으로서의 목표의 역할을 제대로 수행하기 위해서 꼭 구체적으로 진술해야 하느냐에 대해서는 논란의 여지가 있다. 논란의 초점은 다음과 같이 몇 가지로 요약할 수 있을 것이다.

첫째로 교육과정(教育課程) 개발의 측면에서 목표는 개발자의 의도를 명료화해 준다는 점과 교사와 학생에게 교수학습 활동의 초점을 맞추어 준다는 점에서 그 의의를 찾는다. 그러나 많은 사람들은 가르치려는 의도들intentions을 명료화한다는 것이 매우 어려운 작업이라고 말한다. 특히 상당한 정도의 직관과 어법의 섬세함을 담아 표현하는 일은 쉽지 않다. 따라서 총체적으로 만족할 만한 해결은 불가능하다고 말한다. 더욱이 학교 급별, 교과별 목표와 같이 여러 가지 뜻을 하나의 목표에 담아야 할 경우에는 구체화, 상세화하기가 여간 어려운 일이 아니다.

따라서 교육과정 상세화 작업을 주도하는 사람은 목표가 유익보다 해악을 끼치지 않기 위해 이 같은 문제를 심각하게 고민할 필요가 있다.

둘째로, 교육목표가 구체화되면 될수록 교사의 자율성은 더 크게 제약을 받을 가능성이 있다는 것이다. 일선 교육 현장에서 목표 달성을 이끄는 주체는 교사들이다. 이들에게 있어서 수업목표는 무엇을 가르쳐야 하느냐를 가리키는 표적이나 방향 정도로 받아들이기보다는, 학생들에게 꼭 성취시켜야 할 책무성으로 받아들이게 된다. 더욱이 목표가 세세하고도 구체적으로 기술되어 있으면, 목표는 교사들에게 강제적으로 다가올 수밖에 없다. 이렇게 되면 교사들의 저항에 직면하거나 아예 무시를 당할 가능성도 있다. 왜냐하면 교사들은 프로그램 혹은 교재의 지시를 그대로 따라야 할 로봇이나 기계가 아니기 때문이다.

셋째는 설정된 교육목표가 교사가 지향하는 의도와 전혀 안 맞을 수도 있다는 것이다. 왜냐하면 교사의 행위 속에는 상황에 따라 학생과의 상호작용 과정에 따라 성취해야 할 중요한 목적을 새롭게 만들 수 있기 때문이다. 예를 들면 내용과 관련된 수업목표 외에도 학생들에게 공평해야 한다든지, 자기 신뢰가 약한 청소년들에게 더 강한 자기 신뢰감을 구축하게 한다든지, 학생 간 토론 능력을 길러야 한다든지 등 상황 상황에 따라 얼마든지 새로운 목표들이 나타날 수 있다. 어떤 사람들은 이들도 일반 수업목표에 포함시키면 될 것 아니냐고 말하지만 이들은 대부분 장기간에 걸쳐 추구되어야 하기 때문에 개별 수업을 위한 상세 목표로 전환하기는 쉽지 않다. 또한 교사가 주도하여 학생들에게 수업목표의 성취에 집중하기보다는 생산적 학습 조건 혹은 상황을 만들어 주거나, 학생들이 학습과정에 참여하게 해 줌으로써 스스로 학습하게 하는 것이 더 중요한 목표가 될 수 있다. 명세적 목표는 이 같은 과정적, 절차적 목표를 성취하는 데 걸림돌이 되거나 방해 요소로 작용할 수 있음을 명심해야 한다.

우리가 살아온 길을 가만히 돌이켜 보면 우연적인 사건이나 계기가 우리의 삶의 행로를 결정해 왔음을 알게 된다. 학습에서도 우연적 학습, 부수적 학습이 의도적 학습이나 본연의 학습보다 인생을 살아가는 데 더 중요하게 영향을 줄 수 있다. 특히 인지적 영역 중 고차적 정신 기능을 요구하는 수업목표들이나 신념과 태도를 결정하는 것과 관련되는 목표들은 미리 짜여진 수업 계획에 따르기보다는 적절한 기회가 왔을 때 추구하는 것이 가장 효과적이다.

여러분은 삶의 목표를 가지고 살아가고 있는가? 아니면 특별한 목표 없이 그럭저럭 살아가고 있는가? 목표가 있는 삶은 어떤 면이 더 좋은가, 목표가 없는 삶은 또 어떤 면이 더 좋은가? 반대로 목표가 있는 삶은 어떤 면이 나를 불편하게 하고, 목표가 없는 삶은 또 무엇을 놓치게 하는가? 그 목표는 얼마나 구체적이고 분명한가? 그 목표는 나의 삶을 두고 추구할 만한 가치가 있는 목표인가? 그 목표를 추구해야 한다는 의무감 때문에 다른 가치를 추구하는 데 방해를 받은 적이 있는가? 이 같은 의문들에 대해서 한번쯤은 되짚어 볼 필요가 있을 것이다.

02

교수방법

연역법 Deductive Method 과 귀납법 Inductive Method

학습의 정의

경험이나 세상과의 상호작용 결과 수행 혹은 잠재적 수행상에 일어나는 비교적 지속적인 변화

학습 결과

장기 기억, 인지구조, 스키마, 혹은 참조체제라 불리는 곳에 조직화, 체계화되어 누적

연역법

일반적 규칙 → 세부적 사례들

귀납법

세부적 사례들 → 일반적 규칙

연역법 : Ausubel의 유의미 학습 이론

- 유의미 학습 : 인지구조 내의 관련 정착 의미와 새로운 학습과제 간에 연결이 이루어진 학습
- 암기 학습 : 관련 정착 의미와 새로운 학습과제 간에 연결이 이루어지지 않은 학습
- 관련 정착 의미와 학습과제 간의 관계

  ① 종속적 관계 : 관련 정착 의미 > 학습과제

  관련 정착 의미가 학습과제보다 더 포괄적이거나 일반적인 경우

  포섭(subsumption) : 새 학습과제가 인지구조 내의 정착 의미에 부속시켜지는 것

  – 파생적 포섭 : 확립된 개념이나 이전에 학습한 명제를 설명하기 위해 새로운 예나 사례를 학습하는 것

  – 상관적 포섭 : 새로운 개념을 포섭함에 따라 이전에 학습한 개념이 더 정교하거나 확장하거나 수정하는 것

  ② 병위적관계 : 관련 정착 의미 = 학습과제

  관련 정착 의미와 학습과제가 포괄성 및 일반성 수준면에서 수평적 관계를 유지하는 경우

  ③ 상위적 관계 : 관련 정착 의미 < 학습과제

  관련 정착 의미보다 새 학습과제가 더 포괄적이고 일반적일 때 일어나는 포섭 관계
- 선행조직자

  – Ausubel에 따르면 관련 정착 의미와 새 학습과제가 종속적 관계에 있을 때 가장 효과적으로 학습이 발생함

  – 선행조직자란 이처럼 종속적 관계를 형성할 수 있도록 새 학습과제를 학습하기 전에 더 포괄적인 수준에서 조직되어 제시되는 자료를 말함

귀납법 : Taba의 귀납적 사고 모형

- 사고에 관한 세 가지 가정

  ① 사고는 가르칠 수 있다

  ② 사고는 개인과 자료 간의 주고 받음이다

  ③ 사고 과정은 법칙적 계열에 따라 발전한다

- 사고 기능

  ① 개념 형성

  ② 자료의 해석

  ③ 원리의 적용

- 학습자의 '개념 형성'을 위한 수업 예시

  – 어린이 여러분, 슈퍼마켓에 가면 무엇을 볼 수 있나요? 칠판에 목록들을 씀(충분히 목록화가 이루어졌으면)

  – 이 항목들을 비슷한 것끼리 묶는다면 어떻게 묶을 수 있을까요?
    학생들의 반응에 따라 묶고, 각 묶음의 기준에 따라 공통적 속성을 물음

  – 각각의 묶음별로 이름을 붙이기

대학원 재학 시절, 컴퓨터 학을 전공하는 친구에게 "학생들을 가르칠 때 규칙을 가르치고, 그 규칙에 해당하는 사례를 가르치는 것이 이해가 빠를까, 아니면 사례들을 가르치고, 그 사례들 속에 들어 있는 규칙을 끌어내는 것이 더 이해가 빠를까?"하고 물은 적이 있다. 그 친구는 두말할 것 없이 전자가 더 빠르고, 또 그렇게 가르쳐야 한다고 주장하였다. 얼마 후 똑같은 질문을 초등학교 선생님에게 하였더니, 그 선생님은 후자가 학생들에게 학습이 더 빠르며, 현대사회에서 가장 필

요로 하는 사고력을 기르는 데도 더 합당할 것 같다고 대답하였다.

위에서 언급한 것처럼 연역적 학습법은 규칙을 먼저 가르치고, 그 규칙을 적용해 보도록 하는 학습방법이며, 귀납적 학습법은 사례들을 관찰한 후 그 속에 담겨 있는 규칙을 찾도록 하는 학습 방법이다.

연역적 : 일반적 규칙 → 세부적 사례들
귀납적 : 세부적 사례들 → 일반적 규칙

본 주제에서는 연역법의 대표적 이론이라 할 수 있는 Ausubel의 유의미 학습meaningful learning 이론과—선행조직자advance organizer 이론이라고도 불리움—귀납법의 대표적 이론이라 할 수 있는 Taba의 귀납적 사고inductive thinking 모형에 대해서 간략하게 소개하고자 한다. 독자 여러분께서도 두 이론을 살펴보고, 여러분에게는 어떤 방법이 나을지, 또 각각의 방법에는 무슨 문제가 있을 것인지, 그리고 어떻게 보완할 수 있을 것인지에 대해서도 생각해 보시기 바란다.

연역법 : Ausubel의 유의미 학습이론

학습의 의미

사람은 누구나 그를 둘러싸고 있는 바깥세상과 상호작용을 하며 살아간다. 여기서 바깥세상이란 나 이외의 모든 것을 가리키는 것으로서 어머니도 될 수 있고, 책도, 선생님도 그리고 자연도 될 수 있다. 여기서 상호작용은 학교 교육과 같은 형식적인 것은 물론이고 개인적으로 겪는 비형식적인 모든 경험까지를 포괄한다.

상호작용의 결과는 개인의 머릿속에 정리되어 기억되게 된다. 이것이 소위 학습이라는 것이다. 학습을 좀더 학문적으로 정의하면 "경험 혹은 세상과의 상호작용한 결과로서 수행performance 혹은 잠재적 수행 상에 일어나는 비교적 지속적인 변화"라고 할 수 있다. 그런데 여러 유형의 학습들이 지속적으로 일어나게 되면 이것들이 쌓이게 되어 개개인마다 조직화된 지식 체계를 갖게 된다. 이를 어떤 사람은 인지구조cognitive structure 라고 부르고, 또 어떤 사람은 스키마schema 라고도 하며, 최근의 변형학습이론transformative learning theory 쪽에서는 참조체제frame of reference 라고 부르기도 한다. 이들이 머릿속에서 어떻게 조직되어 있느냐는 것은 논란의 여지가 있다. 그러나 Ausubel은 이 인지구조는 가장 포괄적이고도 추상적인 개념이 최 상부를 차지하고 그 밑으로 차차 덜 포괄적인 하위개념이 연결되어 구성된다고 주장한다.

인지구조라는 측면에서 학습이란, 학습과제가 인지구조라는 체제 속에서 적합한 처소niche 를 찾아 정착화되는 과정이라고 볼 수 있다.

유의미 학습

특정 학습과제가 인지구조에 연결되어 정착하기 위해서는 학습하려는 과제와 관련된 정보가 인지구조 내에 있어야 한다. 여기서 인지구조 내에 갖고 있는, 학습자가 이미 알고 있는 정보들을 관련 정착 의미 relevant anchoring idea 라고 부른다. 특정 시점에서 학습자가 유용하게 사용할 수 있는 사실, 개념, 원리 및 이론 등으로 이루어진 인지구조는 비교적 안정적이며, 이해를 바탕으로 조직되어 있기 때문에 새로운 학습과제가 이와 일단 연결되게 되면 유실되거나 망각되지 않는다. 이와 같이 특정한 내적 정보와 인지적 작동을 사용하여 학습자가 그들의 경험 혹은 학습과제를 적극적으로 해석할 때 의미가 발생한다. 이 같은 학습을 소위 말하는 유의미 학습이라고 부른다. 유의미 학습 meaningful learning 과 대비되는 개념으로 암기 학습 rote learning 이라는 것이 있다. 이는 단지 '외우기'로서 학습자가 이미 알고 있는 것(관련정착의미)과 기억되어야 할 것(새로운 학습과제) 간에 실제적 연결이 이루어지지 않는 것을 나타낸다.

학습과제와 관련정착의미 간의 관계

그렇다면 새로 들어오는 정보는 기존의 인지구조에 어떻게 보태지거나 변화가 일어나는 것일까? 학습과제와 관련정착의미 간의 관계 측면에서 두 변인 간에는 아래와 같은 세 가지 관계를 가질 수 있다.

종속적 관계(subordinate relationship): 학습과제 〈 관련정착의미

이는 인지구조 내에 있는 관련정착의미가 학습과제보다 더 포괄적이거나 더 일반적인 경우를 나타내는 관계 유형이다. 이와 같이 새로운 과제가 기존의 포괄적이고 일반적인 정착의미에 부속시켜 지는 것을 포섭subsumption이라고 부른다. 종속적 관계는 파생적 포섭derivative subsumption과 상관적 포섭correlative subsumption으로 세분된다. 여기서 파생적 포섭이란 확립된 개념이나 이전에 학습한 명제를 설명하기 위한 것으로서 새로운 예samples나 사례cases를 학습하는 것을 가리킨다. 예를 들어 삼각형의 개념을 이미 갖고 있는 학생에게 예각삼각형, 직각삼각형, 정삼각형 등을 가르치는 경우라 할 수 있다.

상관적 포섭은 새로 들어오는 개념을 포섭함에 따라 이전에 학습한 개념 혹은 명제들을 더 정교하게 하거나 확장하거나 혹은 수정하는 경우를 가리킨다. 예를 들어 정적 강화positive reinforcement란 '행동의 빈도를 높여 준다', '강화체가 제시된다', '반응에 입각하여 주어진다'고 이해하고 있는 학습자에게 '발생 빈도가 높은 행동은 강화체가 될 수 있다'라는 개념을 추가적으로 가르치는 경우가 이에 해당한다.

병위적 관계(combinatorial relationship): 학습과제 = 관련정착의미

병위적 관계란 학습과제와 관련정착의미 사이에 수평적 관계를 유지하면서 서로가 서로를 포섭하는 관계를 나타낸다. 예를 들면 금속을 통한 열의 흐름과 금속을 통한 전기의 전도 간의 관계에서 병위적 관계를 찾아 볼 수 있다. 열의 흐름과 전기의 전도 간에는 종속적이거나 상위적 의미와 같은 특수한 관계가 있는 것은 아니다. 그러나 금속을 통한 열의 흐름에 대해서 이미 알고 있다면 전기의 전도에 대한 이해를 촉진할 것이며, 이의 반대 경우도 마찬가지다.

상위적 관계(superordinate relationship) : 학습과제 〉 관련정착의미

이는 새 학습과제가 관련정착의미보다 더 포괄적이고 일반적인 내용들로 구성되어 있을 때 일어나는 포섭관계를 나타낸다. 다시 말해서 이미 확립된 의미들이 포섭됨으로써 새로운 포괄적인 명제 혹은 개념이 학습되는 것을 뜻한다. 예를 들어 워드프로세서와 프린터가 딸린 컴퓨터를 패키지로 샀는데, 모든 것을 연결하여 사용하려 한 결과 워드프로세서와 컴퓨터가 협응 되지 않았으며, 프린터도 컴퓨터와 협응 되지 않았고, 워드프로세서와 프린터도 서로 호환되지 않았다고 치자. 이의 결과로 컴퓨터 패키지 구매자는 모든 컴퓨터 구성요소들이 서로 잘 협응하여 작동되는지는 가게를 떠나기 전에 확실히 해 두어야 한다는 것을 배우는 경우가 이에 해당한다고 하겠다.

선행조직자(advance organizer)

여러분은 학습과제와 관련정착의미 간의 세 가지 관계 즉, 종속적, 병위적, 상위적 관계 중, 어떤 관계에 있을 때 학습하기가 가장 쉬울 것 같은가? Ausubel의 설명에 따르면 당연히 종속적 관계에 있을 때 가장 효과적으로 학습이 일어난다.

그러나 새롭게 학습할 과제보다 더 포괄적이고 일반적인 정착의미가 학습자에게 미리 학습되어 있기를 기대하기란 매우 어렵다. 마치 어려운 내용을 먼저 학습하고, 쉬운 것을 나중에 학습해야 한다는 것을 뜻하는 것 같이 들리기 때문이다. 그러나 앞으로 배울 과제들을 학습하기 이전에 이들을 포괄하는 거점을 미리 심어 주고 이를 근거로 새로 들어오는 정보들을 엮도록 할 수는 있을 것이다. 이 같은 개념을 Ausubel은 선행조직자라고 불렀다. 좀 더 엄격하게 선행조직자를 정의(定義)한다면 "특정 과제task의 학습을 위한 정착지anchorage 혹은 거점을 제공하거나 새로 학습해야 할 과제 간의 관계를 증가시키기 위해 과제 그 자체보다 더 포괄적인 수준에서 조직되어 과제의 제시에 앞서 제시되는 자료"를 말한다.

학습이론을 위한 선행조직자(예시)

행동주의 : 검은 상자에 비유

환경 자극 ⇒ ■ ⇒ 관찰된 행동

검은 상자

정보처리이론 : 컴퓨터에 비유

입력 :		처리 :		출력 :
감각적 자극	⇨	인간의 인지적 처리	⇨	학습된 능력

아무리 학습 환경이 좋고 학습이 일어날 수 있는 조건이 갖추어져 있다 할지라도 학습자가 배워야겠다고 하는 의욕이 없으면 결코 학습은 일어날 수 없다. 이를 우리는 학습 기제learning set라고 부른다. 그렇다고 의욕만 있다고 유의미한 학습이 일어나는 것은 아니다. 학습할 내용을 뜻도 모르고 막 외워 버리면 의미를 얻지 못하고 유사한 상황

에서의 전이transfer도 일어날 수 없다. 따라서 인지구조 내에 들어 있는 사전지식을 활성화시키고 이것들과 새롭게 다양한 방법으로 새 학습과제와 연관시키는 노력을 끊임없이 전개해야 할 것이다.

귀납법 : Taba의 귀납적 사고 모형

교육의 가장 큰 목적 중의 하나는 사고력을 기르는 것이다. 고전 읽기와 같은 교양교육은 옛 선현들의 사고를 통해서 자라나는 세대들에게 사고력을 키우려는 데에 근본 의도가 숨어 있다. Bruner의 개념획득모형concept attainment model이나 R. Suchman의 탐구훈련모형inquiry training model, 그리고 Taba의 귀납적 사고모형은 모두가 다 사고력을 기르는 데에 주안점을 둔 교수 모형이라고 볼 수 있다.

Taba는 사고에 관하여 세 가지 가정을 밝혔다. 즉, 첫째는 사고는 가르쳐질 수 있다는 것이며, 둘째는 사고는 개인과 자료 간의 적극적인 거래transaction라는 것이며, 셋째는 사고의 과정은 법칙적인 계열에 따라 발전한다는 것이다. 이는 다시 말해서 사고기능은 이들 사고기능들을 위해 설계된 특정한 교수전략을 사용하여 가르칠 수 있다는 것을 나타낸다. 그러면서 Taba는 사고기능으로서 ① 개념 형성concept formation, ② 데이터의 해석interpretation of data, ③ 원리의 적용application of principles을 들고 있다. 사고기능별 교수전략을 소개하면 다음과 같다.

① 개념 형성

드러난 활동	숨은 정신적 작동	유도 질문
1. 나열하기, 목록화하기	분화(각기 다른 항목 찾기)	여러분은 무엇을 봅니까? 듣습니까? 기록합니까?
2. 묶기(집단화)	공통적 속성 찾기 추상화하기	끼리끼리 속하는 것을 묶는다면? 무슨 기준에서?
3. 이름 붙이기, 범주화하기	상향식 혹은 하향식으로 위계적 순서에 따라 항목 결정하기	이들 집단을 뭐라고 부를까요? 무엇이 어느 범주에 들까요?

② 자료의 해석

드러난 활동	숨은 정신적 작동	유도 질문
1. 관점 밝히기	분화하기	무엇을 알 수 있습니까? 봅니까? 찾았습니까?
2. 밝혀진 정보에 관한 항목 설명하기	서로 간의 관점 연결하기 인과관계 결정	왜 이같은 일이 일어났을까?
3. 추론하기	주어진 것 이상으로 나아가기, 시사점 찾기, 추정하기	이것이 의미하는 것은? 마음 속에 떠오르는 그림은? 무슨 결론을 내릴 수 있을까?

③ 원리의 적용

드러난 활동	숨은 정신적 작동	유도 질문
1. 결과 예언하기, 익숙하지 않은 현상을 설명하기, 가설화하기	문제 혹은 상황의 본질 분석하기, 관련 지식을 회상하기	만약 …하면 무슨 일이 일어날까?
2. 예언과 가설을 설명하거나 지지하기	예언 혹은 가설을 끌어내는 인과관계 결정하기	왜 이 같은 일이 일어날 것이라고 생각하는가?
3. 예언 검증하기	논리적 원리 혹은 사실적 지식을 사용하여 필요충분조건을 결정하기	이것이 일반적으로 진리 혹은 진리가 되기 위해 취해야 할 것들은?

'개념 형성', '자료의 해석', 그리고 '원리의 적용'과 같은 사고기능들은 모두 귀납적 교수전략에 의해 가르치려 시도되고 있다. 여기서는 위에서 제시된 교수전략을 바탕으로 개념 형성을 어떻게 귀납적으로 형성할 수 있는지를 살펴보려고 한다. 이 수업에서는 슈퍼마켓을 열려면 장소, 장비, 상품, 그리고 서비스가 필요하다는 주요 생각을 개발하려는 데에 있다.

이 시간은 다음과 같은 가설적 상황으로 시작된다. "영수 씨는 슈퍼마켓을 열려고 한다. 무엇들이 필요할까?" 학생들의 생각을 이끌어 내는 유도 질문으로 "여러분이 슈퍼마켓에 갔을 때, 볼 수 있는 것들이 뭐가 있을까요?"와 같은 것들이 될 수 있는 것이다. 학생들은(초등학교 2학년 정도) 식품, 물건 품목들, 물건 쌓는 사람, 수납원, 장비, 건물(혹은 장소), 음식 유통업자 등을 찾아내기를 기대한다. 학생들의 반응은 칠판에 기록되고, 목록화는 원하는 범주들이 나타날 때까지 지속된다. "목록들 중 서로 끼리끼리 속하는 것들은?"하고 열거 목록화 작업이 완성된 후에 아이들에게 유사성에 근거해서 항목들을 집단 지어 보기를 요구한다. 목록화가 충분히 이루어졌다면 아이들은 슈퍼마켓에서 파는 물건들과 슈퍼마켓 주인이 해야 할 일들을 찾아낼 수 있을 것이다. 이들 개념에 '상품'과 '서비스'라는 이름을 붙일 수 있을 것이다. 나아가 이와 비슷한 방법으로 '자연식품'과 '가공식품', 채소, 과일 등의 개념을 형성시킬 수 있을 것이다.

'자료의 해석'과 '원리의 적용'과 같은 사고기능도 위 수업전략을 바탕으로 구체적인 수업계획을 작성해 보기를 원한다.

03

교육평가

상대평가와 절대평가

검사, 측정, 평가의 구분

검사 : 대답되어야 할 일련의 표준화된 질문의 묶음

측정 : 검사를 포함하여 관찰, 평정 척도 기타 다른 도구들을 사용하여 개인의 특성을 재는 것

평가 : 측정 + 가치 판단

평가 실시 시점에 따른 분류

진단평가 : 수업 시작 전 실시(학생들의 강·약점, 선수 지식 정도 등의 파악)

형성평가 : 수업 진행 중 실시(학습의 정상적 진행 여부 파악)

총괄평가 : 수업 후 실시(수업목표 도달 여부 파악, 성적 결정)

평가 기준에 따른 분류

- 상대평가 : 개인의 검사 점수를 그가 속한 집단과 비교하여 해석하는 평가
  – 학습자 간의 변별 기능을 중시
  – 검사의 신뢰도와 관련이 깊음
  – 규준참조측정(NRM)이라고도 부름
- 절대평가 : 개인의 검사 점수를 수행 표준(일반적으로 교육목표)에 비교하여 해석하는 평가
  – 수행 표준의 달성 여부 중시
  – 검사의 타당도와 관련이 깊음
  – 기준참조측정(CRM)이라고도 부름

상대평가와 절대평가의 장단점

우리의 삶에서 누구를 평가하려 들지 말라는 말을 자주 듣는다. 나부터도 누구한테 성격이나 실력이 이러쿵저러쿵하다는 평가를 듣기가 싫다. 그러나 교육에서는, 특히 교수·학습 활동이 진행되는 과정 중이나 과정이 끝나게 되면 으레 평가를 치르게 된다. 우리의 교육 현실에서 보면 무엇을 가르칠 것이냐보다도 무엇을 평가할 것이냐가 더 중요시되고 있다는 것은 공공연한 사실이다. 교육의 목표보다도 무엇을 평가하느냐가 교육의 방향을 결정하는 데에서도 이를 알 수 있다. 평가와 관련하여 사용되고 있는 다른 용어로는 검사test와 측정measurement을 들 수 있다. 검사와 측정이라는 용어는 인간의 특성을 재는 도구 개발 시에 주로 사용하지만 평가와 혼용하여 사용되기도

한다. 그러나 사람에 따라서는 이 세 가지를 아래와 같이 엄격하게 구분하기도 한다.

검사(test)

세 용어 중 가장 협의의 개념이다. 검사란 대답해야 할 일련의 표준화된 질문의 제시라고 정의된다. 이 검사를 통하여 개개인의 특성에 관한 측정치를 얻게 된다.

측정(measurement)

검사보다는 폭넓은 개념이다. 개인의 특성을 재는 데 있어 특정한 검사 이외에도 관찰, 평정 척도 혹은 다른 도구를 사용하여 양적 형태로 정보를 얻는데, 이를 모두 측정이라고 한다. 여기서 측정은 획득된 점수와 사용된 과정 모두를 가리킨다고 할 수 있다.

평가(evaluation)

평가는 검사나 측정보다 개념의 폭이 더 넓다. 왜냐하면 측정에서 나아가 가치 판단까지를 포함하기 때문이다. 평가에 대한 정의(定義)도 다양하다. 어떤 사람은 "목표와 수행 performance 간의 일치도를 결정하는 것", 곧 학업성취도 측정이 평가라는 입장이며, 또 어떤 사람은 "전문가적 판단 professional judgment "을 평가라고 본다. 또 어떤 사람은 "여러 가지 의사 결정 대안들 중 무엇으로 결정할 것인지 판단을 위한 유용한 정보들을 조사하고, 획득하고, 그리고 제공하는 과정"이 평가라고 정의한다.

평가는 그 실시 시점에 따라 진단diagnostic 평가, 형성formative 평가, 그리고 총괄summative 평가로 나누어진다. 진단평가는 수업 시작 전에 실시되는 것으로서, 학습하는 데 있어 교과 전문가가 핵심이라고 믿는 기능이나 능력을 학습자가 어느 정도나 갖추었느냐에 관심을 둔다. 따라서 특정 교과목에 대한 진단 평가에서는 학생의 강점들과 약점들을 밝히는 척도를 사용하고, 특정 주제에 대한 진단에서는 그 주제를 학생들이 어떻게 파악하고 있는지, 그리고 선수 지식은 어느 정도나 갖고 있는지를 묻는 질문이나 퀴즈 같은 것을 사용한다.

형성평가는 수업이 진행되는 동안에 이루어지는 것으로서, 그 수업이 주어진 교수 목표의 달성을 향하여 정상적인 진전을 보여 주고 있는지를 계속적으로 점검해 나가는 평가라고 볼 수 있다. 형성평가의 결과는 학습 진행 속도의 조절, 완전학습의 강화, 학생 개개인의 학습 곤란의 발견, 학습지도 방법의 개선 등에 사용된다.

총괄평가는 일정 기간의 수업이 끝난 후에 치르는 평가로서, 학생들이 교과 목표를 어느 정도나 습득했는지를 결정하기 위한 평가를 말한다. 총괄평가는 성적의 결정, 장래 성적의 예측, 교육의 질 관리 등의 기능을 갖는다.

상대평가

수능이나 학력고사 등 성취도 평가에서 가장 크게 논란의 대상이 되고 있는 것은 상대평가와 절대평가이다. 상대평가와 절대평가라는 용어는 매스컴을 통해서 누구나 익히 들어 보았을 것이다. 상대평가는 개개인의 검사 점수를 그 개인이 속한 집단의 학생들이 획득한 검사 점수와 비교하여 해석하는 것을 말한다. 나의 시험성적은 나와 함께 시험을 치른 학생들의 성적에 근거해서 나오기 때문에, 내가 시험을 잘 치렀어도 다른 사람이 더 잘 치렀으면 내 성적은 떨어지고, 내가 비록 시험을 잘못 치렀어도 다른 사람이 나보다 더 잘못 치렀으면 내 성적은 올라간다. 상대평가는 타 학생과 비교해서 등급을 매기기 때문에 모든 학생이 다 잘하여도 A에서 F까지 혹은 합격과 불합격이 나오게 되며, 모든 학생이 다 못하여도 A에서 F까지의 학점이 나오게 된다. 상대평가는 성적을 골고루 주어야 하기 때문에 학생 간의 변별이 중요하다. 모두 다 풀 수 없는 어려운 문항이나, 모두 다 풀 수 있는 쉬운 문항은 학생 간의 변별 기능을 제대로 할 수 없게 된다. 그렇기 때문에 상대평가에서는 이 같이 너무 어렵거나 너무 쉬운 극단적인 문항들은 피하게 된다. 대체로 정답률이 40~60%인 문항들은 변별력이 큰 문항들이라고 볼 수 있는데, 이러한 문항들로 구성된 검사(시험)는 피검사자들의 점수의 범위를 크게 하고, 따라서 신뢰도도 높게 나온다. 그러나 변별력이 낮은 문항들로 이루어진 검사는 피검사자들의 점수 범위를 좁게 하고, 따라서 신뢰도도 낮게 나온다. 그래서 상대평가는 검사의 신뢰도와 밀접한 관련이 있다.

상대평가는 규준참조측정 Norm-Referenced Measurement : NRM 이라고도 부른다. 이는 검사 규준표를 참조하여 개인의 점수를 해석하기 때문이다. 검사 규준표 table of test norms 를 작성하기 위해서는 검사의 전집을 정의하고, 그 전집으로부터 규준 작성을 위한 표본을 선정하게 된다. 그런 다음에 검사 개발이 완료되면 이 검사를 규준 작성을 위한 표본 집단으로 하여금 치르게 하여 원점수 raw score 를 백분위 percentile rank 로 전환하는 표를 작성하게 된다. 이것이 바로 검사 규준표이다. 검사 규준표를 예시하면 다음과 같다.

검사 규준표(예시)

원점수	백분위	원점수	백분위
48		34	44
47		33	40
46		32	36
45	99+	31	30
44	96	30	22
43	93	29	18
42	90	28	15
41	87	27	11
40	81	26	7
39	76	25	4
38	71	24	3
37	65	23	1
36	56		
35	49		

어떤 학생이 검사를 치러 원점수 40을 얻었다고 가정해 보자. 그러면 이 학생은 위 규준표에서 백분위 81을 차지한 셈이다. 여기서 백분위 81이란 무엇을 나타내는가? 위 검사 규준표(예시)에서처럼 원점수를 가장 낮은 사람부터 가장 높은 사람 순으로 배열하였을 때, 원점수가 40인 사람은 밑에서부터 81%의 위치에 있다는 뜻이다. 곧 이

학생은 그가 속한 집단에서 자기보다 못한 사람이 81%, 잘한 사람이 19%가 있다고 해석하게 된다. 검사 규준표는 백분위 대신 연령치age equivalents로도 작성하여 사용된다. 검사를 치르는 집단이 클 경우에는 그 집단 전체를 이용하여 규준표를 작성, 사용하기도 한다. 컴퓨터가 발달한 요 근래에는 아무리 큰 집단이라 하더라도 규준표를 작성하는 일이 그렇게 어렵지 않기 때문이다.

상대평가는 몇 가지 단점을 갖고 있다. 그 첫째는 학생 개개인이 그가 속한 집단 내에서의 위치를 알 수 있을 뿐, 검사를 치른 내용과 관련하여 무엇을 잘했고 무엇을 못했는지에 대해서 거의 말해 주지 않는다는 것이다. 예를 들어 어떤 학생이 80점을 맞았다고 가정할 때, 80점이 나오게 된 배경은 학생마다 다 다를 수 있다. 어떤 학생은 쉬운 문제에서 실수로 많이 틀려 80점일 수도 있고, 또 어떤 학생은 어려운 문제에서 많이 틀려 80점일 수도 있다. 그리고 틀린 영역(내용)이 학생마다 다 다를 수 있다. 따라서 무엇을 더 가르쳐야 할지, 어떻게 가르쳐야 할지에 관한 정보의 취득이 어렵다.

그러나 더 큰 문제는 검사 점수 오염test score pollution이라 할 수 있다. 이는 시간이 경과하면서 검사를 치른 사람의 성적이 다양한 이유로 증가하게 되는데, 이에 따라 기존의 규준표를 쓸모없게 만들어 버리는 것을 뜻한다. 따라서 오래된 규준표를 이용하여 개개인의 성적을 해석하게 되면 학점 인플레이션을 낳게 된다. 예를 들어 개발된 지 오래된 지능검사를 사용하게 되면, 학생들의 지능지수 분포는 오른쪽으로 치우친 분포도를 얻게 된다. 따라서 검사점수 오염이 발생하기 전에 검사를 새롭게 개발해야 하며, 규준표도 새 검사에 근거하여 다시 만들어야 한다.

절대평가

절대평가는 개인의 점수에 대한 해석을 미리 명세화된 수행표준standard of performance과 비교해서 이루어지는 평가이다. 따라서 검사를 치른 모든 사람이 수행표준에 다다랐으면 모두가 합격 판정을 받고, 모두가 다다르지 못했다면 모두가 불합격 판정을 받을 수 있다. 절대평가는 한마디로 모두가 A를 받을 수도 있고, 모두가 F를 받을 수도 있는 평가이다. 절대평가의 주요 목적은 개인의 점수를 타 학생과 비교하는 데 있지 않고, 기준에 비추어서 학생 개개인의 수행 수준을 정밀하게 추정하고, 영역 혹은 목표별로 특별히 모자란 점을 찾아내는 데 있다. 따라서 구태여 학생들 간의 변별력에 신경을 쓰기보다는 성취기준이 무엇이고, 그 기준에 다다랐는지 여부를 판단할 수 있는 문항 개발에 신경을 쓰게 된다. 그래서 절대평가는 검사의 타당도와 더 밀접한 관련이 있다.

절대평가는 기준참조측정Criterion-Referenced Measurement : CRM이라고도 부른다. 기준참조측정은 영역참조측정domain-referenced measurement과 목표참조측정objective-referenced measurement으로 나누어진다. 영역참조측정은 내용 영역을 잘 정의한 뒤, 내용 영역을 대표하는 문항들로 이루어진 문항 풀pool을 개발하여, 여기에서 무선적으로 문항들을 선정하여 이루어진 검사를 말한다. 목표참조측정은 특정한 수업목표들의 성취를 측정하는 문항들에 대해서 학생들이 얼마나 잘 수행했는지에 관한 정보를 제공하기 위한 것이다.

앞에서도 언급한 바 있지만 기준참조측정의 주요 관심은 학생들이 설정된 기준criterion을 성취했는지 여부이다. 신뢰도 추정은 서로 다른 형태의 측정 도구를 사용하여 얻은 점수를 가지고, 기준에 도달한 집단과 그렇지 못한 집단으로 나누고 이의 일치도를 비교함으로써 얻게 된다. 따라서 신뢰도는 일치도에 관한 백분율(%)로 보고 되지, 상관계수로 보고되지 않는다. 이는 곧 절대평가 자료들의 통계 처리에 한계가 있음을 나타낸다. 또한 절대평가는 학생들 간의 경쟁을 유발하지 않고, 타당한 목표의 성취를 강조한다는 측면에서 인간적이라고 할 수 있지만, 사람의 목숨을 다루는 것과 같은 엄중한 업무라든지, 경쟁이 치열한 선발의 목적에는 상대평가에 비해 적합하지 않을 수 있다.

04

인간의 행동

수동 행동 Respondent Behavior 과 작동 행동 Operant Behavior

행동

유기체가 내·외적 자극을 받아 일어나는 관찰 가능한 활동

수동과 작동 두 부류가 있음

수동

- 자극에 대한 반동으로 비자발적으로 일어나는 행동. 불수의 행동, 반사적 행동이라고도 함
- 반응이 선행하는 자극에 의해 통제
  예 고기를 보고 개가 침을 흘리기
  '꽝' 소리에 깜짝 놀라기
- Pavlov는 수동을 주로 연구
- 고전적 조건화 : 반응을 일으킬 수 없는 자극이 반응을 일으킬 수 있는 자극과 짝지어 계속적으로 제시하면 나중에는 반응을 일으킬 수 없는 자극만으로도 반응을 일으킬 수 있는 힘을 얻게 되는 것

작동

- 유기체에 의해서 발출된 행동.
  의사가 따른 행동, 능동적 행동이라고도 함
- 반응이 반응 뒤에 오는 결과에 의해 통제
  예 새가 먹이를 쪼는 행동, 수업시간에 학생이 손을 드는 행동
- Skinner는 작동을 주로 연구
- 작동적 조건화 : 작동의 결과로 제시된 강화자극에 의해서 작동이 일어날 확률이 증가되는 것

행동주의, 행동과학 등 교육학 분야에서 행동이란 용어가 많이 사용되고 있다. 행동이란 무엇을 뜻하는가? 행동Behavior이란 유기체의 활동, 즉 내적, 외적 자극을 받아 일어나는 관찰이 가능한 활동을 가리킨다. 행동을 Skinner는 수동 행동과 작동 행동, 짧게 말하면 수동과 작동의 두 가지로 분류하고 있다.

수동 행동

수동이란 '자극에 대한 반동으로 비자발적으로 일어나는 행동'이라고 정의된다. 즉 어떤 선행하는 자극에 의해서 자기 의사와 상관없이 부득이하게 일어나는 행동을 일컫는다. 불수의(不隨意) 행동, 반사적 행동이라고도 부른다. 파블로프Pavlov의 개가 음식을 보고 침을 흘린다든지, 어린 아기가 큰 소리에 깜짝 놀라는 반응 등은 모두 수동의 예라고 할 수 있다. 수동의 경우 어떤 특정한 반응(행동)은 어떤 특정한 자극에 의해서 발생하는 것이며, 항상 자극이 반응을 앞선다는 것이 그 특징이다.

수동과 관련하여 꼭 염두에 두어야 할 것은 고전적 조건화classical conditioning이다. 원래는 반응을 일으킬 수 없던 자극이 반응을 일으킬 수 있는 자극과 짝지어 계속적으로 제시하면 나중에는 반응을 일으킬 수 없던 자극만으로도 반응을 일으킬 수 있는 힘을 얻게 되는데, 이것을 고전적 조건화라 한다. 고전적 조건화를 파블로프의 개의 실험을 통해서 좀 더 자세히 알아보자.

〈그림〉 고전적 조건화 3단계

1단계

무조건 자극(UCS) 고기	⇨	무조건 반응(UCR) 침 흘림
중립 자극 종소리	⇨	효과 없음

2단계

무조건 자극(UCS) 고기 + 중립 자극 종소리	⇨	무조건 반응(UCR) 침 흘림

3단계

조건 자극(CS) 종소리	⇨	조건 반응(CR) 침 흘림

고전적 조건화 패러다임에서 무조건적 자극Unconditioned Stimulus : UCS은 무조건적 반응Unconditioned Response : UCR을 일으킨다. 배고픈 개는 고기를 보면 침을 흘린다든지, 눈을 향해 바람을 훅 불면 눈을 깜박인다든지, 꽝 하고 큰 소리가 울릴 때 어린애가 깜짝 놀라는 것 등이 그것이다. 중립적 자극인 종소리는 그 자체만으로는 개에게 아무런 반응도 유발하지 못한다(위 그림 1단계).

그러나 종소리(중립적 자극)가 무조건적 자극인 고기와 계속적으로 짝지어서 제시하면(위 그림 2단계) 종소리는 그 자체만으로 침 흘림을 유발할 수 있는 능력을 얻게 된다(위 그림 3단계). 따라서 종소리는 중립적 자극에서 조건화된 자극으로 변화하고, 그 반응은 이제 새로운 자극에 대해 조건화되었기 때문에 조건 반응Conditioned Response : CR이 된다. 그래서 종을 울리는 것은 일반적으로 개가 침을 흘리는 데에 아무런 영향이 없으나, 고기의 제시와 계속적으로 짝지어지게 되면 그것(종소리)은 조건화 자극Conditioned Stimulus : CS이 되고, 고기가 없음에도 침을 유발하게 된다.

위와 같은 조건화 현상을 우리는 학습이라고 부른다. 이 같은 학습은 동물행동에 제한된 현상이 아니고, 인간 행동의 경우에도 적용된다. 특히 인간의 정서적 반응은 고전적 조건화 과정을 거쳐서 획득되는 경우가 많다. 슬픈 소식을 들은 뒤에 입맛을 잃는다든지, 더러운 것을 보고 구토를 한다든지 등을 포함해서 인간의 공포, 분노 등은 모두 반사적인 행동의 조건화를 통해서 획득된 것들이다.

고전적 조건화 과정은 인간의 정서적 행동의 획득을 설명해 주는 유용하고 강력한 원리이다. 따라서 이러한 행동의 수정 또한 고전적 조건화 원리가 광범위하게 응용된다.

작동 행동

작동 행동이란 유기체에 의해서 발출된 행동을 말한다. 의사가 따른 행동 혹은 능동적 행동이라고도 부른다. 새가 먹이를 쪼는 행동, 수업시간에 학생이 손을 드는 행동 등은 모두 작동 행동이다. 작동이라고 부른 이유는 그 반응이 환경에 작동한다는 뜻에서 나온 말이며, 인간의 대부분의 행동들은 작동 행동들이다.

수동의 경우에는 반응이 선행하는 자극에 의해서 통제되지만, 작동의 경우에는 반응 뒤에 오는 결과에 의해서 통제된다. 예를 들어 어린아이가 칭얼거릴 때(반응) 과자를 준다면(결과 자극), 이 어린아이가 칭얼거릴 가능성이 높아질 것이다. 다시 말하면 과자를 얻는다는 것이 나중에 칭얼거리는 반응의 빈도를 증가 또는 강화시킨 것이다. 여기서 우리는 어떤 행동이 만족스러운 결과를 초래하면 그 행동을 더 자주하게 된다는 행동 원리를 발견할 수가 있다.

그래서 어떤 반응의 결과가 그 반응을 더 빈번히 일어나게 한다면 그 결과는 그 반응에 대한 강화 자극reinforcing stimulus이 된다. 여기서 작동이란 곧 강화 자극에 의해서 통제되는 반응 또는 행동이라고 정의할 수 있다. 고전적 조건화와 대비된 작동적 조건화operant conditioning는 작동의 결과로 가해진 강화 자극에 의해서 작동이 다시 일어날 확률이 증가되는 것을 말한다. 고전적 조건화나 작동적 조건화 모두 반응을 강화하고자 하는 것, 즉 행동을 학습화시키고자 하는 것이 목적이라는 것에 유념해 둘 필요가 있다.

05

강화

정적 강화Positive Reinforcement와 부적 강화Negative Reinforcement

강화체의 유형

- 강화체 : 강화력을 갖고 있는 사물
- 일차적 강화체 : 강화 가치가 생물학적으로 결정된 자극. 예 음식물
- 조건화된 강화체 : 일차적 강화체와 연합을 통하여 강화 가치가 획득된 자극.
  예 스티커, 돈, 칭찬 등

반응에 유관한 자극

특정 반응이 재발생할 수 있도록 원하는 반응에 연이어 제시되는 자극

〈그림〉 강화의 기본 원리들

강화의 기본 원리

반응을 강화하기		반응을 약화하기	
정적 강화	**부적 강화**	**벌**	**강화 제거**
반응에 유관한 만족스러운 자극 제시가 그 반응을 더 강하게 하는 결과를 낳는 것	특정 반응에 유관한 혐오적 자극 제거가 그 반응을 강하게 하는 것	특정 반응과 연계하여 혐오적 자극을 제시함으로써 그 반응의 비율을 감소시키는 것	특정 반응과 연계하여 반응자가 좋아하는 강화체를 제거함으로써 그 반응의 비율을 감소시키는 것
예 책 잘 읽었다고 하는 선생님의 칭찬	예 좌석 벨트를 맬 때까지 삑삑거리는 소리	예 거짓말하는 아들 녀석에게 훈계하기	예 소란 피울 때마다 스티커 빼앗기 • 소멸 • 반응 비용 • 격리(TO)

인간의 행동은 수동과 작동으로 이루어지며, 이 중 의사가 따르는 작동이 인간 행동의 주류를 이룬다는 것은 앞에서 언급한 바와 같다. Pavlov가 주로 수동을 중심으로 연구를 수행한 반면, Skinner는 의사가 따르는 이 작동을 연구의 대상으로 삼아 연구를 수행하였다.

일반적으로 학습을 "인간 행동의 계획적인 변화"라고 정의한다고 할 때, 학습에 대한 연구들은 인간 행동을 주로 다루게 된다. 여기서 학습이란 학습자에게 새로운 행동을 형성shaping하고, 형성된 행동을 유지시키는 일과 이미 형성된 행동을—예를 들면 나쁜 습관이나 버릇처럼—바꾸는 것을 포괄한다. Skinner는 학습의 과정에서 강화를 사용하여 어떠한 행동도 가르칠 수 있으며, 학부모가 원하는 어떤 인간도 길러낼 수 있다고 호언장담한 바 있다. 그래서 Skinner의 행동주의 학습이론은 강화 이론reinforcement theory이라고도 부른다.

강화 이론에서 작동 행동을 강하게 하는 것strengthening과 약하게 하는 것weakening을 이해하는 일은 매우 중요하다. 학습자들의 행동을 관찰해 보면, 학습자의 행동 목록에 이미 들어 있는 것 중에서 어떤 바람직한 행동들은 충분히 드러나지 않는다든지, 바람직하지 못한 행동들은 너무 자주 나타나는 경우를 목격할 수 있다. 여기서 바람직한 행동은 그 행동이 더 강하게 혹은 더 빈번하게 일어나게 하는 표적이 될 것이며, 바람직하지 못한 행동은 약화시키거나 나타나지 않게 하는 목표가 된다(〈그림〉 강화의 기본 원리들 참조).

제1차적 강화체와 조건화된 강화체

강화 이론에서 강화체reinforcer란 강화력을 갖고 있는 사물들을 말한다. 강화 이론을 적용하기 위해서는 강화력이 큰 강화체를 선정하는 것이 매우 중요한 일이다. 강화체의 유형은 일반적으로 제1차적 강화체primary reinforcer와 조건화된 강화체conditioned reinforcer로 나뉜다. 여기서 제1차적 강화체는 강화 가치reinforcement value가 생물학적으로 결정된 자극을 말한다. 예를 들어 음식은 모든 살아 있는 유기체들organisms에게 생물학적으로 필수 요소이다. 그래서 배고픈 동물들은 이를 얻기 위해 갖가지 행동을 내보이게 된다.

인간의 학습을 설명하는 데 더 중요한 것은 조건화된 강화체의 개념이다. 조건화된 강화체란 제1차적 강화체와 연합을 통하여 강화 가치가 획득된 자극들을 말한다. 황금별 스티커, 돈, 그리고 칭찬 등이 조건화된 강화체의 예들이다.

강화체의 선택은 반응자의 상황에 따라 달리해야 한다. 예를 들어 배부른 쥐에게 먹이는 강화력이 클 수가 없다. 또한 돈 많은 사람에게 약간의 벌금을 매기는 것도 큰 효과를 거둘 수 없다. 그러나 어린이에게 색종이 스티커나 황금별, 병사에게 외출증, 성인들에게 초과수당 등은 효과적인 강화체로서 고려해 볼 만한 것들이다.

반응에 유관한 자극

며칠 전 '인생극장'이라는 텔레비전 프로그램에 88세 농촌 할머니가 출연하였다. 이 할머니는 주먹에 물감을 묻혀 그림을 그리는 특별한 재능을 갖고 있었다. 할머니가 그린 그림을 보면서 그 재주가 비범함을 알 수 있었다. 방송 프로그램 제작자가 할머니에게 누구한테 그림을 배웠느냐, 어떻게 그림을 그리게 되었느냐를 묻자, 그 할머니는 "학교에는 문턱에도 못 가봤어요. 언젠가 내가 사과를 그렸는데 옆집 친구가 너무나 잘 그렸다고 칭찬해 주어서 그 후로부터 칭찬을 들으려고 이것저것 자꾸 그렸어요."라고 대답하였다.

위의 사례에서 강화체는 칭찬이었고, 강화를 주기 이전에 학습자가 보인 반응은 사과 그림이었다. 옆집 아주머니는 사과 그림 때문에 할머니가 칭찬을 받았다는 것을 분명하게 인식할 수 있도록 칭찬이라는 자극을 사과 그림이라는 반응과 연계하여 제시하였다. 이처럼 반응과 유관하게 자극을 제시하는 것은 강화의 또 다른 중요한 기초 원리이다. 일반적으로 유관 자극은 특정 반응이 재 발생할 수 있도록 영향을 주기 위해 그 반응에 연이어 즉시적으로 제시된다. 그래야만 반응자는 왜 자기가 자극(칭찬)을 받았는지를 확실하게 깨닫게 된다. 유관 자극은 반응의 재 발생에 후속되는 효과를 갖도록 특정 반응에 이어서 제거될 수도 있다. 반응에 유관한 자극 제거에 대해서는 '강화의 기본 원리'라는 그림을 통해서 더 자세히 설명할 수 있을 것이다.

우리(반응자)는 왜 우리가 칭찬을 받는지를 모르고 칭찬을 받는 경우가 있다. 우리는 또 왜 우리가 벌을 받는지도 모르고 벌을 받는 경우가 있다. 이 양자의 경우에 칭찬과 벌의 효과를 기대하기란 매우 어렵다. 더구나 동물을 대상으로 실험을 할 때 원하는 행동을 하지 않는다고 벌을 준다면 그 동물이 왜 벌을 받는지를 깨달을 수 있을까? 따라서 원하는 반응(행동)에 유관하게 자극을 제시하는 것은 매우 중요함을 알 수 있다.

강화의 기본 원리

〈그림〉 강화의 기본 원리들

	혐오적 자극	Y축 (+)	만족스러운 자극	
반응에 유관한 자극 제시	**벌** **(−, +)** 예 병사가 근무 중에 싸운 죄로 감방에 들어감 (반응이 약화됨)		**정적 강화** **(+, +)** 예 회사 업무 개선 아이디어를 내 보너스를 받음 (반응이 강화됨)	
(−)				X축 (+)
반응에 유관한 자극 제거	**부적 강화** **(−, −)** 예 학생이 매일 숙제를 잘했기 때문에 주말 시험을 면제해 줌 (반응이 강화됨)		**강화 제거** **(+, −)** 예 운전자가 장애인 주차 구역에 주차하여 벌금을 부과함 (반응이 약화됨)	
		(−)		

위 〈그림〉에서 보는 것처럼 행동을 강하게 하거나 약하게 하는 기본 원리를 정적 강화, 벌, 부적 강화, 그리고 강화 제거 등의 4가지로 나누어 볼 수 있다. 이 그림에서 가로 축(X축)이나 세로 축(Y축) 모두 반응에 뒤따르는 자극과 관련된 것들로서, X축은 그 자극이 만족스러운 자극이냐 아니면 혐오적 자극이냐로 구분되고, Y축은 반응에 유관하여 그 자극을 제시하느냐 아니면 제거하느냐로 나뉜다. X축과 Y축이 만나는 지점을 기준으로 (0,0)으로 볼 때, 이 기준에서 X축의 오른쪽은 +, 왼쪽은 -, Y축의 위쪽은 +, 아래쪽은 -가 되어 위 그림에 표기된 것처럼 4간 표가 만들어진다.

그런데 위 그림에서 발견할 수 있는 또 다른 하나는 반응을 강하게 하는 원리와 반응을 약하게 하는 원리로 나눌 수 있다는 것이다. 반응을 강하게 하는 원로서는 정적 강화(+,+)와 부적 강화(-,-)를, 그리고 반응을 약하게 하는 원리로서는 벌(-,+)과 강화 제거(+,-)를 들 수 있다. 이들 각각에 대해서 좀 더 자세히 알아보자.

반응을 강화하기 : 정적 강화

정적 강화positive reinforcement란 '어떤 반응과 연계하여 강화체(만족스러운 자극)의 제시가 그 반응을 더 강하게 하는 결과를 낳는 것을 가리킨다. 정적 강화의 예는 우리 주위에서 얼마든지 발견할 수 있다. 책을 잘 읽었다고 교사로부터 칭찬을 들은 아동이 책 읽기를 더 열심히 한다든지, 근로자들에게 보너스를 지급함으로써 조립 라인에서 할당량을 초과한 생산량을 낳게 한다든지, 병사에게 칭찬과 외박권을 줌으로써 막사 청소의 완성도를 높이도록 한 것 등을 들 수 있을 것이다.

그러나 정적 강화에서는 강화체로서 무엇을 사용할 것이냐, 그리고 주어진 상황하에서 강화체 선택을 어떻게 결정할 것이냐 등을 두고 심각하게 고려해야 한다.

반응을 강화하기 : 부적 강화

강화의 결과로서 특정 행동(반응)이 증가하거나 더 세게 일어나게 하는 또 다른 하나의 강화는 부적 강화negative reinforcement 이다. 부적 강화란 '특정 반응과 유관한 혐오적 자극의 제거를 통해서 그 반응을 강하게 하는 것'을 말한다. 여기서 유의할 것은 강화의 대상인 유기체에게 이미 혐오적 자극이 주어진 상태에서 이를 제거함으로써 반응을 강하게 한다는 것이다. 예를 들어 특정한 막대 누르기를 학습시키려고 하고 있는 쥐를 상상해 보자. 이 쥐에게는 정적 강화에서처럼 특정 반응(행동)을 보였을 때 음식물을 주는 것이 아니라 막대를 통해 전달되고 있는 쇼크가 꺼지도록 되어 있다. 그래서 막대를 누르는 것과 같은 행동의 증가는 쇼크라는 혐오적 자극의 제거에 의해서 부적으로 강화되고 있다.

부적 강화의 예는 정적 강화의 예에 비해 찾기가 여간 어려운 것이 아니다. 그 결과 이의 적용 가능성도 쉽게 예상하기 힘들다. 부적 강화의 또 다른 예로서 좌석벨트 매기를 가지고 살펴보자. 대부분의 승용차를 타게 되면 운전자가 좌석벨트를 맬 때까지 차임벨이 울린다거나 삑삑거리는 소리를 듣게 된다. 이때 안전벨트를 매게 되면 소리가 꺼지게 되어 있다. 여기서 좌석벨트 매기의 증가는 소리의 제거에 의해서 부적으로 강화되고 있다고 할 수 있을 것이다.

반응을 약화하기 : 벌

벌punishment이란 '특정 반응과 연계하여 혐오적 자극을 제시함으로써 그 반응의 비율을 감소시키는 것을 말한다. 흔히 벌을 부적 강화와 동일한 개념으로 이해하는 사람이 많은데, 이 둘은 엄연히 다른 개념임을 알아야 한다. 벌의 예로는 아버지가 남의 물건을 손대는 아들 녀석의 엉덩이를 찰싹 때린다든지, 군대에서 신병들에게 제식 훈련을 제대로 못한다고 팔굽혀펴기 기합을 준다든지 또는 수업 중에 옆 사람과 떠드는 학생들에게 교사가 야단을 친다든지의 모습일 것이다. 이 예들은 모두 잘못된 행동에 대한 벌이 그 행동을 멈추게 하거나 반복되지 않을 것이란 기대를 가지고 실시된다.

그러나 벌은 특정 행동을 당장 멈추게 하는 효과가 있지만 여러 가지 부작용이 있는 것으로 알려지고 있다.

첫째는 그 효과가 오래가지 못한다는 것이다. 벌을 받고 있는 행동은 벌이 시행되고 있는 바로 그 시점에서는 당장 멈출지 모르지만 그렇다고 그 행동이 필연적으로 고쳐졌다는 것을 의미하지는 않는다. 잡담하는 학생에게 교사가 호통을 치면 그 순간만큼은 잠시 중단할 수 있겠지만 또 다른 순간에는 더 은밀하게 잡담을 계속하게 되는데 이 같은 사례가 여기에 속한다.

둘째로는 벌이 특정한 혐오적 자극이나 고통을 줄 경우 바람직하지 못한 조건화된 감정적 반응을 유발할 수 있다. 학교 공부가 시원찮은 아동에게 벌이 심하게 주어지는 경우 이로부터 회피하거나 도피하기 위해 가출하거나 무단결석을 하게 되는데, 이러한 행동이 이에 속한다. 나이 든 사람이면 누구나가 다 한 번쯤은 어릴 때 손을 깨끗하게 씻지 않았다고 선생님에게 손바닥을 맞은 기억이 있을 것이다. 그런데 손바닥을 맞기 싫어 중간치기를 하고, 급우들이 수업을 마치고 돌아오기를 기다리던 때가 생각날 것이다.

셋째로 벌을 장기간에 걸쳐 받게 되면 신체적 혹은 심리적 장애를 유발할 수 있다. 특히 혐오적 자극을 피하거나 그것으로부터 도망갈 수 없는 상황에 직면하게 될 때 문제가 심각하게 되는데, 이때에는 학습된 무력감 learned helplessness 현상을 낳을 수 있다. 여기서 학습된 무력감이란 '자신의 통제 밖에 있는 것처럼 보이는 사태들을 수동적으로 수용하는 것'을 말한다. 예를 들어 쇼크를 피하는 것이 이전에 허용된 개는 쇼크와 함께 주어지는 부저 소리를 듣자마자 곧바로 장애물을 뛰어넘는 것을 학습하나 이전에 쇼크로부터 피하는 것이 막혔던 개는 새로운 조건 하에서 피하려는 시도를 거의 하지 않는다.

인간에게 있어서도 마찬가지이다. 그들의 행위적 조처들이 혐오적 사태를 피하는 데 거의 효과가 없다는 것을 지각하게 되면, 이들도 학습된 무력감의 징후를 보이기 시작한다. 학습의 맥락에서 자신의 노력이 반복하여 실패를 경험하거나 자신의 노력에 대한 효과가 끊임없이 저조하게 나타나게 되면 '나는 할 수 없어. 나는 공부를 잘할 수 있는 사람이 아니야.' 식으로 자포자기하게 된다.

반응 약화하기 : 강화 제거

〈그림〉 강화의 기본 원리들에서 보는 것처럼 혐오적 자극(벌)을 제시함으로써 행동의 빈도를 줄이기도 하지만, 더 효과적인 수단은 그 행동이 일어날 때마다 반응자로부터 그가 좋아하는 강화체를 빼앗는 기법이다. 이와 같이 강화 제거를 통한 반응 약화하기는 소멸extinction, 반응 비용response cost, 그리고 격리timeout의 세 가지를 예로 들 수 있다.

소멸이란 '이전에 있었던 유관한 강화를 제거함으로써 반응의 빈도가 줄어드는 것'을 말한다. 소멸이란 빼앗을 만한 특별한 것이 없는 경우에 시행되는 강화 제거의 특수한 사례라고 이해하면 좋을 것이다. 자기를 시켜 달라고 팔을 심하게 흔드는 학생에게 교사가 전혀 주의를 쏟지 않음으로써 결국에는 그런 행동을 포기하게 하는 것이라든지, 낑낑거리는 강아지를 주인이 무시함으로써 그 같은 행동을 멈추는 것을 들 수 있다.

반응 비용은 소멸에서와 마찬가지로 행동과 유관하여 강화를 제거한다. 그러나 반응 비용에서는 벌금을 물린다거나, 이전에 벌었던 강화체를 위반자로 하여금 되돌려 놓도록 요구하게 된다. 반응 비용은 그 사람의 과거사나 벌금의 크기에 따라 특정 행동을 줄이는 데 강력하고도 빠른 효과가 있다.

격리는 바람직하지 않은 행동을 강화하는 환경으로부터 일정한 시간 동안 학습자를 떼어 놓음으로써 그 행동을 줄이는 기법을 의미한다. 어떤 상황에서는 무엇이 그 행동을 멈추지 않고 계속하게 했는지 확실히 결정하기 어려운 경우가 있다. 더구나 여러 가지 사건이 특정 행동에 이어서 벌어져 모두가 다 강화하는 효과를 가질 수도 있다. 이런 경우에는 강화의 원천들로부터 떼어내서 그 개인을 옮겨 놓아 버리는 것이다. 그러나 격리는 혐오적 상황에 있는 개인을 대상으로 사용해서는 결코 효과를 기대할 수 없다. 이 경우, 격리는 결과적으로 혐오적 상황을 제거해 주게 되는데, 이는 바람직하지 않은 행동을 오히려 강화해 주는 꼴이 된다. 그리고 격리는 일관성 있게 유지되어야 하고, 시간도 가능한 한 짧아야 한다.

06

지식의 확장

동화, 조절 그리고 평형화

스키마(schema)

기억 속에 저장된 원론적 개념들을 나타내는 자료 구조

스킴(scheme)

정신 작동의 기본을 제공하는 일반화된 행동 혹은 행위의 단위

스키마타(schemata)

단위 학습자의 논리적 구조의 총체. 스키마의 복수형

스키마 변화의 3가지 유형

- 누적하기 : 기존의 스키마에 하나의 사례로서 새 정보가 기억되는 것
- 조율하기 : 새로운 개념이나 원리의 학습으로 부분적으로 스키마를 수정하는 것
- 재구조화하기 : 기존의 스키마타를 합병하거나 대체하기 위해 전혀 새로운 스키마타

를 창조하는 것

스키마 발달의 과정

- 동화 : 기존의 스킴이나 작동에 의해 사물이나 사건을 지각할 때 일어나는 것
- 조절 : 기존의 스킴이나 작동을 수정하여 사물이나 사건을 지각할 때 일어나는 것
- 평형화 : 동화와 조절 모두를 거쳐 완숙된 발달 과정. 특정 발달 단계에서 다음 단계로 전환할 때 발생

생각해 볼 사항들

- 학습에서 동화와 조절의 구체적인 예들
- 학습에서 동화가 더 중요할까, 조절이 더 중요할까?
- 조절이 일어나게 하기 위한 수업전략은?
- 동화와 조절 간의 관계는?

사람은 누구나 바깥의 사물을 인지하는 데 사용하는 인지 조직을 갖고 있다. 이 인지 조직에 비추어서 사물을 파악하고, 또 이 조직 자체가 분화되거나 심화되면서 발전해 나간다고 볼 수 있다. 이 인지 조직을 인지구조, 스키마schema, 혹은 참조체제라고 다르게 불리어 왔음은 앞에서 언급한 바 있다. 여기서는 스키마 이론의 관점에서 인지 조직인 개개인의 스키마가 어떻게 발전해 가는지를 살펴보고자 한다. 나아가 스키마의 변화를 피아제Piaget의 동화, 조절 그리고 평형화의 관점에서 살펴보고자 한다.

여기서 스키마 이론을 이해하기 위해서는 먼저 스키마schema, 스

킴scheme, 스키마타schemata라는 용어의 뜻을 먼저 이해하고 넘어가는 것이 중요할 듯싶다. 이들 용어들이 스키마 이론을 설명하는데 자주 등장하기 때문이다. 이 세 가지 용어들을 정의하면 다음과 같다.

스키마(schema): 기억 속에 저장된 것으로서 원론적 개념들을 나타내는 자료 구조
스킴(scheme): 정신 작동의 기반을 제공하는 일반화된 행동(혹은 행위)의 단위
스키마타(schemata): 스키마의 복수형. 학습자의 논리적 구조의 총체

위에서 스키마가 인지 조직의 수동적 양태를 가리킨다면 스킴은 인지 조직의 능동적 조직 원리를 나타낸다. 따라서 스키마의 행위가 곧 스킴인 셈이다.

학습이나 경험은 복수의 스키마 즉, 스키마타의 수정에 어떻게 영향을 주는 것일까? 여러 스키마 이론가들은 기존의 스키마타의 변화와 학습에 기인한 새로운 스키마타의 획득을 설명하기 위해 세 가지의 과정을 제안한다. 그것들은 누적하기accretion, 조율하기tuning, 그리고 재구조화하기restructuring 이다. '누적하기'란 사실 학습fact learning과 거의 같은 말이다. 기존의 스키마에 들어 있는 하나의 사례로서 새 정보가 기억되는 것을 말한다. '조율하기'란 기존의 스키마타가 새 경험과 좀 더 일관성 있게 될 수 있도록 진화하는 것을 말하는 것으로서, 새로운 개념이나 원리의 예들이 들어올 때 부분적인 스키마의 수정을 설명하기 위한 용어이다. '재구조화하기'란 이전의 스키마타를 합병하거나 대체하기 위하여 전혀 새로운 스키마타를 창조하는 것을 말한다. 기존의 스키마로 새로운 경험을 해석하는 것이 잘 맞지 않을 때, 경험과의 일관성이 반복되도록 새 스키마가 구안되어 도입되게 된다. 여기서 우리는 개개인에게 있어 지식은 누적하기, 조율하기 및 재구조화하기의 과정을 거쳐 지식이 확장되어 감을 알 수 있다.

누적, 조율 및 재구조화는 스키마타의 정태적 수정을 설명하는 데 적합하다. 그러나 스킴 즉 스키마의 작동이 어떻게 일어나는지를 알아보기 위해서는 피아제Piaget의 동화assimilation, 조절accomodation, 그리고 평형화equilibration의 개념을 살펴볼 필요가 있다. '동화'란 새로운 사물이나 사건을 기존의 스킴이나 작동operation에 의해 지각할 때 일어나는 것을 말한다. 예를 들어 아기들은 태어날 때부터 엄마의 젖을 빠는 본능을 갖고 태어난다. 따라서 젖을 빠는 본능에서 미분화 상태인 아기가 세상을 이해하는 유일한 수단은 젖 빨기라는 스킴이라 할 수 있다. 오직 젖을 빠는 스킴을 갖고 있는 아기는 손에 잡히는 모든 사물을 입으로 가져가서 빨아봄으로써 그 사물을 파악하려 든다. 이 같은 스킴, 그리고 붙잡고, 던지고, 흔들어 보는 행동 등은 그 사물에 대한 정보를 동화시키는 수단들이다. 왜냐하면 이들 스킴들은 상대적으로 폭이 넓고 미분화되어 있기 때문에 특정 사물을 입에 넣거나 던지는 것이 적절한지 여부를 떠나 그냥 사용하게 된다.

그러나 기존의 스킴들이나 작동들이 새로운 경험을 설명하기에 부적합하거나 설명할 수 없을 때, 이들 스킴이나 작동은 수정해야만 한다. 이렇게 발생하는 것이 '조절'이다. 따라서 조절이란 기존의 스킴이나 작동을 수정하여 새롭게 생성된 것이라고 볼 수 있다. 그리고 동화와 조절 모두를 거쳐 특정 지적 발달 단계의 과제들을 모두 마스터한 상태를 '평형화'라고 부른다. 평형화는 지적 갈등이 해소된 상태로서 피아제의 인지발달이론에서 특정 단계에서 다음 단계로 전환될 때 일어나는 특징이라 할 수 있다.

다음 단계로의 지적 발달을 꾀하기 위해서는 동화가 더 중요할까, 조절이 더 중요할까? 아니면 똑같이 중요할까? 여기서 동화란 학습된 스킴을 여러 가지 상황과 조건에 적용해 보는 것을 나타내고, 조절은 새로운 경험을 설명하기 위해 기존의 지식을 새로운 지식으로 바꾸거나 형성하는 것으로 보는 가정하에서이다.

어떤 사람은 새로운 원리나 관점을 터득하는 것이 중요하지 한번 배운 원리를 반복해서 적용하는 것이 뭐가 중요하냐고 말한다. 반면에 또 어떤 사람은 새로운 원리, 관점을 획득하는 것도 중요하지만 한번 배운 원리나 관점을 다양한 적용을 통하여 완전한 내 것으로 만드는 것이 더 중요하다고 말한다. 월반제도와 같이 속진(速進)acceleration을 주창하는 사람들은 조절을 강조하고, 느리지만 안정감 있게 기초를 튼튼히 하여 나아가야 진정으로 높이 오를 수 있다고 주창하는 사람들은 동화를 강조한다. 피아제도 동화의 중요성을 더 강조한 사람으로 기억된다.

어떻든 지적 능력을 촉진하기 위해서는 동화와 조절 모두가 중요하다. 지적 발달이 진행되고 있는 성장기의 아이들에게 조절이 일어나게 하기 위해서는 감각을 예민하게 하고, 사물을 서로 비교 분석하는 능력을 길러야 한다. 그러나 더 중요한 것은 아이들의 사물에 대한 인식이 옳지 않음을 스스로 깨닫게 하는 일일 것이다. 그들의 사고에 있어서 갈등과 불일치를 지각하는 것은 현재의 인지구조와 동화되어야 할 새로운 정보 간의 불 평형 혹은 불일치를 느끼게 함으로써 가능한데, 이는 새로운 단계로의 발전을 위해서 필수적으로 겪어야 할 경험이다.

이를 위해서는 또래 집단 교수peer group teaching를 고려해 보아야 할 것이다. 지적 발달기의 아이들은, 특히 전조작기(2~7세) 아동들은 사고와 언어가 자기중심적egocentric인데, 이 같은 자기중심적 사고를 뛰어넘도록 하기 위해서는 또래와의 상호작용이 핵심이라고 피아제는 믿고 있다.

일단 조절에 의해 새로운 스킴이 형성되고 나면 이것이 완전히 내 것이 되도록 반복하여 여러 상황과 조건에 맞춰 충분한 동화 과정이 일어나도록 해야 한다. 지적 발달이 완성되었을 것으로 예상되는 대학생들에게 가설적 사고를 묻는 문제를 주었을 때 풀 수 있는 사람이 50%가 안 된다는 연구 결과가 있다. 이는 충분한 동화 과정이 이루어지지 않았음을 나타낸다. 피아제는 지능의 성장에서 가장 중요한 요소는 아동의 활동이라고 보았다. 아동은 활동을 통해서 지식을 획득하고, 사고는 행위에 근거해서 이루어지는 것으로 보았기 때문이다. 피드백은 사물과 사물에 가한 행위로부터 오기 때문에 구체적이고 조작적인 자료들을 가지고 놀도록 하는 것은 지적 발달에 매우 중요하다고 할 수 있다.

07

인지 발달의 단계론과 연속론

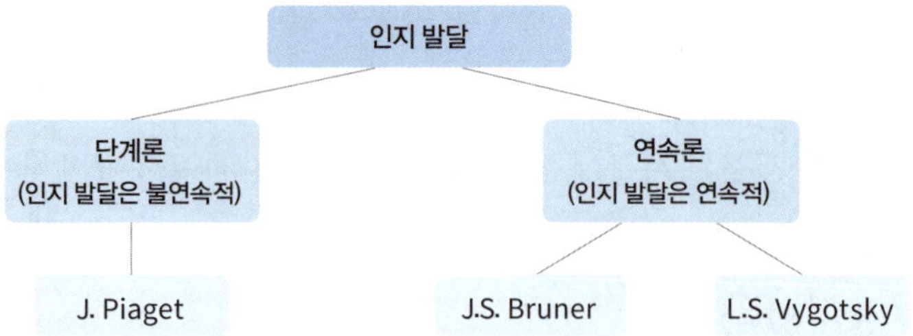

네 발달 단계
- 감각 운동기
- 전조작기
- 구체적 조작기
- 형식적 조작기

세 가지 발달과정
- 동화 : 기존의 스킴이나 작동으로 사상(事象)을 지각
- 조절 : 새로운 경험을 설명하기 위해 기존의 스킴이나 작동을 수정
- 평형화 : 완숙한 발달 상황. 단계 전환 시 발생

세 가지 표상 양식
- 작동적 표상
- 영상적 표상
- 상징적 표상

중간 수준의 질문

중재
- 내재화 : 개인 간 활동을 개인 내 활동으로 바꾸는 과정
- 근접발달영역(ZPD) : 성숙의 과정에 있는 기능들

	J. Piaget	J.S. Bruner	L.S. Vygotsky
주요 주장들	• 단계 계열은 문화적으로 불변하며 누구나 형식적 조작기에 도달 • 각 단계는 인지의 질적 변화를 나타냄 • 아동은 각 단계의 특성을 보여주며, 각 단계는 이전 단계의 모든 능력을 포함함 • 전반적 재구조화는 단계 전환을 특정 지움	• 인지 발달 : 개인 내적 요인과 개인 외적 요인의 상호작용으로 이루어짐 • 인지 발달에서 수업의 중시 : 표상 단계의 계열성 • 지능 : 도구들의 내재화	• 개인의 발달은 사회·문화의 참조 없이는 이해 불가 • 개인과 맥락 간의 양방향적 본질 중시
교육적 시사점	• 학습자 내적 요인의 강조 • 학습자 스킴이나 작동 행동이 성숙할 때까지 기다려야 함 • 속진의 불가 • 지식의 습득 : 학습자 스스로의 구성 과정 • 아동 활동의 적극적 지원 • 또래 집단끼리의 상호작용 강화 • 사고의 일관성이 없음을 깨닫도록 수업 전략 구성	• 개인 외적 요인(환경) 강조 • 표상 양식에 맞게 수업을 하면 모든 교과목을 효과적으로 가르칠 수 있음 • 속진 가능	• 좋은 수업 : 발달에 앞서고, 발달을 이끌 때 • 비계로서 교사의 역할 • 교사와 학습자 간의 간주관성

(J.S. Bruner, L.S. Vygotsky) 지적 발달을 위한 사회·문화의 중요성 강조

에피소드 1. ABC 컴퓨터

아타나소프John V. Atanasoff는 1930년대 말경에 아이오와 주립대학에서 수학 교수로 재직하고 있었다. 그는 20여 명이나 되는 석사·박사 과정 학생들을 위하여 수학적 연산을 할 수 있는 계산기가 필요함을 느꼈다. 이에 따라 그 당시까지 사용되고 있는 각종 기계적인 계산기들을 검토했으나 그를 만족시켜 줄 수 있는 것은 하나도 없었다. 그래서 그는 전자학에 바탕을 둔 새로운 디지털 계산기를 개발해야겠다고 생각하게 되었다.

아타나소프는 그 자신의 기계를 설계하기 시작하였다. 그러나 그

일은 쉬운 일이 아니었다. 그는 그 기계의 논리회로 설계 과정에서 수많은 문제들에 직면해야 했다. 그는 수많은 날들을 설계를 완성할 수 없음에 좌절하여 미시시피강을 건너 길가에 있는 조그만 카페에 들러 술을 마시곤 하였다. 1937~38년경 어느 겨울날, 이 날도 깊은 좌절에 빠져 이 카페에서 술을 마시고 있었다. 그러나 후일에도 확인할 수 없는 무슨 연유에서인지 모르게 컴퓨터 메모리에 대한 아이디어와 실험실에서는 그렇게도 떠오르지 않던 관련된 논리들이 갑자기 떠올랐다. 그래서 그날 밤 실험실로 돌아와 전자 디지털 컴퓨터의 기본 개념들을 완성할 수 있었다.

아타나소프는 그의 조교이었던 베리Clifford Berry와 함께 그 설계를 구체화하고 전자적 디지털 컴퓨터를 만들기 시작하였다. 그들은 이 기계를 Atanasoff-Berry-Computer라고 불러 후일의 ABC가 되었다. 이 ABC 설계는 전자적 디지털 컴퓨터의 발전에 근본을 제공하였다는 것이 학계의 일반적인 의견이다.

에피소드 2. 나의 연구조교 이야기

나는 1970년대 말부터 연구조교RA로 미국 유학생활을 시작하게 되었다. 그 당시 나의 임무는 마그네틱 테이프magnetic tape에 들어 있는 데이터들을 분석하는 일이었다. 테이프는 두 종류가 있었는데, 하나는 교사자격증 테이프였고, 또 다른 하나는 현직 교사 테이프였다. 이들 각기에는 각 사람마다 수십 가지 항목의 데이터들이 들어 있었는데 약 10여 년에 걸쳐 수집된 것들이었다. 따라서 나는 연차별로 두 테이프를 대조하여 새로운 파일을 만들고, 각 교과목 별로 교사의 수요와 공급에 관한 예언 공식을 만들고, 이의 타당성을 검증하는 것이 주요 임무였다.

그러나 문제는 테이프 작업이 시간이 너무 많이 걸리고, 더 큰 문제는 도대체 어떻게 테이프를 읽어내 데이터를 추출해 내느냐는 것이었다. 나는 지푸라기라도 잡는 심정으로 컴퓨터센터의 컨설턴트와 상담하고, 컴퓨터 전공자에게 매달려 프로그램을 작성해서 프로그램을 돌리고 또 돌렸다. 그리고 피드백 메시지에 따라 프로그램을 수정하여 다시 돌리기를 반복하였다. 그러나 끝이 보이지 않았다.

어느덧 계절이 바뀌어 봄이 왔다. 풀리지 않는 문제들 때문에 좌절에 빠져 우울하게 아침밥을 먹고 있는데 프로그램의 몇 스테이트먼트들statements을 이러이러하게 바꾸면 어떨까 하는 생각이 번뜩 떠올랐다. 나는 이 생각을 잊지 않으려고 계속 중얼거리며 컴퓨터 센터로 달려가 즉시 프로그램을 고쳐 돌려 보았다. 어찌된 영문인지 그날은 테이프가 멈추지 않고 계속 돌아가는 것이 보였다. 작업을 성공적으로 마쳤다는 메시지도 나왔다. 나는 그 순간의 기쁨을 결코 잊지 못한다. 절망이 클수록 그 뒤에 오는 성공의 희열은 더 큰 법이다. 그 이후의 일들은 너무나 순조롭게 풀렸다. 실패를 거듭했던 추운 겨울날들이 나에게는 단순히 실패뿐만이 아니라 실력에 조금씩이나마 발전이 계속 있어 왔고, 이것이 바탕이 되어 후속되는 과제들도 잘 마무리할 수 있었다.

공부를 해 본 사람이면 누구나 자신의 실력으로는 더 이상 나아갈 수 없는 한계를 한번쯤은 겪었을 것이다. 이 같은 한계는 학문 분야에 따라 그 종류와 깊이가 다를 수 있다. 아무리 해도 풀리지 않는 문제들, 절벽에 부딪힌 느낌, 절망감이라고나 할까. 이럴 때는 선생님이나 전문가에게 도움을 청하기도 하고, 컴퓨터와 같은 도구들의 도움을 받기도 한다.

그러나 이 같은 도움에도 불구하고 한계는 느끼는 수준만 다를 뿐 또 부딪히기 마련이다. 이럴 때는 절망하고 포기해 버리거나, 힘을 비축하였다가 다시 시도하게 된다. 그런데 이 절망의 순간에 해결책이 갑자기 떠올라 문제를 풀게 되는 사례가 종종 있다. 'ABC 컴퓨터'와 '나의 연구 조교 이야기'가 그것들이다. 그러나 이 두 에피소드는 분명한 차이가 있다. 전자는 떠오른 해결책이 이전의 행위나 사고와는 연관이 없거나 덜하다는 것이며, 후자는 해결을 위한 노력과 해결책 간의 관계가 더 밀접하다는 것이다. 성경에는 성령이 갑자기 임하시고, 나와는 무관하게 하나님께서 행하심을 강조한다. 그러나 이 같은 생각에 대해 전혀 다른 반론을 제기하는 사람들이 많다. 겉으로 보기에는 문제와 해결책까지의 간격이 커서 갑자기 떠오른 것으로 보일지 모르지만, 그 사이를 메꾸는 수많은 다리들이 있고, 그 다리들의 연결을 통해서 해결책에 이르렀다는 주장이다. 즉, 해결책에 이르는 과정이 너무 빨리 이루어져 그 과정을 의식하지 못할 뿐이라는 것이다.

인간 발달, 그중에서도 특히 지적 발달 이론에서 이전 단계와 현 단계 간의 관계가 불연속적이라는 단계론과, 발달이란 항상 연속적으로 이루어진다는 연속론이 있다. 단계론의 대표적인 학자로서는 피아제Piaget를 들 수 있으며, 부르너Bruner, 비고츠키Vygotsky 등은 모두 연속론을 대변한다고 할 수 있을 것이다.

단계론과 연속론은 그 이론적 측면에서 전혀 다른 접근을 시도해야 함을 시사한다. 따라서 여기서는 두 이론을 비교 검토하고, 각 이론이 시사하는 교육방법론을 살펴보려 한다.

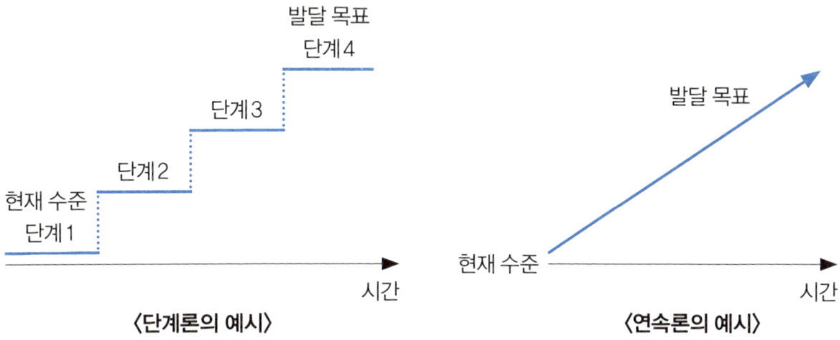

피아제의 인지 발달 단계론

일반적으로 심리학자들에게 있어 인지 발달은 종착점이 있음을 상정한다. 그리고 아이들은 이 종착점을 향해 흔들림 없이 그러나 시행착오를 범하면서 움직이는 것으로 본다. 이들에게 발달이란 분화되지 않은 세포들이 점차 효율적인 것이 되고, 더 완벽하게 기능하는 유기체로 되어가는 분화와 정교화와 통합의 결과로 보았다(Werner, 1957). Werner는 또한 변화나 성장과 발달을 구분하였다. 왜냐하면 변화는 회귀적regressive 일 수도 있으며, 성장은 질적인 개선을 필연적으로 포함하지 않고, 양적인 개선만을 의미할 수도 있기 때문이다. 그래서 인간에게 있어 인지 발달이란 아동의 분화되지 않은 인지적 능력이 어른의 개념적 자질이나 문제해결 기능으로 변형transformation 하는 것으로 보았다.

변형의 의미를 좀 더 정확하게 파악하기 위해서는 Kegan(2000)의 주장을 다시금 음미해 볼 필요가 있다. 그는 학습을 정보적 학습informative learning 과 변형적 학습transformative learning 의 두 가지로 나누어 설명하는데, 정보적 학습은 in-form-ative learning으로 이를 자세히 뜯어보면 '형태 안 학습'을 가리키는 것으로서 참조체제frame of reference라는 형태는 그대로이고 지식 면에서 증가에 한정된 학습을 나타낸다. 반면에 변형적 학습은 trans-form-ative learning으로 '형태를 바꾸는 학습'을 가리키는데, 이는 자신의 참조체제가 바뀔 때 발생한다.

해석학적 입장에서 보면, 인식론적 과정에서 발생하는 두 가지 학습 형태는 위에서처럼 '의미 형성하기meaning forming'와 '우리의 의미 만들기를 재형성하기reforming our meaning making'로 나누어 설명할 수 있다. 여기서 우리가 유의해야 할 것은 우리의 인식은 단지 의미를 형성하는 것만은 아니며, 그렇다고 형성된 의미를 바꾸는 것만을 뜻하는 것도 아니라는 사실이다. 우리는 의미를 만듦으로 해서 바로 그 형태를 바꾼다는 것이다. Kegan에게는 이것이 곧 우리의 인식론이 바뀌는 것으로 보았다. Daloz(2000)도 Kegan의 견해에 동조하면서 학습자가 이전의 의미들을 재방문함으로써 '형성된 의미'와 '새로운 의미가 형성되는 방식'이 바뀌는 것을 인식론의 전환으로 보았다.

피아제의 인지 발달 이론은 감각 동작기, 전조작기, 구체적 조작기, 그리고 형식적 조작기의 4단계로 이루어져 있다. 그리고 그의 이론의 근본적 주장들은 다음과 같이 네 가지로 요약할 수 있는데, 여기서는 그의 주장과 반론을 묶어서 함께 제시하기로 한다.

- **주장 1**

첫째, 발달 단계의 계열은 문화적으로 불변적이며, 불가피하게 누구나 형식적 조작기에 이른다는 주장이다. 이 말은 동서양 어느 문화권이고를 막론하고 감각 동작기, 전조작기, 구체적 조작기, 형식적 조작기의 순으로 발달하며, 이전 단계로의 퇴행은 일어날 수 없음을 시사한다. 그리고 누구나가 다 최종 단계인 형식적 조작기에 도달한다는 것이다.

• **반론 1**

위의 주장과 관련된 연구들을 살펴보면, 특정 단계에 도달한 아동의 연령은 문화에 따라 다양하게 나타난다. 그리고 누구나 형식적 조작기에 도달한다는 아무런 증거도 없다. 선진 사회에서까지도 소수의 성인만이 형식적 조작기의 추론 능력을 보여준다(Siegler, 1986). 심지어 과학자들까지도 관습적으로 형식적 조작기 수준의 추론을 하지 않음이 밝혀지고 있다(Leahey & Harris, 1997). 만약 누구든지 필연적으로 형식적 조작기에 이른다면 교수나 학습을 통한 인지 발달의 노력은 불필요한 셈이다. 그만큼 학습자 외부의 영향은 줄어들고, 인지 발달은 오로지 개인 내부의 힘에 의해서만 이루어진다는 의미이다.

퇴행과 관련해서 Inhelder, Sinclair & Bovet(1974)는 초기 구체적 조작기 아동의 추론에서 일시적 퇴행을 관찰하였다. 이 결과는 단계 전환 시점에서 발생하는 인지적 재구조화가 잠깐이나마 안정적이지 않음을 나타낸다. 나아가 인지적 발달은 불연속적 단계들로보다는 안정적이고도 점증적 변화로 발생한다는 것을 시사한다.

• **주장 2**

둘째, 어떤 특정 단계에서 다음 단계로의 이동은 인지에 있어 질적 변화를 나타내며, 특정 단계 내에서의 추론reasoning은 일관성이 있다는 주장이다. 여기서 단순히 나이를 먹어감에 따라 발생하는 지능에 의의 있는 양적 향상만으로는 이 기준을 만족시키는 데 불충분하다. 인지의 질적 변화라는 것은 이전 단계에서 사용하던 스킴이나 작동과는 전혀 다른 새로운 스킴이나 작동을 사용함을 뜻한다. 그리고 새로운 스킴이나 작동은 전반적인 문제들에 적용된다는 것이다. 예를 들어 전조작기(2~7세)의 아동들은 바둑알 10개가 드문드문 길게 놓여 있는 것과 촘촘히 짧게 놓여 있는 것을 보고, 어느 쪽이 바둑알이 더 많으냐고 물었을 때, 인지를 길이에 집중하여 보는 아동은 긴 쪽이 더 많다고 대답하고, 밀도에 더 집중하여 보는 아동은 촘촘하게 놓인 쪽이 더 많다고 대답한다는 것이다. 이를 사고의 집중화centration 현상이라고 부르는데, 그 다음 단계인 구체적 조작기(7~11세)에 이르면 두 가지 차원을 함께 고려하여 논리적 방식으로 문제를 푸는 진실된 정신 조작을 수행한다. 이에 따라 형성되는 것이 수(數)의 보존 개념conservation이다.

• **반론 2**

각 단계들은 인지에 있어 질적 변화를 나타낸다는 말은, 발달은 곧 불연속적이라는 것을 시사한다. 발달 중에 발생하는 인지적 변화가 연속적이냐 아니면 불연속적이냐는 판단하기가 매우 어렵다. Siegler(1986)는 이에 대해 아동의 사고에 갑작스러운 변화처럼 보이는 것도 실제로는 점진적 진보의 부분들이라고 주장한다.

연속성, 불연속성의 질문은 속진acceleration이 가능하냐 혹은 가능하지 않으냐의 문제와 관련이 있다. 단계의 불연속성은 이 같은 속진이 성취하기 어렵다는 것을 말해 준다. 예를 들어 보존 개념이 형성되어 있지 않은 전조작기의 아동들에게 양(量)에 대한 보존 개념을 아무리 가르쳐도 학습이 불가능하다는 것이다. 그러나 피아제식 과제들을 가지고 아동들을 훈련하는 연구들을 보면 피아제가 생각했던 것보다 아동들이 더 많이 배울 수 있음을 보여준다. 그리고 아동들은 특정 단계 내에서 항상 일관성 있게 추론하지 않는다는 것도 밝혀지고 있다. 따라서 피아제의 불연속적 단계론은 특정 과제에 따른 인위적인 것일 수 있다는 의심을 갖게 한다.

• **주장 3**

셋째, 아동들은 각 단계의 특성들을 보여주고, 각 단계는 그 이전 단계의 모든 능력competence을 포함한다는 주장이다. 예를 들어 감각 운동기의 아동은 사물과 사건에 대한 정신적 표상을 시작하고, 대상 항존성object- permanence을 획득하며, 전조작기의 아동은 기호적 기능을 습득하고, 자기 중심적 사고를 하는 특징을 가지며, 구체적 조작기의 아동은 보존 개념이나 가역적 사고reversibility와 같은 정신 작동을 수행하고, 구체적 문제들을 논리적인 양태로 풀 수 있으며, 그리고 형식적 조작기의 아동은 비례적 사고와 가설적 추론이 가능하며 추상적 문제들을 체계적이고도 논리적으로 풀 수 있는 특성을 갖는다고 말한다. 또한 예를 들어 구체적 조작기의 아동은 전조작기나 감각 운동기의 능력을 모두 갖는다는 것이다.

• **반론 3**

이 같은 주장에 대한 반론도 만만치 않다. 아동들은 전조작기가 지났음에도 불구하고 전조작기의 특징인 자기중심적 사고egocentrism를 보여주는 연구 결과들이 있고, 전조작기에 해당하는 아동들이 항상 자기중심적이지 않다는 연구 결과들도 있다. 그래서 Carey(1985, pp.13~14)는 발달 단계보다도 과제의 본질이 자기 중심성을 결정하는 핵심적 요인이 아니냐고 말한다.

• **주장 4**

넷째, 전반적 재구조화global restructuring가 단계에서 그 다음 단계로의 전환을 특징짓는다는 주장이다. 부분적으로 이 주장은 각 단계들이 아동의 인지에 있어 질적인 변화를 나타내야 한다는 피아제의 요건의 결과라고 할 수 있다. 그러나 자세히 보면 그 이상으로서 아동이 단계의 전환이 이루어지기 위해서는 인지적 재구조화, 예를 들면 불평형disequilibrium에 반응하여 조절accommodation이 일어나야만 한다는 것이다. 여기서 전반적 재구조화라고 부른 이유는 아동이 모든 영역에서 지식을 획득할 수 있는 능력을 얻었을 때에 한하고 있음을 나타낸다.

참고로 피아제는 인지의 발달은 동화assimilation, 조절, 평형화의 3가지 과정을 거친다고 말하는데, 동화는 아동이 기존의 스킴이나 작동으로 새로운 사물 혹은 사건을 지각할 때 발생하고, 조절은 아동이 기존의 스킴이나 작동이 새로운 경험을 설명하기 위해 수정해야 할 때 일어나며, 평형화는 동화와 조절을 모두 포함하는 완숙한 발달 상황으로서 특정 단계에서 다음 단계로의 전환을 나타낸다고 말한다.

• **반론 4**

피아제 이론의 여타 측면에서처럼 전반적 재구조화가 아동의 사고에 있어 개념적 변화를 설명하는 합당한 기제인지에 의문을 낳고 있다. 특히 Carey(1985, p.191)는 '피아제와 그의 동료들이 아동의 영역-특수적 과학적 개념들과 영역-일반적 추론을 혼동하고 있다'고 말하며, 추론은 전반적이라기보다는 영역 특수적으로 발생한다고 주장한다.

Bruner와 Vygotsky의 '인지 발달 상호작용 이론'

Bruner의 이론

기본 입장

Bruner 이전의 발달 심리학은 동화와 조절의 과정, 강박 통제, 학습, 발생학적 성향, 그리고 인지적 표상 등 개인 내적 요인들에 의해 성장과 발달을 설명하는 공식을 찾으려고 노력하여 왔다. 이에 따라 Bruner는 현재의 학습 및 발달이론들이 인지 발달과 학습이 일어나고 있는 사회문화적 맥락을 간과하고 있다고 비판하면서, 환경의 진공 상태에서는 아무것도 일어나지 않는다고 주장하였다. 그는 개인 외적 요인들 중 특히 수업instruction을 중시하였는데, 그래서 그는 발달이론은 수업이론과 손을 맞잡고 가야 한다는 신념을 갖고 있었다. Bruner는 개인의 인지 발달이 '안에서 밖으로inside out' 요인과 '밖에서 안으로outside in' 요인이 상호작용하여 이루어진다고 보았는데, 그래서 그의 이론을 인지 발달의 상호작용이론이라고 부른다.

Bruner에게 인지 발달의 성과는 사고(思考)라고 보았다. 다시 말해서 잘 발달된 정신은 경험으로부터 창조되는데, 교육의 목적은 주어진 자료를 뛰어넘어 Beyond the Information Given : BIG 새롭고 가능한 결실 있는 예언을 하고, 자동적이고도 스스로 추진하여 나아가는 사고자를 만드는데 두어야 한다고 보았다.

세 가지 표상양식

아동들은 성장하면서 그들의 환경에서 발생하는 규칙성들에 대해 표상하는 방식을 습득하게 된다. 여기서 표상 representation 이란 아동이 바깥에서 경험한 사물이나 사건을 머릿속에서 다시 떠올리는 것을 말한다. 아동은 이 표상을 가지고 관련된 사물이나 사건을 이해하게 된다. Bruner에 의하면 오랜 기간 동안 진화되어 온 인간의 기본 능력과 문화적으로 창조된 공학들 간의 상호작용이 이들의 표상 능력을 확장한다고 말한다. 그러므로 인지적 성장은 안에서 밖으로 처럼 밖에서 안으로가 중요한 수단이라는 것이다.

Bruner는 인간 진화 연구에 기초해서 사람들이 세상을 이해하는 세 가지 정보처리 체제를 제안하였다. 이들은 행위나 정형화된 운동 행동을 통해서 환경에 반응하기, 관습화된 이미지(상)나 지각을 통해서 환경에 반응하기, 그리고 언어와 추리를 통해서 환경에 반응하기가 그것들이다. 이 같은 능력은 Bruner의 작동적 표상, 영상적 표상, 그리고 상징적 표상이라고 부르는 표상 양식의 기초가 되었다. 여기서 잊지 말아야 할 것은 이 표상 양식들은 모두 '안에서 밖으로'에 해당한다는 사실이다.

- **작동적 표상**(enactive representation)

운동 반응을 통해 자신의 이해를 표상하는 것을 말한다. 예를 들어 어린 아동은 집에서 가게까지 가는 길을 말할 수는 없으나 예전에 다녔던 길을 따라 데리고 갈 수는 있다. 이처럼 몇몇 이해의 유형들은 오로지 몸으로 표상되는 경우가 있다.

- **영상적 표상**(iconic representation)

상(像)들을 사용하여 자신의 이해를 표상하는 것을 말한다. 집에서 가게까지의 길을 나타내는 지도를 그릴 수 있는 아동은 그 길에 대한 경험과 이해를 영상적 양식으로 표상하는 셈이다.

- **상징적 표상**(symbolic representation)

이해를 표상하기 위해 언어, 음악 기호법, 그리고 수학적 기호법처럼 상징적 체제를 사용하는 것을 말한다. 예를 들어 $h=\frac{1}{2}gt^2$과 같은 것들이다.

Piaget와의 차이점

Piaget학파 사람들은 논리적 작동들이 아직 발달되지 않은 단계의 아이들에게 이 같은 작동들이 요청되는 교과를 가르치는 것이 쓸모없는 일이라고 생각하였다. 그러나 Bruner는 Piaget의 불변적 계열을 믿었으나 이것이 연령 의존적이라고는 보지 않았다. 대신 환경의 영향을 강조하고, 이것이 학습자가 갖고 있는 내적 능력을 확장하는 데 중대한 역할을 한다고 생각하였다. 이에 따라 그의 도전적 선언인 '어떤 발달 단계의 어떤 어린이에게도 지적으로 정직한 방법으로 표상하기만

하면 모든 교과목을 효과적으로 가르칠 수 있다(Bruner, 1960. p.33)'는 선언적 주장이 나오게 된다. 이는 분명 그가 지적 발달의 연속성을 믿고 있음을 알 수 있다.

여기서 우리가 눈여겨보아야 할 대목은 학습에 대한 준비도 readiness 인데, 이의 의미를 Bruner는 Piaget와는 완전히 다르게 보았다는 것이다. Piaget는 준비도를 교과 내용과 관련한 논리적 작동들을 이해하기 위한 아이들의 인지적 준비도를 의미하는데 비해, Bruner는 교과목이 아이들에게 가르쳐질 수 있도록 그들의 표상 양식에 맞게 자료가 준비되어 있느냐로 보았다. 따라서 준비도는 학습자 외적요인이라는 사실이다. 예를 들어 영상적 표상 수준의 아동에게 $(x+1)^2=x^2+2x+1$ 이라는 상징적 표상의 과제를 가르칠 때, 다음과 같은 자료를 준비하면 충분히 이해시킬 수 있다는 것이다.

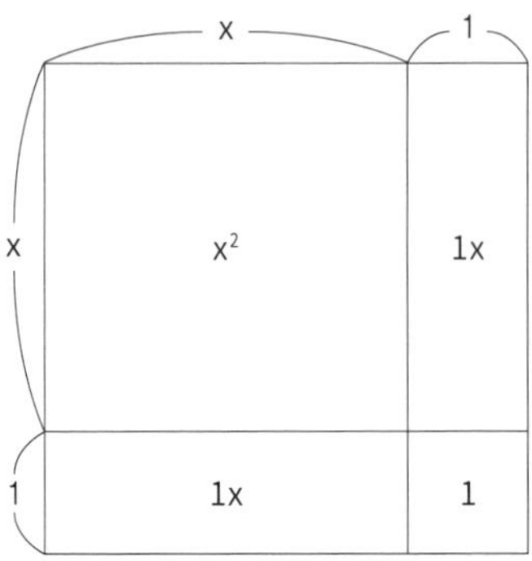

위 그림에서 $(x+1)^2=(x+1)(x+1)=x^2+1x+1x+1=x^2+2x+1$

Bruner는 인간의 지적 발달이 작동적 표상, 영상적 표상, 그리고 상징적 표상의 순으로 나아간다고 보았다(Bruner, 1966, p.49). 그렇다면 무엇이 표상 단계의 이전을 일으키느냐이다. 그는 상호작용을 점점 더 강조하였는데, 발생론적 성향들genetic predispositions과 경험 간의 상호작용에 관심을 기울였다. Bruner는 표상 수준의 발달과 관련하여 특히 중간 수준의 질문들medium-level questions을 강조하였다. 좀 애매한 설명일 수 있겠으나 중간 수준의 질문이란 '대답할 수 없는 어려운 질문 이전에 대답할 수 있고, 학습자를 어딘가로 데려가 주는 그런 수준의 질문'을 말한다. 특히 가르치는 사람으로부터의 적합한 수준의 질문은 학습자의 표상의 수준을 끌어올리는 데 중요한 역할을 한다고 말한다. 이 같은 질문들은 반응 방식, 보고하기, 이미지화하는 방식, 언어로 대면했을 때 번역하는 방식 등에 적용할 수 있다. 우리는 과연 우리 문화를 이어갈 다음 세대들에게 인지 성장에 도움이 될 만한 수준의 질문을 던지고 있는가? 질문의 수준면에서, 내용의 구체성·추상성 면에서, 동조의 강요 면에서, 그리고 소재의 다양성 면에서 우리는 철저하게 반성해야 한다.

지능이란 상당 부분 주어진 문화에 의해 제공되는 도구들의 내재화internalization이다. 따라서 문화에 따라 내재화의 내용이 다르기도 하지만 그 깊이도 천양지차가 될 수 있다. 우리의 후손들에게 깊은 사유의 세계에서 살 수 있도록 하기 위해서는 현재의 세대는 우리 문화를 더욱 풍부하고 다양하게 창조할 의무가 있다 하겠다.

Vygotsky의 정신의 사회적 형성 이론

기본 입장

Vygotsky는 Bruner와 마찬가지로 발달의 과정에 초점을 맞추어 지성의 형성을 이해하려 하였다. 그는 이 같은 발달이 아동이 안겨 있는 사회적·문화적 맥락에 대한 참조 없이는 개인의 발달을 이해할 수 없다고 믿었다. Bruner(1997)는 Vygotsky 이론과 Piaget 이론의 차이에 대해 논의한 적이 있는데, Piaget 이론이 논리적 필연성에 의해 지적 발달을 설명하는 데 비해, Vygotsky는 주변의 해석적 재구성에 의해 지적 발달을 설명한다고 말한다.

Vygotsky의 이론적 골격은 다음과 같은 몇 가지로 정리할 수 있을 것이다.

첫째, 생물학적 발달과 문화적 발달은 분리되어 일어나지 않는다는 것이다. 이는 양자 간에 그만큼 밀접한 관련이 있다는 것을 의미한다. 또한 도구는 문화가 발달하고 변화함에 따라 나타나고 바뀌는데, 지능의 발달은 Bruner와 마찬가지로 자신의 문화 속에 있는 도구들의 내재화로 생각하였다. 나아가 Vygotsky는 인간의 정신 기능을 이해하는 데 있어 역사적 관점은 문화적 관점만큼이나 중요하다고 생각하였다. 즉 문화와 역사 관점은 하나이며 동일한 것으로 보았다.

둘째, Vygotsky는 Bruner의 표상을 대신하여 중재mediation라는 용어를 사용하는데, 이는 학습자가 자극 상황에 반응하는 과정에서 이것을 바꾸는 것을 의미한다. 이때 사회적인 것을 심리적인 것으로 전환할 때 도구나 기호와 같은 유형을 통해 이루어진다고 말한다.

고차적 정신 과정들은 중재가 내적·상징적으로 증가하게 될 때 만들어지는데, 이 과정을 이해하기 위해 Vygotsky는 두 가지 개념을 제안한다. 곧 내재화와 근접발달영역Zone of Proximal Development : ZPD이 그것들이다. 그는 내재화internalization를 개인 간의 활동을 개인 내 활동으로 변형하는 과정이라고 말한다. 어린아이들이 혼자서 중얼거리는 것이 관찰되는데, Piaget는 이것을 자기중심적 사고와 추론 형태를 나타내는 것으로 보는데 반해, Vygotsky는 이를 내부 말inner speech 로서 소리로부터 추상성을 개발하는 것으로 보았다. 내재화와 근접발달영역은 모두 아동의 지능 발달을 꾀하는 수단들이다. 근접발달영역에 대해서는 워낙 중심이 되는 중요한 개념이기 때문에 별도로 다루고자 한다.

근접발달영역(Zone of Proximal Development : ZPD)

ZPD란 아직 성숙되지 않았으나 성숙의 과정에 있는 기능들, 내일은 성숙하겠지만 지금은 배태 상태에 있는 기능들을 가리킨다. 이들 기능들은 발달의 열매라기보다는 발달 중의 봉오리 혹은 발달하고 있는 꽃이라고 부를 수 있다. 이들을 좀 더 구체적으로 설명한다면 ZPD란 개발된 능력들(아동이 도움 없이도 할 수 있는 것)과 미개발된 능력들(아동이 아직 할 수 없는 것)의 사이로서 개발중에 있는 능력들(아동이 도움을 받아 할 수 있는 것)을 가리킨다. 다시 말하면 성인의 도움을 받거나 더 능력 있는 또래와의 협력 하에서 문제해결을 통해 결정되는 잠재적 발달의 수준이다.

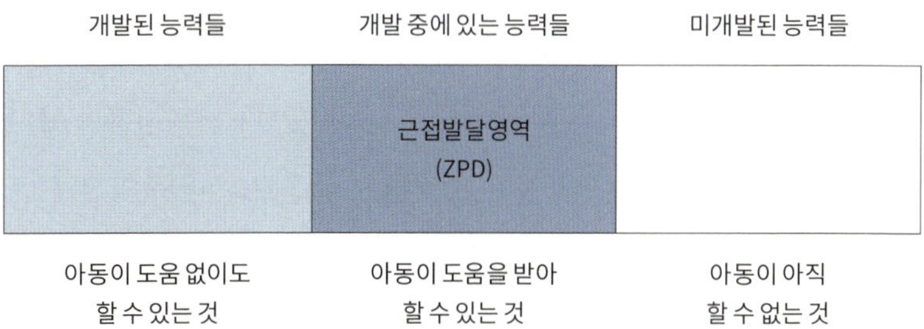

학습, 수업 그리고 발달

Vygotsky는 좋은 수업의 유형은 발달에 앞서 나아가고, 또 발달을 이끄는 것으로 보았다(Vygotsky, 1962, P.104). 또한 좋은 학습은 오로지 발달에 앞서는 것이라 말한다(Vygotsky, 1978, P.104). 그의 이 같은 생각은 아동이 교과 내용을 이해하는 데 필요한 논리적 조작들이 발달될 때까지 가르쳐서는 안 된다는 Piaget식 사고를 배격하는 셈이다. 나아가 행동주의나 인지적 정보처리 이론에서처럼 '발달은 학습이다.'는 관점 또한 배격한다. 학습은 사고능력 습득 그 이상으로서, 다양한 사물에 관한 많은 특수한 사고능력을 습득하게 한다고 보았다.

Vygotsky에 따르면 이미 성취한 발달 수준 지향적 학습은 아동의 전반적 발달 관점에서 볼 때 비효과적이라고 말한다. 그것은 발달과정의 새로운 단계를 겨누고 있지 않으며, 오히려 이 과정에 뒤쳐져 있기 때문이다. 그는 또한 Bruner의 중간 수준 질문의 필요성에 동의한다.

Vygotsky는 ZPD에서의 가르치는 사람과 배우는 사람 간의 상호작용에 많은 관심을 기울였다. 그에게 '수업instruction이 발달에 선행한다.'는 의미는 수업이 어떻게 이루어지느냐에 따라 발달 지체나 비정상적 발달을 낳을 수도 있고, 정상적, 속진적 발달도 낳을 수 있음을 의미한다. 그만큼 가르치는 사람의 역할이 중요하고도 결정적임을 나타낸다. 그에 따르면 가르치는 사람이 배우는 아동보다 전문성뿐만 아니라 이해 수준에서도 높아야 한다. 그렇다고 아동보다 너무 앞선 수준에서 정보가 제시되면 도움이 되지 않는다.

그는 가르치는 사람의 역할을 비계scaffold에 비유하여 설명한다. 보통 비계는 건축에서 지지대 제공, 도구로서 기능, 작업자의 범위 확장, 작업자로 하여금 하는 일을 성취하게 하는 역할 등을 수행한다. 이처럼 가르치는 사람이나 앞선 동료는 아동이 지식을 구축할 때 지원적 역할을 해야 한다고 말한다. 예를 들어 배우는 학습자의 현재의 기능 수준과 원하는 기능 수준 간의 사이에 다리 역할을 수행하는 것이다. 비계로서의 기능이 가르치는 사람과 배우는 사람 간에 단순히 함께 일한다거나 어느 한쪽이 주도하거나, 다른 사람에게 풀이를 보여주는 것만으로는 불충분하다. 둘 사이에는 과제에 대한 공통된 이해가 어느 정도 있어야 한다는 것이다. 이것이 Vygotsky가 말하는 간주관성inter-subjectivity 이다.

내재화의 결과는 이해의 경계를 넘어서 점점 더 정교화 된 방식으로 기호를 사용하는 능력을 향상시킨다. 언어는 가장 중요한 기호 사용 행동이다. 언어의 발달은 아동의 고차적 심리과정 습득에 가장 큰 영향력을 갖게 되고, 또 구체적 맥락에서 벗어나게 해 준다. Vygotsky는 특정 교과목을 익히는 것은 그 교과목의 전문화된 언어 구조를 숙달하는 것이라고까지 말한다. 다시 한 번 강조하지만 정신 과정의 습득, 즉 아동의 지적 발달을 꾀하기 위해서는 근접발달영역ZPD 의 개념과 내재화를 활용하는 방안을 적극 검토해야 할 것이다.

끝맺는 말

인지 발달이 불연속적으로 이루어지느냐, 아니면 연속적으로 이루어지느냐에 따라 단계론과 연속론으로 나누어진다. 이는 교육을 통해 학습자의 지적 발전을 꾀하려는 교육의 목적에 비추어 볼 때, 교육의 방법 면에서 중대한 시사점을 지닌다. 여기서는 대표적인 단계론으로 Piaget의 발생학적 인식론을 들었고, 연속론으로는 Bruner와 Vygotsky의 인지발달 상호작용 이론을 들었다.

단계론에서 상위 단계로의 전환은 인지의 질적 변화를 나타낸다. 이러한 질적 변화는 학습자의 내적 성향의 영향에 비해 환경이나 학습에 의해 거의 발생하지 않는다고 말한다. 각 단계는 독특한 사고적 성질을 갖는데, 아무리 외부적 환경을 통해서 이를 바꾸려 해도 잠정적으로 변화가 일어날 뿐 나중에는 원상태로 돌아가 버린다고 주장한다. 따라서 학습자의 스킴scheme이나 작동 행동이 자연스럽게 성숙할 때까지 기다려야 한다는 것이다. 이는 곧 영재교육에서 월반제도와 같은 속진(速進)이 불가함을 시사한다. 이는 또한 사물이나 사건의 인식을 돕는 참조체제frame of reference에 지식 증가나 성장만으로는 단계 상승이 이루어지지 않으며, 마땅한 때가 되어야만 갑자기 발생한다는 것이다.

Piaget는 학습자에게 있어 지식의 습득은 연속되는 스스로 구성의 과정이라고 확고하게 믿었다. 다시 말하면, 지식은 학습자 외부에 존재하며 발견되기를 기다리는 것이 아니고, 학습자가 그를 둘러싸고 있는 세계와 상호작용하면서 발달할 때에 창조되고 재창조된다는 것이다. 그렇기 때문에 어떤 사람들은 Piaget에게서 구성주의의 기원을 찾기도 한다. 그는 특히 지식의 습득과 관련하여 학습자의 내적요인을 강조하였는데, 아이가 태어나면서 갖고 나온 성향들predispositions과 환경과의 상호작용을 중시하였다.

성향과 환경과의 상호작용을 Piaget는 활동activity으로 보았다. 그에게 있어 활동은 지적 성장의 가장 중요한 요소로서, 교육은 아동의 활동을 적극적으로 지원해 주면 된다고 생각하였다. 꽃나무를 비옥한 토양에 심어 놓고, 물을 주고 햇볕을 쪼이면 잘 자라듯이, 아동도 자유롭게 활동할 수 있는 환경을 만들어 주면 저절로 자연스럽게 성장한다고 믿었다. 아동은 활동을 통해 지식을 습득하고, 사고는 활동에 기초해서 이루어진다. 그리고 인지나 사고(思考)의 모순을 깨닫게 하기 위해서는 또래 집단끼리의 상호작용을 갖도록 하고, 사고에 일관성이 없음을 인지하도록 수업전략을 짜야 한다는 점도 유의해야 할 대목이다.

연속론에서는 인지 발달의 요인으로 학습자의 내적 요인에 못지않게 환경 요인을 강조한다. 연속론자들은 지금까지의 발달심리학이 사회·문화적 맥락을 무시하고, 동화와 조절의 과정, 강박 통제, 기원적 성향 등 개인 내적 요인들에 의해 주로 성장과 발달을 설명하는 공식을 찾으려 노력해 왔다고 비판한다. Bruner는 개인 외적 요인들 중에서 특히 수업instruction을 중시한다. 그는 발달이론은 수업이론과 손을 맞잡고 나아가야 한다는 신념을 가졌다. 따라서 학습자의 내적 요인인 표상양식에 맞게 학습자의 외적 요인인 수업자료를 짜서 제시하면 어떤 발달 단계의 어린이에게 어떤 교과목의 내용도 효과적으로 가르칠 수 있다고 주장한다. Bruner에게 있어 인지 발달의 성과는 사고라고 보았다. 다시 말해서 잘 발달된 지적 정신은 경험으로부터 창조되는데, 이는 주어진 자료를 뛰어넘어 새롭고 가능한 결실 있는 예언을 할 수 있게 해 주는 총칭적인 코딩 시스템이라 말한다.

Vygotsky는 Bruner의 표상 양식이란 용어 대신에 중재라는 용어를 사용한다. 그리고 이 중재는 ZPD와 내재화로 나누어 설명한다. 내재화는 이루어진 발전, 습득된 지식을 기존의 관련된 지식과 적합한 관계를 형성하는 과정을 일컫는다. ZPD는 잠재적 개발 영역으로서, 미개발 영역으로 옮겨가는 것이 곧 학습이고 지적 발전이라고 보았다. 이 때에 Bruner와 마찬가지로 그는 중간 수준의 질문을 강조한다. 또한 가르치는 사람은 비계scaffold로서의 역할을 수행해야 한다고 말하는데, 이는 학습자가 현재의 수준에서 목표 수준으로 가는데 징검다리가 되는 것을 말한다.

Vygotsky도 환경의 중요성을 강조하며, 수업은 발달에 앞서 나가고 발달을 이끌 수 있어야 한다고 말한다. 이는 속진은 물론 교육을 통해 인지 발달을 성취할 수 있음을 나타낸다. 내용의 증가는 그 질적 변화를 낳고, 이는 결과적으로 형태의 전환을 낳는다. 이 말은 내용과 형태의 변화가 별개로 진행되는 것이 아니라 하나로 진행됨을 나타낸다. 이는 결국 내용의 증가와 성장을 가져올 수 있는 환경의 조성이 무엇보다 중요함을 시사한다. 지능이란 주어진 문화에 의해 제공되는 도구들의 내재화이며, 지적 발달은 내재화가 증가하고 상징적 기호들을 사용하여 심화될 때 일어난다는 이들의 주장에서도 풍부하고도 깊이 있는 환경의 필요성을 이해할 수 있다.

가르치는 사람과 배우는 사람은 언어를 통해서 서로 의사를 교환한다. 언어는 가장 중요한 기호 사용 행동이다. 따라서 학습자의 지적 발달을 꾀하기 위해서는 도구와 기호의 발전이 필수적이다. 기성세대로서 자라나는 세대의 지적 발전을 꾀하기 위해서는 정신적·물질적 문화의 발전에 최선의 노력을 다해야 할 것이다.

| 참고 문헌 |

Bruner, J. S. (1960). Readiness for learning. In J. S. Bruner, *The process of education*. Cambridge, MA: Harvard University Press.

Bruner, J. S. (1966). *Toward a theory of instruction*. Cambridge, MA: Belknap.

Bruner, J. S. (1997). Celebrating divergence: Piaget and Vygotsky. *Human Development, 40*, (pp.63-73).

Carey, S. (1985). *Conceptual change in childhood*. Cambridge, MA: MIT Press.

Daloz, L. A. (2000). Transformation for the common good. In J. Mezirow & Associates (Eds.), *Learning as transformation : Critical perspectives on a theory in progress* (pp.103-124). San Francisco: Jossey-Bass.

Inhelder, B., Sinclair, H., & Bovet, M.(1974). *Learning and the development of cognition*. Cambridge, MA: Harvard University Press.

Kegan, R. (2000). What form transforms?: A constructive- developmental approach to transformational learning. In J. Mezirow & Associates(Eds.), *Learning as transformation : Critical perspectives on a theory in progress* (pp.35-70). San Francisco: Jossey-Bass.

Leahey, T. H., & Harris, R. J. (1997). *Learning and cognition*. (4th ed.). Upper Saddle River, NJ: Prentice-Hall.

Siegler, R. S. (1986). *Children's thinking*. Englewood Cliffs, NJ: Prentice-Hall.

Vygotsky, L. S. (1962). *Thought and language*. Cambridge, MA: MIT Press.

Vygotsky, L. S. (1978). *Mind in society*. Cambridge, MA: Harvard University Press.

Werner, H.(1957). The concept of development from a comparative and organismic point of view. In D. Harris(Ed.), *The concept of development*. Minneapolis: The University of Minnesota Press.

08

인지양식 cognitive style

장 독립성과 장 의존성

인지 양식의 구분

- 장 독립성 대 장 의존성
- 반성적 대 충동적
- 개념 수준이 높은 수준 대 낮은 수준
- 순차주의 대 전체주의

인지와 인지 양식

- 인지 : 사람들의 지각, 사고, 추론, 이해, 문제해결, 그리고 기억과정을 나타내는 포괄적 용어
- 인지 양식 : 사물을 지각하고 사고하는 습관화된 패턴

인지 양식의 유형

1. 지각에 따른 양식

- 장 독립성 : 지각 및 사고가 분석적 경향을 가짐. 구조화하기를 선호
  형식적이고 감정을 섞지 않은 제시 양식 선호
  수학, 과학에서 우수
- 장 의존성 : 지각 및 사고가 전반적 평가 지향성을 가짐. 느슨한 구조를 선호
  비형식적이고 토론 방식을 선호
  예술 및 인문학에 더 적합
- 반성적 : 잠재적 반응들을 평가한 후 반응
  대체로 느리게 반응하나 정확성이 높음
- 충동적 : 처음 머리에 떠오른 답변을 재빨리 반응
  빠르게 반응하나 정확성이 낮음

2. 정보처리에 따른 양식

- 평평하게 하기 형 : 장기 기억과 새로운 정보 간의 유사성 강조형
- 뾰족하게 하기 형 : 장기 기억과 새로운 정보 간의 차이성 강조형
- 인지구조의 복잡성 고(高) : 인지구조 내에 새 정보와 관련한 사물이나 개념이 많음. 토론식, 개별화 수업 방식이 효과적
- 인지구조의 복잡성 저(低) : 인지구조가 단순. 새 정보와 관련한 사물, 개념 수가 적음. 설명식, 프로그램 학습이 효과적

3. 사고에 따른 양식

- 수렴적 사고자 : 단일의 정확한 답을 요구하는 과제에 적합
  조심성이 많고, 감정을 절제하고, 과학·수학에 뛰어남

• 발산적 사고자 : 정답이 분명하지 않은 과제에 적합

충동적, 확장적이며 제약 받기 싫어함. 예술 분야에 적합

4. 학습에 따른 양식

• 순차주의자 : 문제 해결에 선형적, 계열적 접근 선호

초점을 좁혀서 봄. 사실과 증거에 더 의존

• 전체주의자 : 문제해결에 전체를 단번에 접근. 문제를 덩어리 체로 보며, 부분 간의 상호 관련성을 찾고, 개별 유추 사용에 열심

되새겨 보아야 할 과제들

1. 인지양식의 이분법적 분류가 과연 타당한가?
2. 교육 효과를 높이기 위해 교사와 학생의 인지양식을 어떻게 결합해야 할까?
3. 개개인이 가지고 있는 인지양식의 장점을 장려하고, 약점을 보완할 방안은?

에피소드 1

중학생 시절, 나는 중학교가 있는 읍내에 사시는 큰댁에 심부름을 가끔 다니곤 했다. 가을 어느 날인가 여느 때처럼 큰댁에 심부름을 갔다. 마침 큰어머니는 점심 먹을 준비를 하고 계셨다. 큰어머니는 나에게 점심을 먹었느냐고 물으셨다. 나는 생각할 겨를도 없이 즉각적으로 "예, 먹었어요."라고 대답이 나와 버렸다. 이 당시에 나는 누가 뭘 물으면 쫓기듯이 바로 대답하는 경향이 있었다. 나는 곧 후회하였다. "아직 난 점심 전인데……."

에피소드 2

좀 오래된 일이기는 하지만 나는 서울 시내에 소재하고 있는 중학교의 남학생들을 대상으로 문장 완성 검사paragraph completion test를 실시한 적이 있다. 이 검사는 D. E. Hunt의 이론에 근거하여 인지적 복잡성에 따른 개념 수준을 측정하기 위한 것이었다.

측정 대상으로 2개교를 선정하였는데, A중학은 교풍이 매우 엄하고 체벌도 많이 하는 학교처럼 보였다. 등교하는 학생들이 매를 들고 서 있는 기율반 선생님을 곁눈질로 힐끔힐끔 쳐다보며 혹시 위반 사항이 없나 하고 주눅들어 정문을 들어섰고, 일단 통과가 되면 무조건 교실로 뛰어들어 갔다. 교무실 앞 복도에는 최소한 6~7명씩 학생들이 무릎을 꿇은 채로 손을 들고 있었다.

이들에게 '비'라는 소재를 제시하고 머릿속에 떠오르는 것들을 문장으로 쓰라고 했을 때, 대체적인 반응의 특징은 단문이 많다는 점, 전체 문장의 길이가 짧다는 점, 구체적인 용어 사용이 많다는 점, '비가 와서 싫다'와 같은 상투적인 문장이 많다는 점, 그리고 개념 구조가 단순하다는 점 등을 들 수 있었다.

반면 B중학은 선생님과 학생 간에 농담도 주고 받을 정도로 심리적 풍토가 자유롭고 허용적인 분위기였다. 이들에게 '비'라는 똑같은 소재를 주고 작문을 요구했을 때, 학생들의 반응이 매우 다양하다는 것이 큰 특징이었다. 문장도 중문이나 복문이 많았으며, 전체 문장의 길이가 길고 추상적인 용어를 많이 사용하였다. 또한 똑같은 연령대의 A학교에 비해 개념 구조가 복잡하다는 것을 발견할 수 있었다.

에피소드 3

대학 신입생 시절, 교수님께서 어떤 주제를 주시고, 그 주제에 대한 리포트를 써 오라고 과제를 주셨다. 대학에 들어오기 전까지 리포트를 쓴 경험도 없고, 또 어떻게 써야 한다는 훈련도 받아 본 적이 없기 때문에 나에게는 여간 당황스러운 것이 아니었다.

나는 먼저 그 주제와 관련하여 다루어야 할 만한 항목들을 쭉 나열하여 보았다. 그리고 같은 강좌를 듣는 친구에게 내가 나열한 항목들을 보여주고 혹시 빠뜨린 항목이 있는지를 물어보았다. 그 친구의 대답은 의외였다. 그는 빠뜨린 항목을 찾는 데 관심이 있는 것이 아니고, 그 주제와 관련하여 가장 핵심이 되는 서너 개 항목을 선정하고, 선정된 항목에 대해 어떻게 하면 충분히 깊이 있게 논의하느냐에 더 신경을 쓴다는 것이었다.

인지와 인지양식

인지cognition 란 사람들의 지각perception , 사고thinking , 추론reasoning , 이해understanding , 문제 해결problem solving , 그리고 기억의 과정을 나타내는 포괄적인 용어이다. 그리고 인지양식cognitive style 이란 환경으로부터 정보의 지각, 저장, 변형, 그리고 활용과 같은 사람들의 정보 처리에 관한 여러 가지 방식들을 기술하기 위해 사용되는 용어이다. 인지양식은 질적으로 분명하게 차이가 나는 지각과 사고에 관한 습관적 과정을 기술한다. 위의 세 가지 에피소드에서도 각각 인지적 습관들을 찾아보기를 바란다.

인지양식에 관해서 연구자들 간에는 공통적으로 동의하는 몇 가지 특징이 있다. 그것은 ① 인지양식은 개인들의 지적 특성이라는 점, ② 시간 차원에서 비교적 안정적인 과정을 기술한다는 점, ③ 개인 내적intraindividual 안정성들은 비슷한 요건을 갖는 과제들에 걸쳐 일관성이 있다는 점 등이다.

인지양식과 능력 구인constructs (예 지능 지수) 간의 상관을 보면 매우 높게 나오는 경우도 있고(예 장 독립성 지수와 지능), 의미 없이 낮게 나오는 경우도 있다. 지적 능력이나 성적에 의한 학급 편성의 단점을 보완하기 위해 이의 대체 수단으로 인지양식이 대두되었다고 볼 수 있는데, 이에 따라 특정 인지양식이 대립되는 인지양식에 비해 더 좋다거나 더 나쁘다는 식으로 기술되지는 않는 편이다. 그러나 인지양식은 인성, 정의적, 동기적 특성과 연결되어 있는 것으로 간주되며, 시간적으로 비교적 안정성이 있고, 과제들을 다루는 측면에서 일관성이 있는 것으로 알려져 있다.

인지양식이란 앞에서 언급한 것처럼 사물을 지각하고 사고하는 습관화된 패턴을 말한다. 따라서 학습자의 인지양식에 맞추어 학습할 내용을 제시하면 그것을 쉽고도 빠르게 이해할 것임을 예측할 수 있다. 그래서 학습자의 인지양식과 학습 과제의 제시 방식 간의 상호작용 효과를 밝혀 궁극적으로는 전체적인 학습 효과를 높이려는 연구들이 수없이 많이 진행되어 왔다. 소위 말하는 적성처치 상호작용ATI : Aptitude Treatment Interaction 연구나 이를 더 확대하여 이루어진 특성처치 상호작용TTI : Trait Treatment Interaction 연구들이 여기에 속한다.

여기서는 여러 가지 유형의 인지양식과 그 특성들 그리고 이에 따른 연구결과들을 간략히 살펴보고자 한다.

인지양식의 유형

인지양식은 강조하는 기준에 따라 여러 가지로 분류될 수 있다. 여기서 분류 기준은 주로 지각perceiving, 정보 처리information processing, 사고thinking, 그리고 학습learning이 사용된다.

지각에 따른 양식

장 독립성 대 장 의존성(Field Independence/Field Dependence)

이 개념은 지각 및 사고에 있어 분석적 경향을 갖느냐 아니면 전반적인 평가 지향을 갖느냐로 구분된다. Witkin과 그의 동료들에 의해 개발되고 사용되어 온 것으로서 막대와 프레임 검사rod and frame test, 내재화된 그림 검사embedded figures test 등의 도구를 사용하여 장 독립성/장 의존성 정도를 측정한다. 예를 들어 내재화된 그림 검사는 일련의 단순한 기하학적 도형들을 제시한 후, 복잡한 도형 내에서 이들 모양들을 찾아내는 데 소요되는 시간을 기록하는 검사이다. 여기서 높은 장 독립적인 학습자들일수록 과제를 완성하는 데 소요되는 시간의 길이가 더 짧다.

Witkin은 사람에 따라 선호하는 지각 양식에 일관성이 있다고 말하며, 이 같은 선호는 일부는 유전에 의해 결정되고 그리고 일부는 아동 양육 방식의 결과라고 주장한다. Witkin은 교사들에 따라 수업 자료를 조직하는 방식에 차이를 보인다고 말하는데, 장 독립적 교사들은 구조화하기를 좋아하고, 더 형식적이고 감정을 섞지 않은impersonal 제시 양식을 선호한다고 말한다. 반면에 장 의존적 교사들은 느슨한 구조를 사용하고, 덜 조직화하며, 토론 방식을 채택하기를 더 좋아한다고 말한다.

장 독립적 아동은 수학 및 과학에서 우수하고, 장 의존적 학생은 예술 및 인문학에 더 적합한 것으로 나타나고 있다. 또한 장 의존적 아동은 사교적 관계 형성에 능하고, 장 의존적 교사에 의해 채택된 비형식적 교수 방법을 더 선호하는 것으로 알려지고 있다.

반성적 대 충동적(reflective/impulsive)

이것은 Kagan에 의해 구안되고 연구되어 온 인지양식이다. 반성 대 충동은 잠재적 반응들을 평가한 후 반응하느냐 아니면 처음 머리에 떠오른 합리적 답변을 재빨리 반응해 버리느냐로 구분할 수 있을 것이다. 위에서 제시한 〈에피소드 1〉은 충동적 양식의 대표적인 예라고 할 수 있을 것이다.

반성 / 충동 정도는 다음과 같은 방식으로 측정된다. 먼저 표적 그림 target drawings 을 보여 준다. 그리고 여덟 개까지 이르는 일련의 그림 세트를 보여 주고, 표적 그림과 동일한 그림을 찾도록 한다. 세트에 들어 있는 그림들은 표적 그림과 비슷하나 오직 한 그림만이 동일하다. 반응자는 가능한 한 빨리 표적 그림과 세트에 들어 있는 그림들을 대조해 보고, 맞지 않으면 다시 시도해야 한다. 이 같은 상황은 정확성과 반응 속도라는 두 변수가 부딪혀 반응자로 하여금 불안을 야기하게 된다. 이때 정답을 대는 평균 시간과 오류 횟수가 기록된다.

이 검사에서 충동적인 사람은 맞대 보는 그림을 서둘러서 선택하나 많은 오류를 범하고, 반성적인 사람은 과제를 더 분석적이고 조심스럽게 다룸으로써 더 정확하나 반응 속도가 더 느리게 된다. 연구 결과에 의하면 반성적인 학생은 문제를 더 성공적으로 해결하고 인지적 활동에 쏟는 주의 수준이 더 높으며, 대답의 질(質)에 대한 관심도 더 많은 것으로 나타나고 있다.

그러나 반응 속도와 정확성이라는 두 가지 기준을 가지고 사람을 분류할 때 위와 같이 충동적(빠르게, 그러나 부정확하게)과 반성적(느리게, 그러나 정확하게) 유형의 두 종류만 있는 것이 아닐 것이다. 반응이 느리면서도 부정확한 사람과 반응이 빠르면서도 정확한 사람이 있을 수 있다. 따라서 모든 학습자들을 반성적/충동적 양식의 두 가지로 분류한다는 것이 타당한 것인지에 대해서는 논란의 소지가 있다고 하겠다.

정보 처리에 따른 양식

인지에 관한 정보처리 모형에 따르면 장기기억 long-term memory 은 많은 다양한 스키마타 schemata , 개념들 concepts , 아이디어들 ideas , 그리고 사실들facts로 구성되어 있다. 그래서 새롭게 들어오는 정보들은 이들과 먼저 비교되고, 이의 제반 측면에 따라 알맞은 처소niche를 찾아 코딩되고 저장된다고 말한다. 장기기억은 사람에 따라 인지구조나 참조체제라고 부르기도 한다.

참조체제가 효과적으로 기능을 발휘하기 위해서는 새로운 정보를 저장하는 일과 저장된 정보를 꺼내는 재생recall 양쪽 모두에서 효과적으로 작동되어야 하는데, 이를 위해서는 새로운 정보들이 뚜렷하고, 명쾌하게 정의되며, 상호 관련성을 가져야 된다. 새 책을 사 와서 서가에 꽂아 놓을 때, 그 책의 성격이 불분명하면 어디에 꽂아 놓아야 할지 모르게 된다. 또한 아무데나 그 책을 놓아두게 되면 나중에 그 책을 찾으려고 할 때 여간 애먹는 게 아니다.

똑같은 논리를 우리의 장기 기억에서도 적용할 수 있다. 들어오는 정보를 엮어서 장기 기억에 저장하는 것은 규명하는 정보의 특성에 달려 있다고 하겠는데, 이때 저장은 장기 기억과 새로 들어온 정보 사이의 유사성을 강조하느냐 아니면 차이성을 강조하느냐에 메어 있다. 유사성을 강조하는 유형을 평평하게 하기 형levelling, 차이성을 강조하는 유형을 뾰족하게 하기 형sharpening으로 분류하는 학자도 있다. 그리고 재생은 저장된 범주들로부터 찾아내는 것과 관련되어 있는 것으로 폭이 넓으나 천천히 처리하는 양식과 폭이 좁으나 빠르게 진행되는 양식으로 구분한다.

Hunt는 인지구조의 복잡성 정도에 따라 높은 수준high level과 낮은 수준low level으로 구분하였다. 인지적 복잡성이 높은 수준의 사람은 주어진 사물이나 개념과 관련하여 사용하는 속성의 숫자가 많다. 예를 들어 '비-우산-어머니-그리움-눈물'과 같이 여러 가지 사물이나 개념이 복잡하게 얽혀 있다. 그러나 낮은 수준의 사람은 '비-젖음-짜증'과 같이 단순하고 구태의연한 구조를 갖고 있다. 따라서 Hunt에 의하면 일반적으로 개념 수준이 높은 학생일수록 토론식, 개별화 수업방식이 더 효과적이고, 개념 수준이 낮은 학생에게는 오히려 설명식, 프로그램 학습방식이 더 효과적이라고 주장한다. 그 이유에 대해서는 독자 여러분이 스스로 생각해 보기 바란다.

사고(thinking)에 따른 양식

사고에 따른 인지양식으로서는 Hudson의 수렴적convergent 사고자와 발산적divergent 사고자를 들 수 있을 것이다. 수렴적 사고자는 단일의 정확한 답을 요구하는 과제(분명하게 정의된 과제)를 잘 수행하는 반면 발산적 사고자는 여러 가지 다른 반응이 요구되는 과제나 분명하지 않게 정의된 과제를 수행하는데 효과적인 것으로 알려지고 있다. 또한 전자는 조심성이 많고, 감정을 절제하며, 과학 및 수학에 더 뛰어나다고 한다. 이에 반해 발산적 사고자는 충동적이고 확장적이며, 제약받기를 싫어하고 여러 가지 별난 사건이나 사물의 사용을 제안한다고 한다. 그리고 이 같은 속성은 예술 분야의 사람들에게 더 많다고 알려져 있다.

학습(learning)에 따른 양식

학습과 관련된 인지양식으로는 전체주의자holist와 순차주의자serialist를 들 수 있을 것이다. 이는 Pask를 중심으로 주창되고 연구되어 왔다.

순차주의자는 문제를 푸는 데 있어 선형적, 계열적 접근을 꾀하고, 전체주의자는 문제를 풀기 위해 전체를 단번에 접근한다고 한다. 예를 들어 전깃불이 꺼졌을 때, 이를 고치기 위해 두꺼비집에서부터 전등에 이르기까지의 과정을 하나하나 점검하는 스타일과 이러이러해서 꺼졌기 때문에 스파크 플러그 문제야 하고 단번에 해결하려는 스타일로 유추해 보면 쉽게 알 수 있을 것이다.

Pask의 주장에 의하면 순차주의자들은 학습과제를 수행하는 데 있어서 초점을 좁혀서 맞추며, 단계별 절차를 선호하고, 주장을 세우는 데 있어 자세한 사실과 증거에 더 의존한다. 반면에 전체주의자는 과제를 쪼개기보다는 덩어리로 보는 경향이 있으며, 세세하게 연결된 아이디어들 간의 상호 관련성을 찾고 삽화, 일화 그리고 개별 유추의 사용에 열심이라고 말한다.

좀 더 최근의 연구들에 의하면 전체주의자들은 성격적으로 내향적 사고를 하고, 충동적으로 표현하며, 감성적 심미주의, 인지적 복잡성 그리고 융통성 등에 강한 반면 순차주의자들은 이론보다는 실천에 더 강한 특색이 있다고 한다.

인지양식에는 위에서 언급한 것들 외에도 정보들을 언어적 코드로 저장하기를 좋아하는 사람과 상image으로 저장하기를 좋아하는 사람, 위험 감수risk taking 차원에서 기회를 성공 가능성을 증가시키는 것으로 간주하는 사람(확신자)과 실패의 위험을 줄이기 위해 주의를 쏟아 접근하는 사람(조심자), 그리고 범주 혹은 개념 집단에 폭넓은 범위의 사례들을 포함시키려는 사람과 집중 경향central tendency으로부터 편파된 사례들을 배제시키려는 사람(《에피소드 3》 참조) 등 여러 가지가 더 있다.

그러나 우리는 인지양식과 관련하여 몇 가지 더 되새겨 보고 연구해야 될 사항들이 있다.

첫째는 인지양식은 학습자의 개인차individual difference를 기술하기 위해 이분법dichotomy을 사용하고 있는데, 이 같은 이분법의 사용이 타당한가 하는 점이다. 대부분의 교사나 학생들의 경우 그들의 인지양식이 그렇게 극단적이지 않을 가능성이 많다. 또한 이들 인지양식이 측정 면에서 연속적인 변인continuous variable이라고 볼 때, 양 집단으로 구분하는 기준의 설정이 임의적이라는 사실이다. 따라서 기준의 경계에 위치한 학생들을 어떻게 처리할 것이냐가 큰 문제로 대두된다. 어떻든 이 같은 이분법의 사용은 복잡한 유형론typology을 너무 단순화한다고 볼 수 있을 것이다.

둘째는 교육효과를 높이기 위해서 어떻게 교사와 학생의 인지양식을 결합시킬 것이냐 하는 점이다. 인지양식은 학생에게만 있는 것이 아니고, 교사에게도 고유의 인지양식이 있다. 따라서 교사의 가르치는 내용이나 방법도 그들 스스로의 인지양식의 표현이라고 보아야 할 것이다. 이들의 극단적인 교육 방법의 채택이나 특정 교육철학을 신봉한 나머지 다른 교육 방법이나 철학을 배제하는 것은 타당성을 잃은 자기 탐닉이 될 수 있다.

특정한 양식의 교육 방법은 개인적으로 그 교사와 비슷한 유형의 학생에게는 만족스러운 좋은 방법이 될 것이다. 그러나 정반대의 학생에게는 전혀 생소한 학습 방법을 강제하는 꼴이 된다. 전통적으로는 학생이 교사에 적응해 왔지 교사가 학생에 적응해 오지 않았다. 그러나 앞으로는 교사가 학생에 적응하는 방향으로 나아가야 한다. 그러기 위해서는 자기의 스타일을 학생에 맞추어 변경할 필요가 있다. 특히 적성처치 상호작용Aptitude Treatment Interaction : ATI 이론에 따라 학습자의 적성에 맞는 수업 방법을 적용함으로써 학생 전체의 성적 향상을 시도해 볼 필요가 있다.

마지막으로는 학생 각자의 인지양식을 밝혀주고 그들의 장점에 기초하여 훈련하도록 하되, 그들의 약한 부분을 함께 개발해 주어야 한다는 사실이다. 개인만의 고유한 특성도 중요하지만 상대방과 공유할 수 있는 공통적 인성도 중요하기 때문이다. 그럼으로써 좀 더 원만하고 건전한 인간이 된다고 믿기 때문이다.

09

머릿속에 집어넣기Encoding와 머릿속에서 꺼내기Retrieval

인코딩(encoding)

부호화

새로 들어온 정보를 장기 기억 속에 들어 있는 정보와 결합시키는 것

디코딩(decoding)

해독하기

인코딩된 데이터나 메시지를 해독하여 본딧말로 되돌려 놓는 것

인출(retrievel)

회수, 회복, 복구.

장기 기억에 인코딩해 놓은 정보를 회복시켜 꺼내는 것

인지적 정보처리 모형

감각 입력 → 감각 기억 → 단기 기억 → 장기 기억

- 감각 입력 : 정보가 외부로부터 인지 체제로 들어가는 통로
- 감각 기억 : 들어온 정보를 짧게 기억에 붙잡아 두는 기능
- 단기 기억 : 잠정적인 작업 기억 기능 수행
- 장기 기억 : 학습된 모든 정보들을 영구히 저장하는 곳

주의, 선택적 주의, 자동성

- 주의 : 필요한 정보에만 주목할 수 있도록 하는 것
- 선택적 주의 : 여러 다른 정보들을 무시하면서도 특정 정보만을 선택하여 처리하는 능력
- 자동성 : 과잉 학습되었을 때 혹은 정보 출처가 습관화되었을 때 주의 요구가 최소화되는 현상

형태 재인(再認)과 지각

- 형판 연결 모형 : 복사된 기억으로 환경적 사물을 인지
- 전형(典型) 모형 : 기억된 일반적 전형으로 사물을 인지
- 특징 분석 모형 : 기억에 저장된 특징으로 사물을 인지(재인)

청킹(chunking)

정보들을 덩어리 지음으로써 작업 기억 능력을 증가시키려는 생각

리허설(rehearsal)

머릿속에서 정보를 되뇌임으로써 일정한 시간 동안 작업 기억에서 정보를 유지토록 하는 것

정보의 표상과 저장 모형들

- 네트워크 모형 : 장기 기억은 서로 간의 연합에 의해 표상되고 저장
- 특징 비교 모형 : 기억은 일련의 정의된 특징들로 저장되고 표상
- 명제적 모형 : 기억의 기본 단위는 명제라는 주장
- 병렬 분산 모형 : 인지적 작동들이 동시적으로 발생한다는 주장

인출의 두 가지 유형

- 재생(recall) : 기억해 내는 데 힌트나 단서 없이 저장한 정보를 인출하도록 하는 것
- 재인(recognition) : 잠재적 정답이 제시된 상태에서 정답을 결정하거나 판단하도록 하는 형태의 인출

간섭

- 순행 간섭 : 이전에 배운 학습이 나중에 배운 학습을 방해하는 것
- 역행 간섭 : 나중에 배운 학습이 이전에 배운 학습을 방해하는 것

교육에 주는 시사점

① 조직화된 수업 제공

② 광범위하고 다양한 연습 실시

③ 학습자의 자기 통제 제고(提高)

서론

삶 속에서 우리가 경험하는 것들 중 어떤 것은 머릿속에 꼭 넣어 두어야겠다고 생각하고, 또 어떤 것들은 그냥 흘려보내 버리겠다고 마음먹는다. 특히 우리가 학교에서 배운 것들은 안 잊어버리고 머릿속에 넣어 두고자 한다. 그러나 머릿속에 넣어 두고자 했던 것은 기억에 남아 있지 않고, 정작 잊어도 될 만한 것들만 머릿속에 남아 있는 경우도 있다.

우리는 머릿속에 넣어 둔 지식이나 기능들을 원할 때에 언제든지 꺼내서 활용하고 싶어한다. 배운 것을 머릿속에 넣어두기만 한다면 무슨 소용이 있겠는가? 그런데 배운 것들을 머릿속에서 다시 꺼낸다는 것이 여간 어려운 일이 아니라는 것을 여러분도 잘 알 것이다. 시험지에 답을 써야겠는데 생각이 날 듯 날 듯 생각이 안 나는 경험을 누구나 한번쯤은 해보았기 때문이다.

학습자가 환경과의 상호작용을 통하여 얻은 경험이나 지식을 머릿속에 넣고 또 이것들을 사용하기 위해 꺼내는 행동 간에는 여러 가지 중재 변인들intervening variables이 있다는 것을 가정해 볼 수 있다. 어쩌면 이것이 스키너 학파의 행동주의와 다르게 인지주의자들의 인지적 정보 처리Cognitive Information Processing : CIP 이론만이 갖는 특성이라고 할 수 있을 것이다.

CIP이론에서 인코딩encoding이란 부호화(符號化)라고 우리말로 번역되어 쓰기도 하는데, 이는 감각기관을 통해서 자극이 들어오면, 이 자극을 뇌에서 정보 처리할 수 있는 기호형태로 바꾸어 주는 것을 말한다. 인코딩이라는 용어는 컴퓨터에서 많이 사용된다. 컴퓨터라는 기계가 작업 지시를 따르기 위해서는 입력된 코드를 읽고 이해해야 하는데, 그렇게 하기 위해서는 컴퓨터가 읽을 수 있는 코드로 바꾸어 주어야 한다. 이것이 바로 부호화이다.

사람을 대상으로 하는 CIP이론에서 인코딩이란 위에서 와는 좀 다르게 이해해야 하는데 새로 들어온 정보를 장기 기억(영구 기억) 속에 들어 있는 정보와 결합시키는 것을 말한다. 장기 기억 속에 있는 정보는 비교적 안정적이고, 이미 알고 있는 정보이다. 따라서 새로운 정보를 이미 알고 있는 정보와 결합시키는 인코딩은 새로운 정보를 유의미하게 학습하기 위한 필요 전제 조건이라고 할 수 있다.

인코딩과 반대되는 개념으로서는 디코딩decoding을 들 수 있다. 디코딩은 우리말로 '해독하기'라고 번역되어 쓰이는데, 이는 인코딩된 데이터나 메시지를 해독하여 본딧말로 되돌려 놓음을 뜻한다. 인간과 기계(컴퓨터)가 대화한다고 할 때, 인간의 언어를 기계 언어로 바꾸어 주는 것이 인코딩이라 한다면, 기계 언어를 인간 언어로 다시 바꾸어 주는 것이 디코딩이라 할 수 있다.

CIP이론은 컴퓨터의 자료 처리 이론과 매우 유사한 점들을 갖고 있다. 특히 '입력–처리–출력'이라는 체제를 양자가 모두 갖고 있다는 측면에서 더욱 그렇다. 그러나 CIP이론은 컴퓨터처럼 인간과 기계라는 전혀 다른 대상끼리의 대화라기보다는 인간이라는 하나의 주체 내부에서 이루어진다는 점이 다르다. 따라서 CIP이론에서는 디코딩이라는 용어 대신에 인출retrieval이라는 용어를 더 많이 사용한다. 원래 'retrieval'이라는 단어는 회수, 회복, 복구의 뜻이 있음을 기억해 둘 필요가 있다. 이는 장기 기억에 인코딩해 놓은 정보를 회복시켜 꺼내는 것을 나타낸다는 의미이다. 또 다른 하나는 인출이 디코딩과는 달리

들어갈 때와는 다른 정보가 되어 나올 수 있음을 시사한다.

인코딩과 인출은 인지적 정보처리 모형CIP Model 속에서 일어나는 활동들이다. 따라서 여기서는 첫째, CIP모형을 개관하고, 둘째, 학습 중에 일어나는 정보의 흐름과 처리과정 등을 살펴보며, 그리고 셋째, 인코딩과 인출을 도울 수 있는 전략들을 정리해 보고자 한다.

인지적 정보처리 모형

행동주의자들과 달리 인지적 정보처리를 주창한 사람들은 환경과 인간 행동 간에 중재 변인들을 가정한다. 이 변인들은 곧 학습자의 정보처리 체제를 가리킨다. 일반적으로 개념화된 정보처리 체제는 다음과 같이 도식화할 수 있을 것이다.

〈그림〉 정보처리 모형에서 정보의 흐름

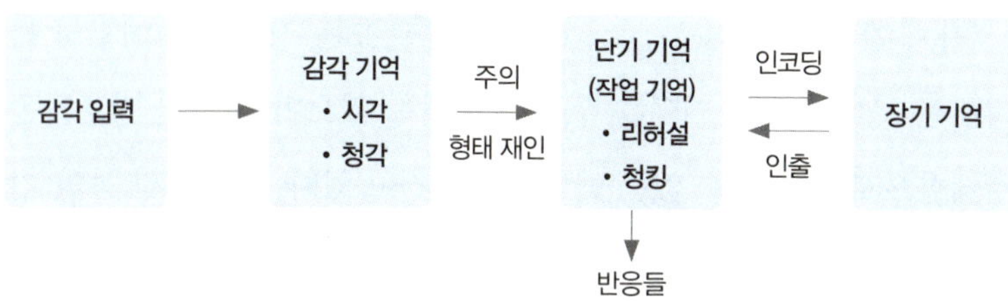

위 그림에서 '감각 입력'은 정보가 환경으로부터 인지 체제로 들어가는 통로임을 나타낸다. '감각 기억'은 정보처리의 첫 단계를 나타낸다. 여기서는 시각, 청각 등 감각과 연합하여 들어온 정보를 후속 처리

하기에 충분한 길이 정도로 아주 짧게 기억에 정보를 붙잡아 두는 기능을 한다. 예를 들어 어둡고 낯선 방을 상상해 보자. 성냥을 켜면 잠깐 동안 타고 꺼져 버린다. 성냥불이 꺼진 후 잠깐 방 안에 대한 시각적 이미지(상)를 갖게 되는데, 문이나 전등 스위치의 위치가 어디인지 알아 둘 정도의 길이만큼 기억이 유지된다. 이 같은 기능을 하는 곳이 '감각 기억'이다. 오감의 각 감각별로 별도의 상응하는 감각 기억이 있는 것으로 알려져 있으나 작동하는 방식은 본질적으로 똑같은 것으로 간주된다.

'단기 기억' Short-Term Memory : STM 은 잠정적인 작업 기억 working memory 으로 기능한다. 이는 정보를 장기 기억에 저장하거나, 이를 근거로 한 반응을 위해 후속 처리가 이루어지는 단계이다. 작업 기억은 의식 consciousness 으로 여겨진다. 우리가 어떤 아이디어에 대해서 활동적으로 생각하고 있다면, 우리는 그 아이디어를 의식하고 있으며, 그 아이디어는 작업 기억에 있다. 작업 기억은 한정된 시간 동안(10~30초 정도), 한정된 정보의 양만을 붙잡고 있다. 만약 인지적 처리가 취해지지 않으면 그 정보는 상실된다.

'장기 기억' Long-Term Memory : LTM 은 학습된 모든 정보들을 영구히 저장하는 곳이다. 장기 기억은 결코 다 채울 수 없으며, 다양한 정보들을 무제한으로 저장할 수 있는 곳으로 알려지고 있다. 오랜 시간 동안 기억되어야 할 정보들은 단기 기억에서 장기 기억으로 옮겨지게 된다. 망각 forgetting 은 우리 모두가 경험하는 현상이지만 한번 장기 기억으로 들어가도록 처리된 정보는 진정으로 사라져 버린 것이 아니라고 가정된다.

정보의 처리

감각기관을 통해서 들어온 정보는 그대로 머릿속에 기억되는 것이 아니다. 정보는 기억의 특정 단계에서 다음 단계로 지나갈 때마다 변형되거나 처리된다.

처리는 앞 그림에서처럼 일반적, 선형적 방식으로 일어나지 않는다. ① 정보 그 자체(자료가 추동하는 대로 왼쪽에서 오른쪽으로 처리)와 ②사전 지식(개념적으로 추동되는 오른쪽에서 왼쪽으로 처리)의 양방향에 의해서 결정된다. 이 두 가지 중 어느 한 유형이 주도하는 정도는 학습과제 그 자체의 본질nature과 학습자가 가지고 있는 사전 지식의 양에 달려 있다.

위에서의 정보 처리 과정을 인지적 과정이라고 보았을 때, 이 과정은 불변적으로 계열화된 것이 아님을 알 수 있다. 오히려 그 과정은 학습자의 계획plan과 그 계획이 만들어 내는 인지적 산물들로 계속적으로 업데이트되면서, 이들에 의해 복잡하고 의도된 방식으로 섞여 짜여 지며 굴러가게 된다. 다양한 인지적 과정들이 동시적으로 모두 작동되는 것은 아니지만 몇몇은 거의 동시적으로 작동하고, 이들의 결과로 나온 인지적 산물들은 더 많은 인지적 과정들을 유발할 것임이 분명하다. 인지적 과정과 그 산물들 간의 상보적 원칙은 여기에도 적용되는 셈이다.

다음에서는 기억의 각 단계별로 이루어지는 관련 기능들을 살펴보자.

감각 기억(sensory memory)

앞에서 언급한 것처럼 감각 기억에서는 감각기관을 통해 들어온 정보를 아주 짧은 시간 동안 기억에 정보를 붙잡아 두는 기능을 수행한다. 그러나 감각기관별로 감각 기억과의 관계에 관해서는 시청각적인 것 이외에 알려진 것들이 별로 없다.

그렇다면 무엇이 감각기관을 통해서 들어온 정보를 기억에 붙잡아 두는 역할을 수행하는 것일까? 그리고 어떻게 환경적 자극들을 인지하고 지각하는가? 인지 심리학자들 간에는 주의attention가 정보가 인지 체제로 들어오는 것을 막아주는 병목bottleneck 혹은 필터의 역할을 해주는 것으로 생각해 왔다. 그러므로 주의를 쏟지 않으면 비록 자극이 있더라도 감각을 통해서 들어올 수 없으며, 주의도 사람마다 서로 다른 것에 초점을 둘 수 있으므로 기억되는 것은 매우 다를 수도 있다. 주의와 관련해서는 선택성selectivity과 자동성automaticity이 중요한 변인들이다.

선택적 주의(selective attention)

선택적 주의란 다른 정보를 동시적으로 무시하면서, 특정 정보를 선택하고 처리하는 능력을 말한다. 자기 생각에 골똘히 잠겨 있는 사람에게 아무리 뭐라 말해도 들리지 않는다. 또 똑같은 음악을 들어도 사람마다 들은 내용이 다를 수 있다. 어떤 사람은 음정 중심으로 듣고, 어떤 사람은 박자 중심으로 듣고…….

그렇다면 개개인으로 하여금 특정 정보에 초점을 맞추게 하는 것과 관련된 변인들에는 무엇이 있을까? 그것들은 첫째, 과제 혹은 정보가 개인에게 지닌 특별한 의미이다. 내 이름이 아무리 시끄러운 방에서 불리어지더라도 얼른 알아챌 수 있다. 왜냐면 내 이름은 나에게 매우 특별한 의미가 있기 때문이다. 둘째, 경쟁하는 과제 혹은 정보 출처의 유사점과 관련이 있다. 말하는 사람이 같은 성(性)이고 비슷한 톤과 높이로 말할 때 귀 기울여 듣기란 매우 어렵다. 셋째, 과제의 복잡성 혹은 난이도가 주의에 영향을 준다. 쉬운 과제는 거의 주의를 요구하지 않기 때문에 다른 일들을 하면서도 그 과제를 수행할 수 있다. 그러나 어려운 과제일 경우 더 완벽하고도 초점을 맞춘 주의를 요구한다. 마지막으로 주의 통제 능력은 연령에 따라 차이가 나며, 지능 및 학습 능력과 관련이 있다는 사실이다.

교수학습 자료의 특정 측면에 학습자의 주의를 쏟게 하고자 할 경우, 바탕색과 다른 색깔을 사용하기, 글자의 크기나 모양을 달리하기, 제목을 제시하여 주기 등의 전략이 많이 사용되며, 프리젠테이션의 경우 음성 굴곡이나 제스처 기법이 자주 사용된다.

자동성(automaticity)

자동성이란 과제들이 과잉 학습overlearning되었을 때 혹은 정보 출처가 습관화되었을 때, 주의 요구가 최소화되는 현상을 말한다. 자동차를 운전하면서 라디오를 듣거나 소설을 읽으며 내용을 파악하는 것 등이 그 좋은 예이다. 그러나 어려운 부분에 이르면 느려지고 자동성의 기능은 저하된다.

인쇄 자료에 있어서 인지에 필요한 부담을 줄이고 자동성을 잘 발휘하게 하기 위해서는 주의를 더 쏟아야 할 부분에는 더 쏟고, 덜 쏟아도 될 부분에는 덜 쏟게 하는 안내 전략이 필요하다. 일반적으로 중요 부분을 지적해 줌으로써 더 많은 주의를 배정하도록 하게 하는데, 이 같은 목적을 위해 제목 붙이기, 활자체 달리하기, 글자 색깔 다르게 하기, 특정 구절이나 아이디어 단어 삽입하기 등이 많이 사용된다.

형태 재인(pattern recognition)과 지각(perception)

정보에 주의를 쏟은 것만으로는 후속되는 정보 처리를 보장한다고 말할 수 없다. 정보는 분석되어야만 하고, 후속 처리를 위한 근거를 제공하기 위해 친근한 형태pattern를 기억 속에서 찾아내야만 한다. 형태 재인이란 이와 같이 환경적 자극들이 이미 기억 속에 있는 개념들과 원리들의 예들로 재인(再認)되는 과정을 가리킨다. 여기서는 특히 재인의 개념을 새겨둘 필요가 있다.

형태 재인을 설명하는 모형에는 여러 가지가 있다.

- **형판 연결**(template matching) **모형**

환경적 자극의 정신적 복사copy를 형판이라 하는데, 이 형판이 기억에 저장되어 이를 가지고 환경적 자극(사물)을 인지한다는 것이다.

- **전형**(prototype) **모형**

기억에 저장된 것은 형판 연결 모형에서처럼 자극과 똑같은 복사물이 아니라 추상화되고 일반적인 전형이라는 주장이다. 전형 모형 주창자들은 이 전형을 가지고 사물을 재인한다는 것이다.

• **특징 분석**(feature analysis) **모형**

특수하고 분명한 특징들이 기억에 저장되어 이를 통해 사물을 재인한다는 주장이다.

이외에도 형태 gestalt 심리학자들 중심의 조직의 원리들에 의해 사물을 지각한다는 이론, 맥락에 따라 다르게 지각된다는 맥락효과, 그리고 과거 경험이나 사전 학습이 영향을 준다는 사전 경험 효과 등 형태 재인을 설명하는 여러 가지 이론들이 있다.

작업 기억(working memory)

작업 기억은 단기 기억 혹은 단기 저장이라고도 부른다. 작업 기억 단계에서는 들어오는 정보의 의미를 파악하기 위해 장기 기억으로부터 관련 개념을 꺼내 활성화시킨다. 그런데 작업 기억에서 한 번에 갖고 있을 수 있는 정보의 양과 정보를 지탱하고 있을 수 있는 시간에는 한계가 있기 때문에 용량과 시간을 증가시키기 위해 특별한 대책을 세워야 한다. 그것들이 곧 청킹 chunking 과 리허설 rehearsal 이다.

청킹(chunking)

청킹이란 정보들을 덩어리 혹은 더 큰 조각으로 나누는 것을 말한다. 정보들을 더 큰 조각들로 만들어 냄으로써 작업 기억 능력을 증가시키려는 생각이다.

예 JFKFBIAIDSNASAMIT

위 17개 문자를 작업 기억에서 처리하려면 어려우나 5개의 청크, 즉 JFK, FBI, AIDS, NASA, MIT로 나누면 훨씬 처리가 쉬워진다. 과제 분석도 인지적 처리가 쉽게 일어날 수 있도록 적당한 크기로 나누는 것임을 상기할 필요가 있다.

리허설(rehearsal)

일반적으로 리허설이란 연습, 대본 읽기, 혹은 시연을 가리키는데, 여기서는 전화를 걸기 위해 기다리는 동안 머릿속에서 전화번호를 반복해서 되뇌이는 것과 같은 것을 말한다. 이 같은 머릿속에서의 반복은 일정한 시간 동안 작업 기억에서 정보를 유지하도록 해준다. 그러나 그 정보를 변화시키는 것은 아니다.

정보를 기억하는 데 있어 시작할 때의 정보와 끝날 때의 정보가 더 잘 기억되는데, 전자를 초두 효과primacy effect, 후자를 신근 효과recency effect라고 부른다. 이는 모두 리허설과 관련하여 설명되고 있는데, 논문이나 질문지의 중요한 정보는 시작 지점이나 끝부분에 놓아야 함을 시사한다고 하겠다.

인코딩과 인출

작업 기억(단기 기억)과 장기 기억 사이에서 일어나는 처리 과정으로서는 인코딩과 인출이 있다. 인코딩을 새로 들어온 정보와 이미 장기 기억 속에 들어 있는 정보를 관련시키는 과정이라고 설명하였지만, 정보의 흐름 측면에서 보면 사실은 작업 기억에서 장기 기억에 들어 있는 관련 정보를 표상하여 새로운 정보와 교호작용을 통해 처리한 후 장기 기억에 다시 저장하는 것을 말한다. 인출은 장기 기억에 저장된 정보를 사용하기 위해 작업 기억으로 꺼내오는 것을 말한다.

인코딩(encoding)

어떻게 하면 인코딩이 효과적으로 일어나느냐를 논의하기 위해서는 장기 기억에 정보가 어떻게 저장되느냐를 살펴볼 필요가 있다. 장기 기억 연구에 있어서 어떻게 정보가 표상되고 저장되느냐는 가장 큰 중심적 이슈가 되어 왔다.

Tulving이라는 학자에 의하면 장기 기억은 에피소드적 기억episodic memory과 의미론적 기억semantic memory의 두 가지 유형이 있다고 한다. 에피소드적 기억은 특정한 사태events의 기억을 말하며, 의미론적 기억은 일반적 정보로서 그것을 어떻게 학습했는지와는 무관하게 그 의미를 기억하는 것이다. 교육에서 관심이 있는 것은 주로 의미론적 기억이라고 할 수 있다.

여기서는 정보의 표상과 저장에 관한 모형들을 살펴보고, 효과적인 인코딩 전략 등을 모색하고자 한다.

정보의 표상과 저장 모형들

- **네트워크**(network) **모형**

장기 기억은 일종의 정신적 사전(辭典)이라는 견해이다. 즉, 개념들은 서로 간의 연합에 의해 표상된다.

- **특징 비교**(feature comparison) **모형**

기억에 들어 있는 개념은 네트워크 모형에서처럼 상호 연결된 위계로 저장되지 않고, 일련의 정의된 특징들로 저장된다는 주장이다. 다른 개념과의 연합은 겹쳐진 특징들의 비교를 통해 이루어진다.

- **명제적**(propositional) **모형**

이 모형에서 기억의 기본 단위는 명제라는 주장이다. 명제란 주어와 술어를 가진 개념의 조합이다. 예를 들면 "새는 날개가 있다", "새는 난다", 그리고 "새는 깃털을 갖고 있다"가 저장된다. 이 이론에서 재생recall은 문장의 구조보다 명제적 구조를 반영한다.

- **병렬 분산 처리**(parallel distributed processing) **모형**

병렬 분산 처리는 다중적 인지 작동들이 계열적 처리와는 정반대인 동시적으로 발생하기 때문에 순차적 처리와는 구분된다. 이는 모든 가능한 통로들이 동시에 찾아짐을 뜻한다.

인코딩 촉진 전략

- **자료, 정보, 개념의 조직화**

조직화는 심리학자나 교육학자들에게 오랜 동안 관심의 대상이 되어 왔다. 이는 더 잘 배우고 기억할 수 있도록 하기 위하여 관련되는 정보 조각들을 범주들로 묶는 것을 말한다. 학습자에게 자료를 유의미하게 조직하는 방법으로서는 개요outlines, 위계hierarchies, 그리고 개념나무concept trees 등을 예로 들 수 있을 것이다.

- **기억술**(mnemonics)**과 매개**(mediation)

서로 관계없는 단어들을 배울 때 이야기 형태로 그 단어들을 함께 연결함으로써 기억을 촉진하려는 것이 그 예이다.

- **형상화**(imagery)

시각적 이미지를 제시하는 그림을 보여 준다든지, 교재와 관련된 이미지를 학습자에게 형성해 보라고 말하는 것을 들 수 있다.

이외에도 학습자 자신만의 고유한 기억술을 창안하도록 격려한다든지, 스스로에게 질문하기 등이 인코딩에 도움이 된다는 연구 결과가 있다.

학습 정보의 인출

일단 정보가 장기 기억에 저장되면, 그 형태와는 상관없이 사용하기 위해 인출되거나 저장된 상태로 유지되거나 혹은 망각될 수 있다. 이전에 학습된 정보는 새로 입력된 정보를 이해할 목적으로 혹은 반응하기 위해 작업 기억working memory으로 되돌아 온다. 새로운 자료를 이해하거나 배우기 위해서 이전 지식을 사용하는 것은 인코딩에서 이미 논의하였다. 이전 지식에 기초하여 반응하는 것은 무엇인가? 이것이 곧 인출이다.

인출의 두 가지 유형 : 재생과 재인

인출에는 두 가지 유형이 있다. 하나는 재생recall이고, 다른 하나는 재인recognition이다. 재생과 재인은 단서의 제시 유무에 따라 구분된다. 즉, 재생은 기억해 내는데 도움이 될 만한 힌트나 단서 없이 이전에 저장한 정보를 인출하도록 하는 것을 말한다. 예를 들어 '비법(秘法)'이란 단어의 의미를 쓰라든지, 목사님의 설교 요지를 정리해 보라 등을 들 수 있을 것이다. 재인은 잠재적인 정답은 이미 생성되어 제시되고—단서 혹은 힌트로서—그 중에서 어느 것이 정답인지를 결정하거나 판단하도록 하는 형태의 인출을 말한다. 예를 들어,

예 다음의 단어들 중 '비법(秘法)'과 가장 가까운 동의어는?

①본질적 ②신비적 ③굉장한 ④명백한

인출과 관련된 요인들

인출에 영향을 주는 요인들로서는 먼저 기억 흔적의 강도를 들 수 있다. 즉 더 강한 기억은 더 약한 기억에 비해 더 정확하게 재생되거나 재인될 수 있다. 따라서 어떻게 하면 더 강하게 기억하도록 하느냐가 중요한 변수가 된다.

둘째는 인코딩 시 사용한 특이성과 관련이 있다. 인코딩을 촉진시키기 위해서 학습자가 사용한 단서는 검사 시에 그 정보를 인출하기 위한 가장 좋은 단서가 된다는 것이다.

셋째, 인출은 인코딩 맥락에 의해 크게 영향을 받는다는 사실이다. 연구 결과에 의하면 배웠던 상황과 시험 치른 상황이 똑같았을 때 재생이 가장 좋았으며(물리적 상황), 특정한 마음의 상태에서 학습한 정보는 똑같은 마음의 상태에서 가장 잘 기억되는 것으로 나타났다(심리적 상황). 이는 행복한 기분에서 학습한 단어는 슬픈 기분에서보다 행복한 기분에서 더 잘 재생되고, 슬픈 기분에서 학습한 단어는 같은 상태에서 더 잘 재생된다는 것이다.

넷째로는 인출의 실패가 인코딩(부호화)의 실패 때문이 아닌지 재고해 보아야 한다는 점이다. 이는 인출 과정에서 찾았던 정보가 아예 처음부터 학습되지 않았음을 나타낸다. 아무리 여러 번 읽어도 머릿속에 새겨 보려는 노력을 하지 않으면, 그리고 새겨 보려 노력해도 새겨지지 않으면 시간만 낭비할 뿐이다. 새로운 정보들이 기억에 확실히 인코딩될 수 있도록 합성화 하는 일을 해야 한다. 노트 필기는 인출의 가능성을 높이는 가장 일반적인 전략일 것이다. 새로운 정보와 기억간의 합성화가 원활히 이루어지기 위해서는 학습자가 관련된 사전 지식을 기억 속에 갖고 있어야 한다는 점, 또 기억 속에 들어 있는 관련된 사전 지식을 활성화해야 한다는 점을 다시 한 번 강조한다.

다섯째는 간섭interference 효과를 최소화해야 한다는 점이다. 간섭이란 다른 사건이나 정보가 원하는 정보가 인출되는 길목에 끼어드는 것을 말한다. 수많은 사태들과 경쟁하는 정보들은 표적 정보 인출을 방해할 수 있다. 간섭에는 순행 간섭proactive interference과 역행 간섭retroactive interference이 있다. 순행 간섭이란 이전에 배운 학습이 나중에 배운 학습을 방해하는 것을 말한다. 순행 간섭의 정도는 이전에 배운 과제에 대한 연습의 양과 관계가 있다. 역행 간섭은 나중에 배운 학습이 이전에 배운 학습의 인출을 방해하는 것을 말한다. 특히 나중에 배운 학습의 연습이 증가하면 할수록 이 같은 방해는 더욱 크게 일어난다.

인지적 정보처리 이론이 교육에 주는 시사점

인지적 정보처리 이론이 갖고 있는 교육적 시사점 들은 이미 다 언급하였다. 정리하면 다음과 같은 세 가지가 될 것이다.

조직화된 수업 제공

이는 새롭게 학습해야 할 교과 내용을 분석, 통합하여 의미론적 지도, 개념적 지도, 개념 나무concept tree 혹은 연결망 형태로 조직하거나 구조화하여 제시하는 것을 말한다. 이 같은 그림 형태의 제시는 학습 내용 정리의 부담을 줄여주고, 장기 기억의 저장을 촉진하며, 인코딩 및 인출에 효과적인 것으로 알려지고 있다.

또한 그림 형태의 자료 제시는 유사한 자료들 간의 분명한 특징들을 강조해 줌으로써 간섭 효과를 줄일 수 있다는 연구 결과가 있다.

광범위하고 다양한 연습 실시

'연습은 완벽하게 만들어 준다'는 말을 부정하는 사람은 아무도 없을 것이다. 기본적 기능의 자동화는 바람직한 교육목표라고 할 수 있는데, 이는 많은 연습을 통해서만 습득이 가능하다. 여기서 자동화는 행동주의 이론에서 과잉학습overlearning과 일치하는 개념인데, 이는 적은 주의를 쏟으면서도 학습이 가능하게 해주기 때문이다.

학습자는 유사한 개념 간의 변별 능력뿐만 아니고 적절한 맥락에서 그 지식을 적용할 수 있어야 한다. 이 같은 개념 변별과 개념 일반화에서 연습은 매우 중요하다.

학습자의 자기 통제 제고(提高)

학습의 최종 책임은 학습자 스스로에게 있다. 인지적 정보처리 이론은 학습자 스스로 효율적인 학습 계획을 세우고, 이를 제어해 나가는 능력을 갖추어야 함을 시사한다. 이는 초인지metacognition와 깊은 관련이 있다. 초인지란 자신의 사고 과정에 대한 인지로서, 어떤 활동이나 행위의 뒤에 따라오는 활동 또는 행위를 인지하는 것을 말한다. 따라서 초인지가 발달한 사람은 자기 스스로를 객관적으로 볼 수 있는 능력이 있다.

자기 통제 행동을 좀 더 구체적으로 진술하면 ①자신이 아는 것과 모르는 것을 아는 것, ②자신이 하고 있는 일이 옳은지 그른지와 그 결과를 예측하는 것, ③자신의 인지적 자원과 시간을 효율적으로 배분하여 사용하고 앞으로의 계획을 세우는 것, 그리고 ④자신의 수행 성과를 체크하고 모니터링하여 재시도하는 것 등이라 할 수 있다.

10

지식과 실천

그 관계와 상대적 우위성

직업의 유형에 따른 지식과 실천 간의 관계

과학적 지식과 상식의 차이

지식과 실천 간의 관계 규명의 의의

① 교사 교육에 대한 시사

② 학교 교육 방법에 대한 시사

③ 우선 순위 결정에 대한 시사

지식과 실천 간의 관계에 대한 주요 관점들

① 규칙의 원천으로 :

- 지식을 실천의 규칙으로 사용
- Gage의 과정 산출 연구

- 실용주의적 입장
- 교실 현상은 인과적 관계로 볼 수 없으며, 교사의 자율성을 제한하며, 실천적 예술로 승화시키는 데 장애가 된다는 등의 측면에서 비판을 받음

② 스키마타의 원천으로 :

- 연구를 통해서 얻어진 지식은 교사의 통찰의 출처
- Fenstermacher와 Clark
- 해석주의적 입장
- 지식이 실천에 주는 영향은 간접적

③ 연결 전제의 원천으로 :

- 지식과 실천 간에는 간격이 있는데, 지식은 이 간격을 메꾸어 주는 역할
- Phillips
- 경험적 전제 : 특정 상황에 대한 연구 결과의 관련성 강조
- 가치적 전제 : 연구 결과의 교육적 중요성 강조

④ 해방적 행위의 기초로 :

- 지식과 실천 간에는 밀접한 연결이 존재
- 지식은 선호하는 가치를 실천하는 데 필요한 해방적 행위들을 찾아내는 역할
- Giroux와 McLaren
- 비판이론적 입장

지식과 실천 간의 상대적 우위성

- 규칙 : 지식이 실천보다 절대적 우위를 차지함
- 스키마타 : 실천은 지식에 의존적. 지식이 실천에 비해 상대적 우위
- 연결 전제 : 지식과 실천의 위상은 동등. 둘은 상호 독립적
- 해방적 : 지식은 실천에 의해 지배. 실천이 지식보다 더 상위

서론

배움의 중요성을 강조하는 표현으로 '알아야 면장(面長)을 하지.'라는 말이 있다. 면장이라는 직분을 수행하기 위해서는 그 직분을 수행하는 데 필요한 지식을 갖추어야 한다는 의미일 것이다. '알아야 면장을 하지.'라는 말 속에는 두 가지 요소가 들어 있다. 하나는 '앎'이라는 요소이고, 다른 하나는 '행함'이라는 요소이다.

직업에 따라서는 그 직무를 수행하는 데 특별한 지식이나 기능을 요구하지 않기도 하지만, 어떤 직업은 고도의 직무능력을 요구하기도 한다. 예를 들어 과학자나 의사와 같은 직업은 장기간 교육과 훈련을 통한 지식을 갖추지 않고서는 그 직무를 수행할 수 없다. 이들은 대부분 그 직업에 종사하는 사람만이 갖고 있는 고유의 개념 체계가 있어서 바깥 사람들은 그들이 사용하는 개념들을 이해하기조차 어렵다. 이러한 직업들을 우리는 전문직이라 부른다.

전문직에 종사하는 사람들은 지식, 그것도 과학적 지식을 갖추고 있다. 과학적 지식이란 연구를 통해서 얻어진 지식을 말한다. 흔히 과학은 상식과 대비하여 설명하는데, 이는 과학적 지식이 객관성 objectivity, 경험적 증명 가능성 verifiability, 그리고 끊임없는 자체 수정 self correction 을 하는 것을 그 특징으로 한다(이종승, 1984, p.15).

이 같은 과학적 지식은 어떤 사건이나 현상에 대하여 관찰한 사실들을 있는 그대로 기술한 것일 수도 있고, 왜 특정 현상이 발생했는지를 설명한 것일 수도 있으며, 특정한 사건이 발생하기 이전에 미리 예측 prediction 하는 것일 수도 있다. 또한 어떤 현상의 원인 또는 필수적인 조건을 조작함으로써 그 현상을 일어나게도 하고, 일어나지 않게도 하는 통제control가 가능하게 하는 것일 수도 있다.

이상의 논의는 앎(지식)과 행함(실천)이 일치하고, 직접적 연관이 있음을 추정해 볼 수 있다. 다시 말하면 앎은 곧 행함을 뜻한다는 의미이다. 그러나 많은 직업들에 있어서 지식이 곧 실천으로 연결되지 않는 경우를 볼 수 있다. 심지어 그 직업과는 전혀 무관한 사람이 수장(首長)이 되어 이끌고 가는 경우도 있는데, 이런 경우 과도한 지식이 오히려 정책적 결정이나 실천에 걸림돌이 되거나, 지식이 실천에 아무런 도움을 주지 못하기 때문으로 이해할 수 있을 것이다. 지식과 실천 간의 불일치 관계는 양자 사이에 또 다른 중재 변인들intermediate variables이 존재하는 것이 아닌가 하는 의심을 갖게 하기도 한다. 극단적으로는 지식과 실천 간에 아무런 관계도 없는 독립적 관계도 상상해 볼 수 있을 것이다.

그렇다면 가르치는 일, 즉 교직은 일반적으로 지식과 실천 간에 어떤 관계를 갖는 것일까? 교육에서 지식과 실천 간의 관계를 밝히는 일은 다음과 같은 몇 가지 측면에서 중요한 의의를 갖는다.

첫째는 교사 교육의 내용과 방법에 중요한 시사점을 준다는 점에서이다. 교육의 최전선에서 실천을 담당하고 있는 사람은 교사라고 볼 수 있다. 그런데 교사는 직무 수행에 필요한 지식과 기능을 교사 교육을 통해서 얻게 된다. 교사 교육은 사범대학이나 교육대학 혹은 교직과정과 같이 교사로 임용되기 전 교육과 교사로 임용되고 난 이후에 이루어지는 각종 연수 교육으로 나눌 수 있다. 이때 지식과 실천 간의 연관을 밝히는 일은 교사 교육의 목적을 구체화하고 교육 방법의 결정에도 크게 영향을 준다는 측면에서 매우 중요하다. 교사 교육을 구성하는 내용으로는 교양과 같은 일반적 지식과 교과 지식subject matter knowledge, 교수적 지식, 심리적 지식, 그리고 교육과정 지식 등의 전문적 지식으로 이루어지는데, 지식과 실천 간의 관계의 규명은 전문적 지식 중에서도 교수적 지식pedagogical knowledge과 심리적 지식의 결정에 특히 영향을 많이 줄 것으로 예상된다.

둘째는 학교 교육이 맥락과 무관한 이론 중심의 교육을 실시해도 무방 하느냐, 아니면 맥락과 연계한 응용 중심의 교육을 실시하느냐를 결정하는 데 중요한 시사를 한다는 점에서이다. 우리는 학교에서 가르치는 지식이 삶의 현장에서 적절하게 쓰일 수 있기를 바란다. 따라서 현장 중심의 교육, 맥락과 결합한 교육이 이론 중심의 교육, 삶의 현장과 동떨어진 교육보다 실생활에 더 활용성이 클 것이다. 현장 중심의 교육, 맥락과 결합된 교육은 이론 중심의 교육이나 맥락과 무관한context-free 교육에 비해 학생들의 학습에 대한 흥미나 동기를 더 크게 할 것이다. 그렇다고 폭증하는 지식을 현장 중심의 교육으로 다 다루기에는 한계가 있다. 더구나 지식이 곧 응용(실천)과 직결된다면 구태여 지식을 맥락 중심으로 끌고 올 필요가 없을 것이다.

셋째로 지식과 실천 간의 관계를 검증해야 할 필요성은 곧 이 양자 중 무엇에 더 우선순위를 두어야 하는지를 시사한다는 점에서이다. 어떤 사람은 실천은 지식에 의존한다고 주장하고, 또 어떤 사람은 지식은 실천에 의존한다고 주장한다. 또 다른 사람은 지식과 실천은 분리될 수 없고 함께 존재한다고 말하며, 심지어는 이 둘이 상호 독립적이라고 주장하는 사람도 있다. 만약 실천이 지식에 의존한다거나 의존해야 한다면 지식에 대한 상대적 중요성은 그만큼 커질 것이다. 반면에 실제와 실천이 중요하다면 이에 맞는 지식이 찾아져야 한다.

여기서는 교육의 영역에 국한하여 지식과 실천이 어떻게 연관되어 있다고 생각되어 왔는지를 제반 학자들의 주장에 근거하여 살펴보려고 한다. 미리 밝히는 바이지만 양자 간의 관계를 직접적 관계에서 간접적 관계의 순으로, 더 밀접한 관계에서 덜 밀접한 관계의 순으로 정리하고자 한다. 양자 간의 관계에 대한 관점은 의의, 장단점, 그리고 각 관점에서의 타당한 지식의 기준 등을 제시하고자 한다.

지식과 실천 간의 연관에 관한 제 관점들

지식과 실천 간 연관의 문제는 지식의 측면에서 실천하려는 그 지식이 어떠한 가정 하에서 찾아졌느냐와 실천자의 측면에서 그 지식을 어떻게 활용하려 하느냐에 의해 분석될 수 있다.

지식은 앞에서도 언급한 것처럼 과학적 연구를 통해서 결과finding로서 얻어진다. 그런데 연구에 있어서 가장 오래된 분류방식의 하나는 기초 연구basic research와 응용 연구applied research라 할 것이다. 여기서 기초 연구란 교수, 학습, 그리고 교육적 실천에 관한 제반 측면들에 대해서 이론이나 근본적 구조를 찾고 또 설명하는 연구를 말하며, 응용 연구란 교육적 실천의 효과성을 직접적으로 밝히려는 데에 초점을 둔 연구를 말한다. 기초 연구는 이론이나 근본적 구조의 발견이 교육 실천에 간접적으로 시사점들을 가질 가능성이 있다는 가정에 근거하고 있으며, 응용 연구는 특정한 한 형태의 교육 실천이 다른 형태에 비해 더 우수한 지 여부를 결정하기 위해 경험적 연구를 고안하는 것이 가능하다는 가정 하에서 출발한다.

Cronbach과 Suppes(1969)는 기초 연구와 응용 연구의 차이를 결론 지향 탐구와 의사결정 탐구로 구분하여 설명한다. 여기서 전자는 특정 현상의 이해 지향적이며, 후자는 의사 결정자에게 필요한 정보에 의해서 안내된다고 말한다. 교육 분야에 있어 근본 구조나 이론들에 관해 그렇게 많이 밝혀진 것도 없지만 설령 많은 연구들이 있다고 하더라도, 이들이 알맞은 교육적 실천을 처방해 주지는 못할 것이라고 예견한다. 또한 교육은 과학이라기보다는 예술art이기 때문에 과학을 통해서 교육적인 많은 것들을 직접적으로 생성해 낼 수 없으며, 교육적 문제들은 예상 외로 복잡하고 가치가 개재되어 있어 응용 연구를 통한 지식들이 교육적 실천의 뒤에 숨어 있는 복잡한 현상에 대한 이해를 이끌어낼 수 없을 것이라고 말한다(Kerlinger, 1977, p.7).

그래서 교육철학자인 Fenstermacher(1982)는 교육 실천자인 교사가 연구 결과들을 어떻게 활용할 수 있느냐는 관점에서 지식과 실천 간의 연관에 관심을 쏟기 시작하였다고 말한다. 그에 따르면 교수에 관한 연구와 교사 실천 간에 놓일 수 있는 다리는 최소한 세 가지 방식이 있다고 주장한다. 규칙, 증거, 그리고 스키마타가 그것들이다.

교육적 연구와 실천 사이에 규칙rule이 다리로 사용된다는 것은 연구 결과들이 교사가 따라야 할 명령들로 직접적으로 바뀌는 것을 나타낸다. 규칙에 근거한 다리 설치는 응용 연구로부터 발견된 것들을 다른 비교할 만한 여건에서 엄격하게 적용하는 것으로 여겨진다.

연구와 실천 간에 증거evidence로서의 사용은 연구의 결과를 실천자가 그들의 일에 대해 지녔던 신념을 검증하기 위해 사용할 때 발생한다. 교사들은 일반적으로 효과적인 교수에 대한 가정들과 이론들을 나름대로 다 가지고 있는데, 연구 결과들을 가지고 이 같은 신념들이 얼마나 근거가 있는지를 평가하는 데 사용되는 것을 말한다.

마지막으로 스키마타 schemata 란 교육적 현상을 바라보는 표상들 representations 을 가리키는데, 이는 교사들이 그들의 업무를 새로운 방식으로 보기 위해 연구의 결과를 사용할 때 발생한다. 예를 들어 배정된 시간, 투입한 시간, 그리고 기다리는 시간 등을 포함한 시간 관련 스키마타는 실천자들로 하여금 그들의 교수활동의 조직에 대한 재고(再考)를 이끌어 낼 수 있을 것이다. 연구자에 의해 도출된 스키마타는 우리의 경험을 해석하고 평가하는 수단을 제공하고, 또 그렇게 함으로써 우리의 행위가 좀 더 합리적이고 도덕적이게 한다.

지식과 실천 간의 관계에 관한 관점은 위에서 언급한 Fenstermacher(1982)와 Clark(1988)의 교수 연구와 교사 교육 간의 논의를 중심으로 하여 지식을 실천의 ①규칙의 원천으로, ②스키마타의 원천으로, ③경험적 연결 전제 empirical linking premises 의 원천으로, 그리고 ④해방적 행위를 위한 기초로 나누어 살펴보고자 한다.

규칙의 원천으로

많은 연구자들이 규칙 지향적 접근인 이 범주에 속한다고 볼 수 있는데, 이들은 연구를 통해서 찾아진 지식들을 직접적으로 실천으로 전환하는 데 초점을 둔다. 대표적인 학자로서 N. L. Gage를 들 수 있다. 그의 연구들은 과정-산출 전통 process-product tradition 이라고 불리는데, 이 전통으로부터 찾아진 연구 결과들을 교수 실천으로 전환하려는 시도와 밀접한 관련이 있다. 그는 무엇이 교육의 과학적 기초를 구성하고, 어떻게 이 과학적 기초를 실천에 적용할 수 있는가에 대해 오랫동안 주의를 집중해 왔다. 결론적으로 말하면 Gage는 교육을 위한 과학적 기초의 개발이 실증주의 연구 전통에 있다고 보았는데, 이 전통은 맥락 무관 일반화context-free generalization의 개발을 강조한다.

과정-산출 연구자들은 학생들의 학습을 산출하는데 효과적인 교사 행동과 수업 형태를 발견하는 데 초점을 두었다. 이들은 이렇게 발견된 효과적인 행동과 형태patterns가 교사 교육의 교육과정(敎育課程)이 되어야 한다고 확신한다. 지식을 실천으로 전환하는 이 같은 접근의 내적 논리는 강제적이라는 사실이다. 어떤 사람은 효과적인 교사 훈련 절차를 학생의 성취도로부터 교사 행위로 거꾸로 살펴볼 필요가 있다고도 주장한다. 이 같은 결과(학생 성취도)에 의한 설명은 Brophy(1988)나 Gage(1985) 등에서도 찾아볼 수 있다. 그렇다고 규칙이—학생들의 성취도와 연관되어 있다고 경험적으로 증명된 교사의 행동이나 패턴들—불변적 진리라고 추정되어서는 안 된다. 규칙은 단순히 교사의 행동과 학생 학습 변인 간의 관계를 통계적으로 대변할 뿐이다.

지식 곧 연구를 통해 얻은 결과를 실천을 위한 규칙으로서 사용한다는 것은 학습 효과를 높여 준다는 점, 그리고 그 효과 여부를 검증할 수 있다는 점 등 여러 가지 장점에도 불구하고, 몇 가지 측면에서 비판을 받고 있다.

첫째는 특정한 분리 가능한 규칙들은 복잡한 교실 현상이나 교수에 포함된 판단이라는 두 가지 측면에서 합당치 못하다는 것이며, 둘째는 규칙으로서의 사용은 교사에 대한 하향식top-down 사고를 습관화하게 되고, 이에 따라 교사들이 전문가로서 성장하는 것을 제한하게 될 것으로 우려하고 있다. 이는 또한 학생들에게도 유사한 하향식 접근의 사용을 암묵적으로 조장하게 되어 정보화 사회에서 요구되는 자율적 인간 육성에도 큰 위해를 가져올 가능성이 있다.

셋째로 규칙으로의 사용은 가르치는 일을 과잉 단순화하고, 하향식 통제를 조장하게 되는데, 이는 결국 실천적 예술로 승화시키는 데 큰 장애 요인이 될 것이라는 사실이다. Gage는 "교수는 실천적 예술로서 직관intuition, 창의성, 즉흥성 그리고 풍부한 표현력 등이 요구되는데, 규칙, 공식 그리고 알고리즘algorithms 등이 시사하는 바는 이것들과 거리가 있어 보인다. 교실에서 수업을 담당하는 교사는 학습을 증진시키기 위해 판단, 갑작스러운 통찰, 민감성, 그리고 민첩성agility을 사용해야 한다(Gage, 1978, p.15)."고 말한다. Gage는 연구에 기초한 규칙이 교사가 갖추어야 할 자율적 권능 대신 연구에 의해 확립된 원칙에 근거한 시행착오식 교수로 대체될 것을 우려한 것이다.

스키마타의 원천으로

지식을 실천을 위한 스키마타의 원천으로 보는 학자들로서는 위에서 언급한 Fenstermacher(1982)와 Clark(1988)를 들 수 있을 것이다. Fenstermacher는 가르치는 일이란 규칙들에 의해서 안내받을 수 있는 기능일 뿐만 아니라, 전문적 지식에 근거한 교사의 판단이 요구되는 활동이라는 것을 믿는다. 이와 비슷하게 Clark도 교수에 관한 연구와 교수 실천 간에 직접적 연관direct link이 결코 존재하지 않는다고 믿었다.

Fenstermacher와 Clark는 규칙에 기초한 (혹은 직접적 연관) 접근은 교수의 본질을 과대 단순화한다는 데 동의한다. 그들은 또한 지식과 실천의 관계를 규칙으로 접근하는 방식을 하향식 모델이라고 불렀는데, 이는 연구자가 실천자인 교사에게 부적절하게 명령하는 꼴이 된다고 비판한다. Fenstermacher가 특히 하향식 모형에 비판적인데, 이는 교사들이 전문가로서 성장할 기회를 주지 못한다고 믿기 때문이다. 나아가 하향식 관리 체계는 교사들이 그들의 학생들을 독립적이고도 창의적인 사고자로 키우기를 원할 때에 매우 나쁜 모형이라고 말한다.

Fenstermacher와 Clark는 교수의 복잡함과 정교함을 존중해야 하며, 교사는 전문가적인 의사 결정에 대하여 합법적으로 폭넓은 책임을 갖고 있는 실천자라는 사실에 대하여 동의한다. 실천자들의 교수와 여타 교육적 현상에 대한 인식을 전환시켜 주는 하나의 방안이 곧 통찰이라 할 수 있는데, 두 사람은 연구가 바로 이 통찰의 출처로 본다. 이 같은 일반적 입장은 실천자들에게 '유용한 제안' 제공을 강조하는 해석주의적 패러다임과 일치한다. 그렇다고 이 같은 제안의 출처가 해석주의적 전통으로부터 나온 지식에 한정해야 한다고 주장하는 사람은 아무도 없다.

하지만 어떻게 실천자의 지각을 바꾸거나 전환하는지에 대해서는 알려진 것이 없다. 그러나 두 사람은 지식이 실천에 주는 영향은 간접적인 것을 인정해야 한다고 주장한다. 왜냐면 지식과 실천이라는 두 영역 사이에 실천자가 개입되기 때문이다.

연결 전제의 원천으로

Gage의 직접적 전환 접근이나 Fenstermacher와 Clark의 간접적 지각 접근과는 대조적으로 Phillips(1978, 1980)는 제3의 접근을 제안하는데, 그는 지식이라는 것이 실천을 위한 시사점을 꼭 가져야만 하는 것은 아니라고 보았다. 대신 이 지식이 특정한 교사나 교실 혹은 특정한 교육과정 내용에 관한 합당한 관련성을 갖지 못할 경우 지식과 실천 간에 논리적 간격이 발생할 수 있다고 믿었다. 그러므로 지식으로부터 실천으로 옮겨가기 위해서는 모종의 연결이 확립되어야 한다는 것이다(Phillips, 1980, p.19). 예를 들어 연구 결과의 내용이 특정한 상황과 관련이 있다든지, 이 상황에서 행위를 결정하는데 있어 이 연구 결과보다 더 중요한 다른 요인들이 없다는 것을 보여 주어야만 한다는 것이다. Phillips는 관련성이나 중요성과 같은 고려 사항들을 "연결 전제"라고 불렀다. 그는 연결 전제를 특정 상황에 대한 연구 결과의 관련성을 강조하는 '경험적 전제'와 연구 결과의 교육적 중요성을 강조하는 '가치적 전제'로 구분하고 있다.

Phillips는 또한 객관적 진술문인 지식으로부터 당위적 진술문인 일련의 처방적 행위들이 도출되기 위해서는 최소한도 하나의 가치적 전제가 요구된다고 말한다. 명시적 가치 판단은 객관적 진술문과 당위적 진술문의 만족스러운 연결을 위한 핵심이기 때문이다. 따라서 똑같은 연구 결과로부터 나온 일련의 처방적 행위들도 핵심이 되는 가치 전제가 바뀌게 되면 달라지게 된다.

해방적 행위의 기초로

지식과 실천 사이에 논리적 간격이 존재한다는 Phillips의 주장과는 정반대로 Giroux와 McLaren(1986)은 지식과 실천 사이에 밀접한 연결이 존재한다고 상정한다. 다른 비판 지향적 학자들의 사례에서처럼 Giroux와 McLaren은 그들이 실천에서 실현되는 것을 보고 싶어하는, 좋아하는 가치들의 탐구에 근거를 두고 있다. 지식의 역할은 이 좋아하는 가치의 실천을 실현하는데 필요한 해방적 행위들을 찾아내는 데 있다고 보았다. 다시 말해서 지식은 실천을 위해 필요한 것들이라는 것이다.

이 두 사람은 민주적 가치를 호소하고 있는데, 이 민주적 가치가 무엇인지 분명히 밝히고 있지는 않지만, 공평equity과 정의justice에 초점을 두고 있음은 확실하다(Giroux & McLaren, 1986, p.218). 이들은 학교와 사회에서 민주적 원칙과 실천이 부적절하게 실현되고 있다고 본다. 이 같은 상황을 고치기 위해 교사들은 변형적 지성인이 되도록 준비해야 한다고 주장한다. 그래서 교사들은 중립적인 행위자가 아니라, 고통 받고 있는 소외 계층과 피압박자들을 위하고, 이들을 위해 싸우는 데 관심을 보이는 도덕적, 윤리적 담론에 뿌리를 둔 저항자가 되어야 한다고 말한다. 변형적 지식인으로서 교사의 역할은 학교 내에서, 그리고 더 큰 사회 내에서 민주적 절차와 원리들을 육성하는 데 기여할 것을 강조한다.

Giroux와 McLaren은 민주적 가치들에 대한 선험적 약속에 기반을 두고 있기 때문에 Phillips의 경우에서보다 지식과 실천 간에 더 밀접한 관계를 가정한다. 또한 이들에게 있어서 지식과 실천 간에 필연적으로 논리적 간격이 있는 것은 아니라고 보았다.

오히려 지식은 부분적으로는 어떻게 지배적 집단이 억압받는 집단 위에 지위를 유지하는지를 밝히고, 또 다른 부분으로는 학교와 사회 실천들을 민주적 가치를 더 잘 실현하도록 바꿀 수 있는 방안을 찾는 데 있다고 말한다. 그래서 지식은 억압의 역동성을 들어내거나 폭넓은 사회 개혁의 맥락 내에서 민주적인 학교교육 실현의 방향을 지적함으로써 해방적 행위의 출처로서 보는 것이 합당하다는 것이다.

Giroux와 McLaren에게 있어 변형적 지성으로서 교사는 정치적, 도덕적 고려에 의해서 자기 스스로 의식하여 안내되는 준비 프로그램에 의해 교육되어야 한다. 다시 말하면 미래의 교사들은 '비판과 가능성의 언어들'로 교육되어야 한다는 것이다. 여기서 비판적 용어들과 개념적 도구들은 학교의 민주적, 정치적으로 부족한 점들을 비판적으로 분석할 수 있게 해 줄 뿐만 아니라 교육과정, 교실에서의 사회적 실천 그리고 조직적 배치와 같은 것들의 생성 가능성을 높여줄 지식과 기능의 발달을 가져올 수 있다는 데 그 의의가 있다. 학교에서 다루는 지식들은 사회 내에서 권력자 집단의 이해를 흔히 대변한다. 이와 유사하게 역사적 지식도 백인, 중산층 남자와 같이 지배자들의 관점에 초점을 두고, 여성의 역할이나 소수자 집단 그리고 원주민들에 대해서는 소중히 다루지 않는다.

Giroux와 McLaren의 연구에서 민주적 가치들의 중심적 역할은 ①어떻게 해서 이 가치들이 실천 현장에서 불완전하게 실현되어 왔는지를 밝히고, ②이 가치들을 더 잘 성취하기 위해서 대안적 실천의 출처들을 찾아내는 데 있다. 이 같은 유형의 지식들은 피압박 집단들을 해방시키는 일과 실천과 연계 짓는 일에 사용할 수 있다. 여기서 한 가지 더 언급하고 싶은 것은 비판지향적 전통들이 안고 있는 공통적 결점이라 할 수 있는데, '비판 언어language of critique'에 관해서는 상대적으로 특수하고도 구체적으로 논의가 이루어지고 있는데 반해 '가능성 언어language of possibility'에 관해서는 거의 언급이 없다는 것이다.

가르치는 일은 무엇을 가르칠 것인가도 중요하지만, 어떻게 가르칠 것인가가 더 중요하다. 교사는 교육의 실천자이다. 실천은 주로 방법과 관련이 있다. 민주적 가치의 실현을 위해서는 대안적 실천의 방안들을 찾는 데 더 힘을 쏟아야 할 것이다.

지식과 실천의 상대적 우위성

지식과 실천 간의 관계에 대한 논의는 앞에서 다룬 4가지 관점 이외에도 그 목적과 각 관점에 따른 타당한 지식과 그 보장성에 대해 더 깊이 있게 논의되어야 한다. 지식과 실천 중 무엇이 더 우위에 놓여야 하느냐 혹은 중요시되어야 하느냐는 주관적이며 모험적일 수 있다. 양자 간의 상대적 우위성이 드러나 있지 않고 보는 관점에 따라 얼마든지 달라질 수 있기 때문이다. 여기서는 앞에서 살펴본 4가지 방식, 즉 규칙, 스키마타, 연결 전제 그리고 해방으로 돌아가 각 방식마다 지식과 실천 간의 상대적 우위성에 관해서 논의하고자 한다.

과학적 연구에서 찾아진 것들에 근거한 규칙의 창조를 통하여 실천을 개선해 보려는 것은 지식으로부터 도출된 것으로서 실천의 영역을 보는 것이다. 지식, 그것도 과학적 지식은 실천을 개선하기 위한 기초로 상정된다. 규칙을 실천에 적용하려는 실증주의자들의 문헌에서는 개혁의 대상으로서 이외에 실천의 영역을 별도로 논의하는 것을 거의 찾아볼 수 없다. 이는 곧 지식이 실천이며, 지식이 실천 위에 절대적 지위를 차지하고 있음을 나타낸다. 지식과 실천이 직접적 관계를 갖는다는 것도 이에 연유한다고 볼 수 있다.

지식을 생성적 의미로서 스키마타의 기원으로서의 사용은 실천의 위상이 상당한 정도로 규칙으로서의 사용에서보다 높아졌음을 보여준다. 왜냐하면 어떤 전문적 지식에 관심이 있느냐를 결정하는 것과 어떻게 지식과 실천을 관련 짓느냐를 결정하는 것은 교사이기 때문이다. 그러나 아이디어의 기원이 실천 바깥에 있고, 이 같은 외재적 기원은 지식과 실천 간에 의존적 관계가 존재하고 있음을 보여준다는 것을 기억할 필요가 있다. 지식의 스키마타적 관점은 해석주의interpretivism와 관련이 깊은데, 지식이 실천의 모형으로 보여질 때 그 의존의 정도는 가장 크다 할 것이다. 결론적으로 실천은 지식에 의존적이며, 여전히 지식은 실천에 비해 상대적 우위를 차지한다고 할 것이다.

지식이 연결 전제linking premises를 통하여 실천과 관련될 때 논리적 독립성이 존재한다. Phillips는 실천적 행위들이 추론의 사용을 통하여 결정된다고 보았는데, 이 때의 추론은 경험적 전제와 가치적 전제가 함께 채택되기 때문에 해당하는 전문적 지식과 꼭 일치해야 하는 것은 아니라는 것을 분명하게 하고 있다. 예를 들어 Piaget의 지적 발달 단계 이론에 따라 아동이 애국가의 추상적인 의미를 이해할 수 없기 때문에 가르칠 필요가 없는 것이 아니라 애국가가 지닌 가치적 의미에 따라 가르치는 것과 같다. 이처럼 실천은 가치적 전제에 따라 과학적 지식과 독립적으로 행해질 수 있다. 가치적 고려는 경험적 일관성보다 더 중요할 수 있기 때문이다. Fenstermacher의 실천적 추론에 기초한 관련 접근에서도 연구와 실천을 분명하게 구분하고 있다. 연구는 과학적 지식의 출처이며, 그 지식은 실천자가 실천의 문제에 대해 사고할 때 사용할 수 있는 추론의 하나의 출처라는 사실이다. 그래서 Phillips나 Fenstermacher 양쪽 모두에게 있어 지식과 실천 간에는 합당한 논리적 분리가 있다. 이들의 주장에 따르면 지식과 실천의 상대적 위상은 동등한 셈이다.

지식과 실천 간의 관계에 대한 해방적 접근의 경우에 있어, 선호하는 가치와 일치하는 새로운 행위들은 지식을 통해서 얻어진다. Giroux와 McLaren(1986)은 앞에서도 언급하였지만 이 같은 지식을 가능성의 언어language of possibility로 지칭하는데, 이는 이 지식이 실천자인 교사의 편에서 새로운 행위를 육성하는 능력으로부터 그 정당성이 획득됨을 분명하게 제시한다. 그러므로 실천은 지식에 비해 더 상위의 지위를 가진다고 볼 수 있다. 왜냐하면 지식은 바람직한 실천의 형태로 이끌 수 있는 해방적 행위들을 낳을 수 있을 때만이 관심의 대상이 되기 때문이다. 이는 지식은 실천에 내재되어 있다고 표현되거나, 지식은 실천에 의해 지배된다고 표현된다.

상황인지이론situated cognition theory에서 지식은 사회 내에서 사람들의 살아 있는 실천을 통해서 발생한다고 말한다(Driscoll, 2005). 여기서 실천이란 유의미한 행위로서 서로 간에 의미 있는 관계를 갖는 것을 말한다. 상황적 관점에서 학습이란 실천 공동체에 참여가 증가함으로써 발생한다. 참여로서의 학습은 사람 간에, 그들의 행위 간에, 그리고 세계와의 일련의 관계가 진화하거나 계속적으로 새로워지는 것을 말한다. 그러므로 학습이란 모든 참여자가 바뀜으로써 그리고 세계 속에서 참여자들의 행위와 관계를 통하여 변형되는 상호 구성적 과정이다. 예를 들어 대학에서의 연구 조교의 경우 처음에는 문헌이나 찾고 심부름이나 하던 주변적 역할에서, 시간이 지나감에 따라 연구 프로젝트가 나가야 할 새로운 방향을 결정하는 데 있어 중심적 인물로 변하게 된다.

여기서는 지식과 실천 간의 상대적 지위에 관해서 앞에서 논의한 네 가지 입장에서 논의하였다. 규칙적 접근에서는 실천은 지식으로부터 도출된다고 보았으며, 스키마타적 접근에서는 실천은 지식에 의존적이고, 연결 전제적 접근에서는 실천은 지식과 독립적이며, 그리고 해방적 접근에서는 바람직한 형태의 실천은 지식보다 우위에 있다고 논하였다.

끝맺는 말

교직이 전문직이 되기 위해서는 교육이라는 특정한 분야에 국한한 지식 베이스base가 있어야 하고, 이에 근거하여 교직이 수행되어야 한다. 교육이 과학이냐, 아니면 예술이냐는 논란은 지식을 찾는 방법론적인 측면에서는 중요할지 모르지만 전문직 여부와 관련해서는 그렇게 중요하지 않게 여겨진다. 교직에 한정된 기예적 지식craft knowledge으로도 충분히 전문직으로 인정받을 수 있기 때문이다.

교육에 관한 지식은 실증주의, 해석주의, 그리고 비판지향 이론의 세 가지 인식론적 전통에 근거하여 도출되어 왔다. 이들 세 가지 전통으로부터 나온 지식들은 각각의 목적과 형태가 다르며, 지식과 실천 간의 관계에 관한 네 가지 개념들은 규칙, 스키마타, 연결 전제, 그리고 해방적 행위이다.

여기서 세 가지 인식론적 전통과 네 가지 지식과 실천 간의 관점 간의 관계에 대해서 자세히 논의하는 것은 불필요할 것이다. 하지만 본 글에서 명시적으로 밝히지 않았기 때문에, 그 관계에 대해서 간단히 언급하면 다음과 같다. 실증주의적 인식론은 일반화에 강조점을 둔다는 면에서 지식과 실천 간의 직접적 연결을 나타내는 규칙에 초점을 두는 것과 관계가 깊으며, 해석적 인식론은 맥락에서 의미의 사례적 지식을 강조한다는 면에서 교사의 지각perception을 바꿀 수 있는 스키마타에 초점을 두는 것과 관계가 깊으며, 그리고 특정한 가치들에 대한 선험적 약속을 표방하는 비판적 인식론은 이들 가치들과 좀 더 일관성 있는 새로운 실천을 낳고자 하는 해방적 행위들에 초점을 두는 것과 본질적으로 일 대 일로서 상응한다고 볼 수 있다. 결과적으로 연결 전제만이 상응하는 인식론을 찾지 못하고 있는데, 이는 적합한 짝이 없는 것 같다. Tom과 Valli(1990, p.389)는 이에 대해 '연결 전제 접근의 중심은 실천과 지식이 상호 독립적이라고 생각하기 때문에 세 가지 전통 모두로부터 나온 지식을 논리적으로 만들 수만 있다면 연결 전제들을 지식과 실천을 관계 짓기 위해 사용하는 데 채택될 수 있을 것이다'고 말한다.

그리고 이 글에서는 지식과 실천 간의 관계에 관한 네 가지 방식, 즉 규칙, 스키마타, 연결 전제, 그리고 해방의 행위로 돌아가 각 방식마다 지식과 실천 중 무엇을 더 상대적 우위에 두었는지를 논하였다. 결론적으로 말하면 규칙에서는 실천은 지식으로부터 도출된다고 본다는 측면에서 지식을 실천보다 우위에 두고 있다고 보았고, 스키마타에서는 실천은 지식과 의존적 관계를 갖는다는 측면에서 규칙에서보다는 못하지만 지식은 여전히 실천에 비해 상대적 우위를 차지한다고 보았으며, 연결 전제에서는 지식과 실천이 독립적이라는 측면에서 상대적 위상이 동등하다는 것, 그리고 해방적 행위 관점에서는 지식은 실천을 낳을 수 있을 때만이 가치가 있다거나 지식은 실천에 내재되어 있다는 측면에서 지식보다 실천을 우위에 두고 있다고 보았다.

전문직으로서 교사 교육을 위한 지식 베이스를 갖는다는 것은 단순히 지식만을 갖는다기보다는 지식을 실천과 적절하게 관련짓는 통찰력을 갖게 한다는 데 더 큰 의미가 있을 것이다. 지식과 실천 간의 관계를 포함하여 전문적 지식을 밝히는 것은 교사 교육을 위한 전문적 교육과정(教育課程)을 밝히는 일과 완전히 다를 수 있다. 전문적 교육과정을 구축하는 일은 교사가 알아야 할 것과 할 수 있어야 할 것들에 대한 엄밀한 판단이 요구된다. 나아가 전문적 교육과정에서는 전문적 지식뿐만 아니라 일련의 바람직한 이해, 기능 및 성향의 개념을 갖는 규범적인 것들까지도 포함되어야 한다. 전문적 지식 혹은 전문직 교육을 위한 지식 베이스들은 극도로 복잡한 영역이며, 더욱이 전문적 교육과정은 더 복잡하고 더 어려운 영역이라 할 수 있을 것이다. 따라서 전문직으로서 교사 교육과정을 개발하기 위해서는 더 많은 노력과 연구가 이루어져야 할 것이다.

| 참고 문헌 |

李鍾昇(1984). **教育研究法**. 서울: 培英社

Brophy. J. (1988). Research on teacher effects: Uses and abuses. *Elementary School Journal*, 89, 3-21.

Clark, C. M. (1988). Asking the right questions about teacher preparation: Contributions of research on teacher thinking. *Educational Researcher, 17* (2), 5-12.

Cronbach, L. J., & Suppes, P. (Eds.). (1969). *Research for tomorrow's schools: Disciplined inquiry for education*. London: Macmillan.

Driscoll, M. P. (2005). *Psychology of learning for instruction. (3rd ed.)*. Pearson Education, Inc.

Fenstermacher, G. D. (1982). On learning to teach effectively from research on teacher effectiveness. *Journal of classroom Interaction, 17* (2), 7-12.

Gage, N. L. (1978). *The scientific basis of the art of teaching*. New York: Teachers College Press.

Gage, N. L. (1985). *Hard gains in the soft sciences: The case of pedagogy*. Bloomington, IN: Phi Delta Kappa.

Giroux, H. A., & McLaren, P. (1986). Teacher education and the politics of engagement: The case for democratic schooling. *Harvard Educational Review. 56*(3), 213-238.

Kerlinger, F. N. (1977). The influence of research on education practice. *Educational Researcher, 6*(8), 5-12.

Phillips, D. C. (1978). A skeptical consumers' guide to educational research. *Andover Review, 5*(2), 39-53.

Phillips, D. C. (1980). What do the researcher and the practitioner have to offer each other? *Educational Researcher, 9*(11), 17-20, 24.

Tom, A. R., & Valli, L. (1990). *Professional knowledge for teachers*. In W. Houston (Ed.) Handbook of research on teacher education (pp.373-392). New York: Macmillan.

11

교수·학습 연구의 패러다임적 변천

실증주의, 해석주의, 그리고 비판이론

연구

특정 분야의 지식이나 진리를 찾아내는 활동

패러다임

특정 분야의 지배적 관점

특정 학자 공동체에 의해 개념적 골격에 대하여 암묵적으로 넓게 펴져 있는 약속

연구 패러다임의 중요성

① 무엇을 연구해야 하는지를 분명하게 해 준다는 점

② 어떻게 연구해야 하는지를 밝혀 준다는 점

③ 어떻게 연구 결과를 적용해야 하는지를 밝혀 준다는 점

패러다임별 교수·학습 이론

패러다임	교수·학습 이론
실증주의	행동주의
해석주의	구성주의
비판이론	상황인지이론(?)

실증주의 패러다임

1. 철학적 배경

- 경험주의 : 지식은 사물이나 사건에 관한 직접적 경험에 근거
- 실증주의 : 지식은 드러난 것, 직접적으로 관찰 가능한 것에 기초
- 논리적 실증주의 : 의미의 검증 이론

2. 교육적 시사점

- 절대적 진리관. 지식 진리는 지자(知者)와 무관하게 독립적으로 존재
- 수동적 학습자관. 시행 착오적 연습 훈련형 학습법
- 교육의 과학화. 교육의 체계적, 위계적 접근
- 과제 분석(환원론에 근거)

3. 연구 방법적 특징

- 사례들이 갖고 있는 보편성 중심 연구
- 밖으로 '드러난 것' 중심 연구
- 연구자의 연구 대상으로부터 분리 강조
- 연구 대상에서 가치문제 제외

4. 주요 교수·학습 이론

- 과정·산출 연구 : 교사의 교수 행위와 학생 학습 간의 관계에 초점
- 시간과 학습 연구 : 학습 능력을 학습에 소요되는 시간으로 규정. 학습에 사용한 시간을 늘리고, 학습에 필요한 시간을 줄이는 것이 관건
- 학생 중재 연구 : 학생의 사고 과정에 관심. 학생 중재는 인지적 중재와 사회적 중재로 나누어 짐

해석주의 패러다임

1. 철학적 배경

- 실재(지식)란 지자(knower)에 의해 구성되는 것
- 합리론, 관념론에 근거
- 현상학에 근거를 두고 발전하였다고 주장하는 사람도 있음
- 인간의 해석을 사회 세계에 관한 지식의 출발점으로 봄. 실재란 인간의 의식 속에 존재. 즉, 실재에 대한 경험은 의식을 사용한 해석을 통해서만이 가능하다고 주장
- 의미의 부여 혹은 구성은 인간의 자주적 능력 때문에 가능
- 해석주의가 연구를 통해 밝히고자 하는 것은 의미(meaning). 세분화하면 주관적 실재구성 과정, 간주관적 실재구성 과정, 구상화 탈피 노력

2. 교육적 시사점

- 실제 세계에서의 학습 강조(살아 있는 지식)
- 전체적 접근(holistic approach)의 강조
- 메타인지 기능의 습득과 활용 강조

3. 연구 방법적 특징

- 사례의 특수성 혹은 고유성이 연구의 대상이 된다는 점
- 드러나지 않은, 일어나지 않은 사건이나 사물을 중시
- 원인과 결과, 독립변인과 종속변인은 엄격하게 구분 불가
- 연구는 가치 개재적 활동

4. 주요 교수·학습 이론

- 추론 능력 : 구성 키트, 레고, 마이크로월드, PBL
- 사회적 협상 : 협력학습, 버블 다이알로그
- 다중 관점, 다중 학습 양식 : 하이퍼미디어
- 학습의 주인의식 : 열린 학습 환경, 협력학습, PBL
- 지식 구축에 관한 자기 인식 : 버블 다이알로그, 역할 놀이, 토론

비판이론 패러다임

1. 철학적 배경

- Frankfurt 대학의 Institute for Social Research 소속 학자들에 의해 1920년대부터 시작
- 또 다른 사람은 Marx와 Gramsci의 역사적 유물론에 뿌리를 두고 Habermas, Bourdieu, 그리고 Freire를 거쳐 Foucault, Derrida, Lyotard로 이어져 오고 있다고 주장
- 비판이론이 근거하고 있는 세 가지 핵심 가정들

  ① 서구 민주주의는 경제적 불평등, 인종주의, 그리고 계층 차별이 경험적으로 실재하는 고도로 불평등한 사회이다.

  ② 이 같은 불평등한 상태는 지배적 이데올로기의 확산을 통하여 정상적이고, 자연

스러우며, 불가피한 것으로 인식되고 있다.

③ 비판이론은 이를 변화시키기 위한 서막으로서 이의 상태에 대한 이해를 시도한다.

- 주요 사용 용어들 : 권능, 해방, 탈바꿈, 양심, 혁명 등
- 실천의 중시

2. 교육적 시사점

- 사회적 불평등 해소를 위한 학교의 역할
- 교수·학습이라는 용어 대신 페다고지(pedagogy)를 더 선호
- 주변에서 중심으로의 이동을 위한 목소리 대변. 나중에는 후기구조주의자들이 중심의 고정성을 거부함으로 이 같은 생각은 표류하기 시작
- 구성주의에서처럼 지식은 만들어지는 것이라는 생각에 동조

3. 연구 방법적 특징

- 해체적 연구의 수행
- 연구의 중심은 가치가 되어야
- 현장 교사들의 연구 참여 강조
- 절대적 지식과 지식의 누적성을 부인

4. 주요 교수·학습 이론

- 상황 인지의 본질 : 지각, 사고, 행동은 사회적 맥락에서 발달. 따라서 무엇을 배웠는지(knowing what)는 어떻게 배웠는지(knowing how)와 분리 불가. 선 실천 후 지식
- 실천 공동체에의 참여로서의 학습 : 학습은 실천 공동체에의 참여 증가를 나타냄. 학습은 참여자들의 상호 구성적 과정임. 실천 공동체는 상호 관여, 합동 목표, 그리고 공유된 목표가 있어야 함

- 인지적 도제 제도 : 삶의 현장에서 지식, 기능, 문화를 익힌다는 장점. 인턴제도는 지루, 비능률, 억압 등 역기능도 지적됨
- 정착 수업 : 비디오디스크를 통해 복잡하고 현실적 문제를 제기하고 풀도록 하는 학습 방법. 참여자에서 관찰자로 학습자를 바꾼다는 비판
- 학습 공동체 : 교사와 학생이 공동으로 목표를 설정하고, 목표 성취를 위해 협력토록 하는 방법. CSILE, CSCL, 그리고 CSCW 등의 컴퓨터 S/W가 있다.

서론

일반적으로 연구란 특정 분야의 지식이나 진리를 찾아내는 활동을 가리킨다. 연구의 방법이 과학적이냐 아니면 비과학적이냐는 또 다른 문제일 것이다. 따라서 교수학습에 관한 연구라 하면 어떻게 하면 효과적으로 가르칠 수 있을 것인지, 그 방법에 관한 지식과 진리를 찾는 것을 말한다.

전통적으로 교수학습에 관한 연구는 연구 문제 제기, 연구 방법, 결과, 그리고 논의와 같은 흐름으로 주로 양적quantitative 방법을 통해 수행해 왔다. 그러나 어느 순간부터 이 같은 연구논문의 구도와는 전혀 다른 새로운 형태의 연구들이 나타나기 시작하였다. 소위 말하는 질적qualitative 연구의 도입이 그것이다. 교수에 관한 연구의 흐름을 가장 간명하게 읽을 수 있는 책이 "Handbook of Research on Teaching"이라고 할 수 있는데, Wittrock(1986)이 편집한 제3판에 보면 거의 50%가 질적 연구와 관련된 논문들로 채워져 있는 것을 볼 수 있다. 이는

그 당시 그만큼 교수에 관한 연구가 양적 연구에서 질적 연구로 전환되고 있음을 나타낸다.

물론 교수 연구의 패러다임에 관한 논의는 Gage(1963)의 'Paradigm for Research on Teaching'이라는 논문에서 처음으로 찾아볼 수 있다. 그러나 1980년대에 접어들면서 질적 연구가 급격히 증가하고, 교수 연구의 큰 흐름의 하나로 자리를 잡아가면서부터 더 활발히 논의되고 있는 편이다. 초기 교육 연구의 패러다임에 관한 논의에서는 패러다임적 전환paradigmatic shift 이라는 용어보다는 패러다임적 분화paradigmatic differentiation 라는 용어를 많이 사용한다. 이는 전자가 새로운 패러다임으로의 대체 의미를 시사한다 면, 후자는 기존의 패러다임을 놓아두고 이에서 파생된 새로운 패러다임의 출현을 시사한다 고 하겠다.

패러다임의 전환이든 혹은 분화든 새로운 패러다임의 출현은 교수 연구에 막대한 영향을 주고 있다. 그 첫째는 무엇을 연구해야 하는지 연구의 초점이 흐려졌다는 것이다. 이것은 곧 연구의 타당성 문제로, 연구해야 할 것을 연구하는지 여부가 불분명해졌음을 의미한다. 기존의 패러다임 관점에서 보면 새로운 패러다임에 근거한 연구 주제들이 중요하지 않은 주제로 판단될 수 있다. 둘째는 어떻게 연구해야 하는지 연구 방법의 난맥상에 빠졌다는 점이다. 이것은 신뢰성의 문제로 기존의 패러다임 관점에서 보면 새로운 방법은 전혀 신뢰롭지 못할 수 있다. 마지막으로 연구 결과의 적용 문제이다. 기존의 입장에서 보면 새 패러다임에 의한 연구 결과를 일반화할 수 없고, 적용 조건에 맞추어 전이transferability 수준에 머무를 수밖에 없을 수 있다.

교수 연구에 관한 패러다임적 전환은 연구의 타당성, 신뢰성, 그리고 그 적용성과 같이 연구 전반에 큰 변화를 낳고 있다. 이는 곧 교육관의 변화를 나타내기도 한다. 따라서 여기서는 패러다임의 개념을 살펴보고, 교육 연구 패러다임이 어떻게 흘러왔는지, 여러 학자들의 의견을 고찰한 후 각 패러다임별 주요 주장들을 논의하려 한다.

패러다임의 개념

패러다임이라는 용어는 흔히 '세상을 보는 눈', 혹은 '일반적 관점'이라는 의미로 우리의 일상생활에서 보편화되어 사용되고 있다. 연구에서 패러다임이라는 용어는 현대 과학사의 고전인 Thomas Kuhn의 '과학 혁명의 구조(Structure of Scientific Revolutions, 1970)'에서 처음으로 사용하면서부터이다. Kuhn은 여기서 과학적 지식의 성장이라는 맥락에서 패러다임이라는 용어를 사용하기 시작하였다. 좀 더 부연 설명하면 특정 지배적 관점(패러다임)이 새롭게 출현하는 과학적 문제를 더 이상 설명할 수 없을 때, 이를 더 잘 설명할 수 있는 새 관점(패러다임)이 출현한다고 보았다. 그러나 Kuhn의 패러다임의 개념은 일관되게 하나의 뜻을 가진 것으로 사용하지는 않은 것으로 알려져 있다. 그의 가장 친한 친구 중의 하나가 분석한 바에 의하면 Kuhn은 그의 저서에서 패러다임이라는 용어를 22개의 서로 다른 의미로 사용하고 있음을 찾아냈다고 비판한바 있다.

패러다임이라는 용어는 그것이 포괄하는 폭과 관점에 따라 다양하게 정의되고 있다. Gage(1963, p.95)는 "모형, 패턴 혹은 스키마타schemata"로 정의하고, Kuhn(1970)은 "특정 학자 공동체에 의해 개념적 골격에 대한 암묵적이고도 언급되지 않은 넓게 펴져 있는 약속"이라고 정의한다. 한편 Guba(1990, p.70)는 "행위를 유도하는 기본 신념 체제"로, 그리고 Bucci(2002, p.69)는 "특정 구성 개념을 가진 모형"으로 보았다.

여기서는 Lakatos(1970)의 주장처럼 패러다임을 연구 프로그램의 개념으로 보고 이에 국한하여 논의하고자 한다. 하나의 특정 연구 프로그램이라는 용어 내에서 우리는 어떤 유형의 연구가 타당성이 있고, 연구자가 따라야 할 규칙들은 무엇인지를 예상해 볼 수 있다. 유사한 사고를 갖는 학자들 공동체는 비슷한 언어를 사용하고, 탐구의 가정들과 양식을 공유하여 논문을 개발하고 교환하며, 상대방의 연구 결과를 인용한다.

이렇게 패러다임을 연구 프로그램에 한정하여 사용하더라도, 두 개의 서로 다른 뜻을 가진 패러다임이 존재함을 발견할 수 있다. 그 중 하나는 Kuhn적인 패러다임이며, 다른 하나는 Shulman적인 패러다임이다.

Kuhn은 성숙된 과학이라면 어느 분야에서든지 단일의 패러다임만이 특정 시기에 지배적일 수 있다고 보았다. 따라서 그것이 그 공동체에 의해 공유됨으로써 그것이 질문을 던지는 적합한 방식과, 정상적인 과학에서 연구되어야 할 공통적 과제를 규정하는 데 사용될 수 있다. 그 공동체의 회원들은 그들의 노력에 의해 이루어진 성과들을 인정하고 협력한다. Kuhn이 특정 시대에 지배적인 패러다임은 하나뿐일 수밖에 없다고 주장하는 것은 특정 집단의 구성원들이 다른 패러다임을 갖고 있는 공동체의 구성원들과 의미 있는 대화를 나누기가 상대적으로 불가능할 것으로 보았는지도 모른다. 이는 곧 특정 학문 분야에 있어서 하나의 시기에 서로 다른 패러다임의 양립이 불가함을 주장한 것이다. 그러면서 Kuhn은 자연과학과 같이 성숙한 학문 분야와는 달리 사회과학 분야는 패러다임으로서 공통된 가정들과 개념들의 망network을 공유하는 데 실패하였음을 깨닫고, 그러므로 사회과학 분야들은 발달론적인 관점에서 보면 패러다임 형성 이전의preparadigmatic 단계에 머물러 있다고 결론을 지었다.

그러나 Shulman은 Kuhn과는 좀 다른 견해를 갖고 있다. 사회 과학자들은 그들의 학파school of thought가 규정하는 합당한 목적, 출발점, 방법, 그리고 조사에 대한 해석적 개념 등에 대한 골격 내에서 연구 활동을 추구하는데, 여기서 학파는 Kuhn류의 패러다임이나 Lakatos의 연구 프로그램과 흡사하게 작동한다고 보았다. 그렇다고 해서 이들과는 달리 사회과학 분야들이 꼭 하나의 학파에 의해 지배되어야 한다는 의미는 아니라고 보았다.

그러면서 Shulman은 Kuhn이 사회과학을 발달적 불능, 혹은 패러다임 이전의 발달 지체 상태로 진단한 것을 큰 잘못이라고 믿었다. 사회과학이나 교육 분야에 있어서 경쟁 학파들의 공존은 자연스러우며 아주 성숙한 상태로 보았기 때문이다. 그는 Merton(1975, p.28)의 주장을 빌어 단일 패러다임의 문제성을 안은 채 일관성을 유지한다는 명분 아래 덜 성숙한 상태로 조사의 문을 닫아 버리기보다는, 이론적 복수주의는 다양한 연구 전략의 개발을 조장한다고 주장한다. 서로 다른 패러다임은 연구자들로 하여금 단일 관점에서는 무시될 법한 서로 다른 관심 현상, 서로 다른 문제의 개념, 그리고 서로 다른 사태들의 측면들을 일깨워 줄 수 있다는 것이다. 이것이 바로 Shulman이 말한 학문적 절충주의disciplined eclecticism인데, 이론적 지향의 복수성이 갖는 장점을 나타낸다. 바꾸어 말하면 패러다임 간의 공존은 각 패러다임이 갖는 한계를 보완해 주거나 모순점들을 지적해 줌으로써 상호 간에 풍부함을 더해 갈 수 있다고 보았다.

각 패러다임의 주요 내용들

패러다임적 관점에서의 교수학습에 관한 연구의 주요 흐름

교수학습에 관한 연구라 함은 가르침과 배움에 관련된 지식 혹은 진리를 찾아내는 활동을 말한다. 이 같은 연구들은 동서고금을 통하여 여러 가지 형태로 다양하게 수행되어 왔겠지만 기술(記述), 설명, 예언, 통제의 기능을 갖는 현대적인 의미의 과학적 연구는 Gage(1963)의 'Paradigms for Reseach on Teaching'에 기원을 두고 발전해 온 것으로 본다(Floden, 2001). 그 이전까지는 교육 연구가 거의 이루어지지 않았으며, 정책 결정자, 행정가 혹은 교사들이 연구에 의해 영향을 받거나 연구에 관심 갖기조차 거의 기대되지 않았다(Nisbet, 1984, p.3).

어떻든 현대적 의미의 교육 연구들은 약 60여 년에 걸쳐 이루어져 온 셈이다. 그렇다면 교육 연구들이 패러다임적 관점에서 볼 때 어떻게 흘러왔다고 볼 수 있는가? 이에 대해 Shulman은 그 출현 순서에 따라 ①교사의 가르치는 행동과 학생의 학습 성과 간의 관계를 밝히는 과정-산출 연구, ②Carroll의 학교 학습 모형에 근거한 시간과 학습 연구, ③ 인지 학습 이론으로 대변되는 학생의 인지와 교수의 중재 연구, 그리고 ④ 질적 연구의 시작이라 할 수 있는 학급 생태학 모형classroom ecological model 연구를 든다. 한편 Cooper(1993)와 Richardson(1996)은 행동주의 → 인지주의 → 구성주의 순으로 변천하여 왔다고 설명하고, Bredo(2006)는 앎의 주체인 학습자를 중심으로 한 인식론적 관점에서 학습자 밖의 환경적 속성을 강조하는 외재주의externalism, 학습자의 내부적 요소들을 강조하는 내재주의internalism, 그리고 학습자의 내부적 요소와 환경적 속성들이 서로 영향을 주고받는다는 상호작용주의interactionism로 구분하여 설명한다.

그러나 많은 사람들은 Tom과 Valli(1990), 그리고 Bucci(2002)의 주장처럼 실증주의positivism, 해석주의interpretivism, 그리고 비판이론critical theory 순으로 패러다임이 바뀌어 왔다는 데 동의한다. 여기서 해석주의와 비판이론은 교육 연구의 주류라 할 수 있는 실증주의에 대응하여 대두되었고, 질적으로 전혀 다른 패러다임이라는 공통점을 가졌으나, 비판이론이 비교적 새로운 패러다임으로서 방법 지향적이라기보다는 목적 지향적이며(예를 들면 평등, 정의, 자유, 민주적 가치의 실현 등), 교육 실천 방안이 정립되어 있지 않다는 지적을 받는다. 또한 진리관, 가치관, 그리고 지식과 실천 간의 관계 등 제반 측면에서 해석주의의 연장선상에서 비판이론을 이해할 수 있다고 말하는 사람도 있다. 이 같은 맥락에서 실증주의와 구성주의로(Lincoln & Guba, 1985) 혹은 질적 관점과 양적 관점(Denzin & Lincoln, 1994)으로 대별하여 설명하기도 한다. 여기서 실증주의에 바탕을 둔 교수학습 이론으로서는 행동주의를, 해석주의에 바탕을 둔 교수·학습 이론으로서는 구성주의를,

그리고 비판이론에 근거한 교수학습 이론으로서는 뚜렷하게 내세울 만한 것은 없지만 상황인지이론이나 신 실용주의 neo-pragmatism 를 가리키는 사람이 있다.

패러다임	교수학습 이론
실증주의	행동주의
해석주의	구성주의
비판이론	상황인지, 신실용주의

여기서는 세 가지 각 패러다임들의 철학적 배경, 교육에 주는 시사점들, 연구 방법적 특징, 그리고 주요 교수학습 이론들을 살펴볼 것이다.

교수학습 연구의 주요 패러다임들

실증주의 패러다임

철학적 배경

교육 및 사회과학 분야의 지배적 전통은 경험주의 empiricism 철학이라 말할 수 있을 것이다. 실증주의도 이 경험주의 철학에서 비롯되었다. 경험주의자들은 지식은 구체적 사물이나 사건에 관한 직접적 경험에 근거를 둔다고 주장 한다(Bredo, 2006, p.6). 즉 외재적 사물들은 감각기관을 자극하여 기본적인 정보들을 정신 mind 으로 나르고, 여기에서 이들 기초적인 생각들을 조합하고 일반화하고 추상화함으로써 사물들에 관한 그리고 사물들 간의 관계에 관한 더 복잡하고도 일반적인 지식을 만든다고 말한다. 여기서 유의해야 할 점은, 지식은 그것을 깨닫는 사람 밖으로 드러나 있으며 사물이나 사건의 경험으로부터 나온다는 것이다. 실증주의 창시자로 알려진 Auguste Comte(1798~1857)도 지식은 사물 뒤에 놓여 있다고 생각되는 관찰되지 않는 본질, 힘 혹은 원인보다는 '드러난 것', 직접적으로 관찰 가능한 것에 기초해야 한다고 주장하였다.

1920년대에 이르러서는 Vienna학파의 철학자들에 의해 논리적 실증주의logical positivism가 대두된다. 이들에 따르면 지식은 두 가지 형태만이 존재하는데, 논리적 혹은 수학적 지식과 자연과학적 지식이 그것들이다. 논리 수학적 지식은 분석적 진술문(예 2+2=4)으로 개발되며, 자연과학적 지식은 종합적 진술문의 형태로 개발된다. 그러나 논리적 실증주의의 핵심은 '의미의 검증이론verifiability theory of meaning'이라고 할 수 있다. 이 말은 모든 경험적 주장들은 지각적 경험perceptual experience을 통해서 그것이 맞았는지 혹은 틀렸는지를 입증할 수 있을 때만이 의미를 갖는다는 것을 뜻한다. 따라서 형이상학적 진술문이나 윤리적 진술문은 무의미하거나 의미가 없는 문장이라는 것이다. 이런 측면에서 논리적 실증주의에서는 논리학과 자연과학만이 유일한 유의미한 진술문의 원천으로 간주한다. 논문을 작성할 때 정표적 진술문을 사용하지 말고, 분석적 진술문이나 종합적 진술문만을 사용하도록 하는 훈련도 여기에 근거하고 있다.

실증주의가 교육에 미친 영향으로는 Skinner의 행동주의behaviorism를 들 수 있다(Tom & Valli, 1990; Bredo, 2006). Skinner가 그의 흑 상자 이론에서 개인의 행동을 뇌의 상태나 신경 체계와 같은 내부적 본질 혹은 원인을 끌어들여 설명하려는 모든 시도를 거부한 데서도 그의 실증주의적 사고를 엿볼 수 있다. 실증주의는 심리학, 사회과학 그리고 교육학에 깊은 영향을 주었으며, 지금도 교육연구의 주류로 자리 잡고 있다. 이 같은 배경에는 과거의 교육연구들이 정확성이 불충분하고, 통제가 부적합하였다는 가정 하에 방법적 엄격성을 보탬으로써 자연과학의 지위와 합법성을 똑같이 교육학 분야도 취득하려는 의도가 숨어 있다.

교육적 시사점들

실증주의자들은 절대적 진리관을 신봉한다. 지자knower와는 관계없이 진리는 독립적으로 존재하고, 그리고 '진(眞)' 아니면 '위(僞)'와 같은 이분법적 형태로 존재한다고 주장한다. 이는 단일의 명백한 실재관을 뜻하기도 한다. 이 같은 진리관은 학습자로 하여금 지식이나 진리에 대해 무엇인가를 변용할 수 있는 여지가 아무것도 없다. 교육은 단지 어떻게 하면 변질됨이 없이 온전하게 지식을 학습자에게 전달하느냐가 과제가 된다. 이는 곧 수동적 학습자 관을 낳게 되며, 깔때기 이론에서와 같이 교사가 가르쳐야 할 많은 지식을 갖고 있어서, 그것을 학생들의 머릿속에 고스란히 넣어주기만 하면 그만이다. 따라서 토론이나 학습자 주도의 해석보다는 연습 훈련 형drill & practice의 학습방법이 선호된다.

이 같은 관점에서의 교수학습적 노력은 크게 두 가지로 이루어져 왔다. 그 첫째는 교육목표(가르쳐야 할 지식)를 위계적, 체계적으로 조직하여 교육목표 그 자체 간의 혼란이나 중복을 피하는 일이다. Bloom을 비롯한 여러 학자들에 의해 교육목표를 인지적cognitive, 정의적(情

意的) affective, 운동 기능적 psycho-motor 제 영역으로 구분하여 체계화하려는 노력이나, 1970년대 우리나라에서 이루어졌던 각 학교 급별, 교과별 교육목표 상세화 작업들이 그 좋은 예들일 것이다. 그 둘째는 어떻게 하면 지식(내용)을 효과적으로 전달 하느냐이었다. 이와 관련하여 대두된 것이 분석적 접근 analytic approach 이다. 분석적 접근은 전체적 접근 holistic approach 과 대비되는 개념으로서 과제분석이라는 기법을 많이 사용한다. 과제분석이란 복잡한 학습과제들을 이를 구성하고 있는 하위 과제들로 나누고, 이 하위 과제들의 학습 순서를 결정하는 일이라고 정의할 수 있다. 하위 학습과제들을 순서에 맞추어 학습하고, 이들을 연쇄 chaining 에 의해 결합함으로써 점차적으로 쉽게 교육목표에 도달하게 하려는 전략이다. 분석적 접근에는 인지 발달에서와 같이 점진적 분화 progressive differentiation 와 계속적 통합 successive integration 의 전략이 숨어 있는 셈이다. 프로그램 학습은 이 같은 전략에 근거하고 있다. 이 같은 전략은 쪼개진 부분들의 합이 곧 전체가 된다는 환원론 reductionism 에 기반을 두고 있다.

연구 방법적 특징

연구 방법론과 관련한 실증주의의 주장은 다음과 같이 몇 가지로 정리할 수 있을 것이다. 첫째는 모든 사례에 걸쳐 있는 보편성 universality 중심의 연구라는 점이다. 이 말은 특정 사례만이 갖고 있는 특수성이나 다양성과는 대비되는 개념이다. 실증주의적 연구의 목적은 맥락에 구애받지 않는 일반화나 법칙을 생산하는 데 있음은 잘 알려져 있는 사실이다. 따라서 연구자에게 있어 사례들에 걸쳐 공유되고 있는 공통적 속성들이 탐구의 대상이 되지, 특정 사례만이 갖고 있는 특수성,

고유성은 무시되거나 잡음으로 보이게 된다. 이 같은 보편성 중심의 연구는 특수성 중심의 연구와는 다른 몇 가지 특성을 갖는다. 연구의 대상 혹은 사례의 수가 많다는 점, 연구의 결과에 대한 일반화를 강조한다는 점, 그리고 전이 transferability 를 강조하지 않는다는 점 등이다.

둘째는 보이는 것, 만질 수 있는 것과 같이 밖으로 '드러난 것' 중심의 연구라는 점이다. 이는 드러나지 않는 것도 드러난 것만큼 연구의 대상으로서 중시해야 한다는 네거티비즘 negativism 과는 대비된다. '드러난 것' 중심 연구란 자료들을 우리의 감각기관을 통해 직접 보고 진위 여부를 객관적으로 판단하자는 데 있다. 눈으로 볼 수 없거나 만질 수 없는 추상적 개념에 대해서는 조작적 정의 operational definition 를 통해 구체화하여 양적으로 표현된 숫자를 통해 확률적으로 진위 여부를 판가름하자는 것이다.

셋째는 연구자는 연구의 대상으로부터 분리 detachment 되어야 한다는 주장이다. 실증주의자들은 자연과학적 실재 reality 와 마찬가지로 사회적 실재도 인간에 의해 구성되기보다는 자연적으로 존재하는 것으로 가정하는데, 만약 연구자가 연구의 대상에 관여하게 되면 영향을 주거나 편견이 작용할 가능성이 있다고 보기 때문이다. 따라서 변산적 오차의 통제, 객관적 자료나 관찰의 강조, 연구자의 중립성 등은 실증주의 연구의 가장 중요한 요건이 된다.

넷째로는 사실 fact 과 가치 value 는 확연히 구분되어야 하며, 가치는 연구의 대상에서 제외되어야 한다는 주장이다. 가치란 객관적으로 존재하는 것이 아니고, 임의적 결정이나 정의(定義)에 의해 형성되는 것 혹은 개인적 선택의 문제이기 때문에 방법론적으로 엄격하게 따질 수 있는 영역이 아니라고 보았다(Tom & Valli, 1990, p.375). 앞에서도 언급한 것처럼 실증주의자들에게 있어 연구의 목표는 법칙이나 일반화를 도출하는 데 있는데, 가치라는 변인은 객관적으로 존재하는 사실이 아니고, 개개인에 의존적이기 때문에 불안정하다고밖에 볼 수 없다. 이와 같이 불안정한 변인에 근거해서는 법칙이 생성될 수 없을뿐더러, 비록 법칙이 생성되었다 할지라도 일반화나 예언이 불가능하게 된다.

실증주의자들의 연구 설계 방법으로는 상관 연구, 준 실험 설계, 그리고 진 실험 설계 등을 들 수 있을 것이다.

주요 교수학습 이론

실증주의에 기반을 둔 교수학습 이론으로서는 해석주의가 등장하기 이전의 거의 모든 이론들이 여기에 해당한다. 물론 실증주의적 관점은 지금도 교육 연구의 주류라고 할 수 있다. Shulman의 주장에 근거해서 실증주의 기반 교수학습 연구들을 살펴보면 먼저 과정-산출 연구 범주에 드는 연구들을 들 수 있다. 이는 교수에 관한 초기 연구들로서 주요 학자로는 Dunkin & Biddle(1974), Gage(1978), Brophy & Good(1974), 그리고 Rosenshine(1983) 등이 해당한다. 이들은 주로 교사의 교실에서의 행위(교수의 과정)와 학생에게 일어난 것(학습 결과) 간의 관계를 밝히는 데 관심의 초점이 있었다. 이 전통에서 연구는 과정과 산출 간의 관계에 대한 지식이 많으면 많을수록 수업의 개선을 낳고, 또 이렇게 밝혀진 지식은 실천 현장에 곧 바로 투입될 수 있을 것으로 상정하였다.

이 같은 과정-산출 연구들은 교수에 관한 연구에 큰 활력을 불어넣었다. 그 원인은 교사의 차이가 학생들의 학업성취도 차이를 실증적으로 보여 주었다는 점, 기존의 강력한 연구 전통과 일치한다는 점, 실천과 정책에 대한 시사가 분명하고 솔직하다는 점, 그리고 연구 결과를 교실 현장에 적용할 때 효과가 있다는 점 때문이었다.

그러나 과정-산출 연구는 오래가지 못하고 학문 공동체 내에서 급격한 퇴조를 보였다. 그 이유는 특정 연구 목적과 관련해서는 성공적이라 할 수 있겠지만, 그 목적을 벗어난 다른 측면에서 보면 실패했다는 점, 개별 행동들은 효과가 있으나 이들을 수업 형태나 양식으로 집합될 때, 그 효과를 보장할 수 없다는 점, 그리고 무엇보다 과정-산출 프로그램이 지나치게 경험에 치우치다 보니 왜 효과가 있었는지를 설명하지 못하고 비이론적 경향을 띠었다는 등의 비판 때문이었다.

위와 같은 과정-산출 연구의 단점 내지는 한계를 극복하기 위해 대두된 것이 '시간과 학습' 프로그램이다. 이는 학습 능력에 대한 개인차를 학습에 소요되는 시간으로 규정하고, 누구든지 특정 학습에 소요되는 시간만큼 학습에 투자하게 되면 100% 학습 목표를 달성할 수 있다는 주장에서 출발한다. 이 같은 주장은 Carroll(1963)의 '학교 학습 모형'이라는 논문에 근거해서 시작되어 Bloom(1968, 1976), 김호권(1974) 등에 의해 완전학습 이론으로 정립되게 된다.

$$\text{학습의 정도} = f\,\frac{(\text{학습에 사용한 시간})}{(\text{학습에 필요한 시간})} \times 100$$

위 공식에서 보는 것처럼 분자가 분모보다 크게 되면 100% 학습이 이루어지게 된다. 따라서 완전학습 이론에서는 어떻게 하면 개별 학습자로 하여금 '학습에 사용한 시간'을 늘리고, '학습에 필요한 시간'을 줄이느냐가 관건이 되었다. 완전학습 이론에서 '학습에 사용한 시간'

과 관련된 변인으로는 '학습 기회'와 '지구력'을, 그리고 '학습에 필요한 시간'과 관련된 변인으로서는 '수업의 질', '적성', 그리고 '능력'을 들었다. 따라서 완전학습 연구들은 이러한 하위 변인들을 중심으로 연구가 집중하게 되었다.

'시간과 학습' 연구들은 분석의 단위가 학급과 같은 집단이 아니고 학습자 개개인이었으나 여전히 교사 중심의 수동적인 학습자 관에서 벗어나지 못했다는 비판을 받았다. 그래서 나타난 것이 학생 중재 연구 프로그램이다.

학생 중재 프로그램을 주창하는 사람들은 학습이 일어나게 만든 설명의 기제mechanism로서 시간이라는 중재 변인에 만족하지 않고, 학생들이 그 시간 동안 무엇을 하였느냐, 얼마나 열중해 있었느냐, 그리고 무엇에 열중해 있었느냐와 같이 학생의 사고 과정thought process에 더욱 관심을 쏟게 되었다.

학생 중재 프로그램들은 크게 두 가지 방향으로 연구가 이루어졌다. 인지적 중재와 사회적 중재가 그것들이다. 사회적 중재는 나중에 명시적 교육과정manifest curriculum과 대비되는 잠재적 교육과정hidden curriculum, latent curriculum의 형태로 발전하게 되며, 질적 연구방법과 함께 그 세력을 넓혀가게 된다. 인지적 중재cognitive mediation는 인지 심리학의 적용 차원에서 이루어졌다. 이는 아무리 단순한 학습과제라 할지라도 가르쳐진 것을 그대로 머릿속에 표상representation하는 것과 같이 학습은 수동적인 과정이 아니라 학습자 스스로의 인지구조에 수업의 내용을 전환하는 적극적 과정이라는 것을 인정하는 것으로부터 비롯되었다. 이 부류에 속하는 연구로서는 Piaget의 동화assimilation와 조절accomodation의 평형이론, Ausubel의 선행조직자advance organizer 이론, 그리고 인지적 정보처리 cognitive information processing 이론 등을 들 수 있다.

학생 중재 연구에서 학습자가 행한 것과 같이 반응한 이유를 이해하기 위해서는 학습자들에게 무엇이 가르쳐졌는지를 물을 것이 아니고, 가르쳐지고 있을 때 무슨 생각이 들었는지를 물어야 한다고 보았다. 학생 중재와 관련하여 심리학자들은 인지구조, 스키마타 schemata, 스크립트 scripts, 선개념 preconceptions, 귀인 attributions 등의 개념을 동원하여 설명하려 하였으며, 사회학자들은 사회경제적 지위, 인종, 직업, 종교와 같은 개념을 사용하여 학생의 중재를 설명하려 하였다.

해석주의 패러다임

철학적 배경

해석주의는 실재 reality 란 지자 knower 에 의해 구성되는 것으로 간주하는데, 합리론 rationalism 과 관념론 idealism 이 그 배경을 이룬다. 여기서 합리론이란 정신이 적극적으로 지식을 구성하는 것처럼 지식의 원천은 이성(理性)이라는 신념이다. 한편 관념론은 지식은 단지 관념들 ideas 로 이루어지거나 실재에 관한 표상들로 이루어진다는 믿음이다.

한편 Prasad(2005, p.13)는 해석주의가 현상학 phenomenology 에 근거를 두고 다듬어지고 발전하여 왔다고 말한다. 그러면서 모든 해석주의적 전통들은 공통적으로 인간의 해석을 사회 세계에 관한 지식의 출발점으로 본다. 해석주의자들은 실재란 무언가 만져 볼 수 있다거나 바깥 세상으로 들어낼 수 있는 것이 아니고, 인간의 의식 속에 존재한다고 말한다. 따라서 모든 실재에 대한 경험은 의식을 사용한 해석을 통해서만이 가능하다고 주장한다. 여기서 유의할 점은 실재란 인간을 통해 사상(事象)을 구성한 것, 즉 해석의 행위를 통해 개인적 혹은 사회적으로 구성된 것이라는 점이다. 교수학습 이론에서 개개인의 수준에서 지식의 구성을 촉진하는 것과 관련된 이론을 인지적 구성주의, 그리고 개인 간 혹은 사회 수준에서 지식 구성의 촉진과 관련된 이론을 사회적 구성주의라 부른다.

우리의 사회 세계가 구성되었다는 해석주의자들의 신념에는 모두가 찬동한다. 그러나 이들이 강조하는 더 중요한 것은 사물, 사건 그리고 상호작용에 의미를 부여하는 인간의 자주적 능력 때문에 이 같은 구성이 가능하다는 주장이다. 여기서 의미란 사회 세계에 관한 인간의 해석의 결과이며 주관적이라는 사실이다.

해석주의가 연구를 통해 밝히고자 하는 것은 의미meaning의 추구이다(Shulman, 1986, p.8; Tom & Valli, 1990, p.375). 의미의 추구란 다음과 같이 세 가지로 범주화하여 설명할 수 있을 것이다.

첫째는 사물이나 사태뿐만 아니고 제도, 행위, 관습, 언어 등 모든 사회생활의 제 방면에서 주관적 실재구성의 과정을 이해하는 일이다. 여기서 실재구성이란 인간이 대면하는 것들을 파악하거나 의미를 붙이는 것을 나타내며, 주관적이라는 말은 인간에 의해 붙여진 의미는 고정된 외재적 실재와는 다르게 사람마다 다를 수 있음을 시사한다.

둘째는 간주관적 실재구성의 과정을 이해하는 일이다. 사물이나 사회에 대한 의미 부여가 아무리 개별적으로 이루어진다고 할지라도 이들이 사회적으로 수용되기 위해서는 다른 사람 혹은 폭넓은 사회로부터 얻어진 인지적 스키마와 언어에 의해 중재되는 과정을 거치지 않으면 안 된다. 이는 실재에 관한 공통적 동의와 이해를 향하여 개개인이 암묵적으로 움직일 수밖에 없음을 나타낸다. 이는 곧 나와 다른 사람, 나와 사회문화 간의 협상negotiation 내지는 대화가 필수 불가결의 요소임을 알 수 있다. 실재에 관한 공통적 구성common construction과 공유된 해석에 따르는 경향을 현상학자들은 간주관성intersubjectivity이라고 부르는데, 이것은 해석주의 학자들의 핵심 관심 사항이다(Prasad, 2005, p.16).

셋째는 구상화reification된 의미를 깨뜨리고 인간 사고의 자유화를 꾀하는 일이다. 우리가 한번 특정한 사건이나 사물에 의미를 부여하다 보면 결국에는 그 의미가 객관적이고 변경할 수 없는 사실처럼 굳어 버리는데, 이를 구상화라고 부른다. 지능에 대한 생각, 성별 능력에 대한 관념 등이 구성화의 좋은 예라고 볼 수 있다. 구상화는 인간의 자율적이고도 생산적 활동을 제한하고, 통제가 불가능한 괴이한 사실로 인지될 수 있다. 따라서 끊임없는 구상화 탈피 노력은 모든 연구자의 커다란 목표 중의 하나이다.

교육적 시사점들

Bucci(2002, p.80)에 따르면 해석주의에 근거한 교육학은 구성주의constructivism 교수학습 이론으로 나타나게 되었다고 말하는데, 이 구성주의는 우리 사회가 정보화 사회로 전환되어 가면서 그 중요성이 크게 부각되고 있다. 이는 정보사회가 정보기기의 사용능력과 더불어 고차적 사고능력과 문제해결력, 그리고 창조력이 미래 인재에게 무엇보다 더 크게 요구된다는 데에 기인한다(류완영, 1993).

해석주의 혹은 구성주의는 상대적 진리관을 신봉한다. 이 말은 복수의 진리관을 나타낸다. 해석주의자들이 연구를 통해 밝히고자 하는 의미meaning란 인간에 의해 세계에 지워지는 것이지, 인간과는 독립적으로 세계 속에 존재하는 것이 아니라는 것이다(Duffy & Jonassen, 1992, p.3). 따라서 세계를 구축하는 방식에는 여러 가지가 있을 수 있으며, 특정한 사상(事象)event 혹은 개념에 대해서도 여러 가지 의미 혹은 관점이 있을 수 있다. 그래서 우리가 얻으려 노력하는 하나의 정확한 의미란 존재하지 않는다고 주장한다. 이 같은 주장은 지식이나 진리가 언제든 바뀔 수 있음을 시사하기도 한다.

해석주의의 또 다른 근본적 주장은 의미를 구성하는 주체는 학습자 곧 인간이라는 사실이다. 이는 학습에서 능동적이고 적극적인 학습자를 요구하며, 특정 현상에 대해 다양하고도 고유한 해석을 내려 보기를 조장하고 기대한다. 왜냐하면 모든 사람은 세계를 보는 나름대로의 이론을 갖고 있는데(예를 들면, 스키마) 학습이란 곧 이 이론이 다기화 되고 수정되는 과정이라고 보기 때문이다.

해석주의가 갖는 교육적 시사점은 다음과 같은 몇 가지로 요약할 수 있을 것이다.

첫째 실제 세계에서의 학습을 강조한다는 점이다. 실증주의가 앎knowing의 대상에 강조점을 둔다면 구성주의는 어떻게 우리가 앎을 구성하느냐에 관심을 갖는다. 구성주의자들에게 학습이란 구성의 과정이다. 지식의 구성은 개개인이 사물과 사상을 해석하는 데 사용하는 사전 경험, 정신구조(스키마) 및 신념에 의존한다고 말한다(Jonassen, 1991, p.10). 또한 의미는 경험에 뿌리를 두며, 경험에 의해 색인된다고 말한다(Brown, Collins, & Duguid, 1988). 그리고 아이디어가 담긴 각 경험은 그 아이디어가 의미의 한 부분이 된다고 말한다(Duffy & Jonassen,

1992, p.4). 이는 똑같은 사상도 어떻게 경험하느냐, 그리고 어떤 환경에서 경험하느냐에 따라 그 의미가 달라짐을 시사한다.

그런데 학교에서의 개념과 관계에 대한 경험은 실제 세계에서의 개념과 관계에 대한 경험과 큰 차이가 있다. 이것이 바로 죽은 지식inert knowledge을 양산하고 학습의 전이력을 떨어뜨리는 가장 큰 요인이라고 많은 사람들이 지적하여 왔다. 그래서 구성주의자들은 실제 현실과 똑같은 맥락에서의 인지적 경험을 강조한다. Brown, Collins, & Duguid(1988)의 '상황학습', Collins(1990)의 '인지적 도제제도', Spiro, et al.(1988; 1992)의 '인지적 융통성 이론', 그리고 Cognition and Technology Group at Vanderbilt(CTGV, 1992)의 생성적 학습 환경 이론 등은 모두가 구성주의적 관점에서 이론과 실천, 학교와 실제 세계 간의 간격을 좁히기 위한 수업이론들이라고 말할 수 있다.

둘째는 전체적 접근holistic approach을 강조한다는 점이다. 구성주의 학습 이론가들은 학습과제를 하위 구성요소들로 쪼개게 되면 원래의 학습과제의 성질이 변하게 되고, 따라서 다른 과제를 학습한 것이 된다고 주장한다. 그래서 원래의 학습과제가 비록 어렵더라도 어려운 채 놓아두고 전체적으로 접근해야 한다고 말한다. 구성주의자들이 과제 분석을 반대하는 이유도 여기에 있다.

지식의 획득 혹은 창조의 과정에서 전체적 접근이란 체계적 접근systematic approach에 대비되는 개념이다. 체계적 접근이 과학적·분석적 방법을 통하여 지식을 획득하는 것을 뜻한다면, 전체적 접근이란 직관, 통찰, 영감에 의해 지식에 이르는 과정을 뜻한다. 근래에 이르러 많은 학자들은 체계적 방법에 의한 지식보다는 직관이나 통찰 혹은 섬광적 아이디어에 의한 지식을 더 중요시하며, 이것들이 특정한 분야의 발전이나 변화를 더 가져온다고 말한다. 정범모(1987, p.18)도 여러 발산적 사고, 여러 예술적 창작과 심미, 여러 지적 창의와 영감, 여러 도덕적 재 지향과 통찰의 길을 풍부하게 학교가 마련해야 한다고 주장한다. 이 같은 주장은 실재를 설명하고 통제하는 수단이 오직 과학과 공학뿐이라는 현대인의 관점을 수정해야 한다는 측면에서 큰 의의를 지닌다.

셋째는 메타인지metacognition 기능의 습득과 활용을 강조한다는 점이다. 메타 인지란 스스로의 인지과정에 대한 지식과 지각을 나타내는 사고에 관한 사고를 뜻 한다(이달석, 1990: Sewell, 1990). 메타인지는 문제를 해결하는 데 중요한 기능을 갖는 것으로 알려져 있다. 현대 사회는 복잡성의 사회, 추상성의 사회라 할 수 있다. 따라서 정보기기들을 사용하여 추상성과 구체성을 오가며, 스스로의 학습목표를 기획하고, 수행하고, 정리해 나가야 한다. 또한 정답이 하나인 문제well-defined problem 보다 정답이 여러 개인 문제ill-defined problem 를 다루는 능력이 중요한 사회이다. 이와 같이 고차적인 사고능력이 요구되는 문제들을 해결하기 위해서는 메타인지 혹은 Gagné의 인지적 전략이 필수적으로 요구된다.

구성주의 학습이론에 따르면 교사 중심의 수업에서 학습자 중심 혹은 학생 주도 수업으로의 전환이 불가피하다. 이 같은 전환이 원만히 이루어지기 위해서도 메타인지는 절대적이라 할 것이다.

연구 방법적 특징

해석주의는 연구 방법론적 측면에서 실증주의와는 확연히 다른 몇 가지 견해를 갖고 있다.

첫째 사례가 갖고 있는 특수성 혹은 고유성이 연구의 대상이 된다는 점이다. Lincoln과 Guba(1985, p.38)는 '자연주의 인식론은 탐구의 목적이 개별 사례를 기술하는 것으로써, 작동하는 가설의 형태로 독특한 지식체계를 개발하는 데 있다'고 말한다. 이 말은 개별 사례들이 처한 상황이나 조건들이 서로 다르기 때문에 일반화나 법칙이 적용될 수 없으며, 오히려 사례에 충실한 설명이 더 중요하다는 것을 시사한다. 특정 사례만이 갖고 있는 특수성, 특정 텍스트에 대한 고유한 해석 등은 그 자체로서 학문적 가치가 있음을 이해해야 한다. 연구란 사례에 대한 충분한 정보를 담고 있어서 실천자(독자)가 일하고 있는 상황에 적절히 맞추어 적용할 수 있도록 하면 소임을 다하는 것이다.

둘째 드러나지 않은 사건, 일어나지 않은 사건은 드러난 사건, 일어난 사건과 마찬가지로 중요시해야 한다는 것이다. 이는 실증주의, 조작주의가 능사가 아님을 뜻한다. 해석주의자들은 인간의 사고나 지식의 가장 중요한 결정은 언어 혹은 문화 속에 들어 있는 정신 혹은 변별의 내부적 제약 요소로부터 나온다고 주장한다. 또한 구조주의structualism의 창시자인 Saussure(1857~1913)는 행동 분석에서 요소 혹은 사물 파악은 그 행동이 한 부분을 이루는 활동을 구성하는 규칙에 의해 규정된다고 말한다(Bredo, 2006, p.16). 이것은 곧 현재 있는 것을 만드는 것은 사물의 감각적 성질이 아니라 그것이 수행하는 역할이라는 것이다. 언어 분석 대상의 본질도 언어가 포괄하는 요소적 단어들에서 단순히 찾아지는 것이 아니라 실체를 불러일으키는 형식적 관계 속에서 찾아진다.

해석주의자들에게 있어 할 수 있었으나 하지 않은 것은 실제로 한 것만큼 중요하다고 말한다. 특정 사건이 갖는 의미는 일어난 것 그 자체보다는 일어날 수 있었으나 일어나지 않은 사건과 비교하는데 더 의존하기 때문이다. 이를 흔히 네거티비즘negativism이라고 부른다. 인간의 행동에 있어 사건이 갖는 함의는 기대에 달려 있으며, 단순히 외부적으로 관찰된 사건에 달려 있지 않다는 것이다.

셋째 원인과 결과, 독립변인과 종속변인은 엄격하게 구분되지 않는다는 것이다. Lincoln과 Guba(1985)는 모든 본질들은 서로 간에 동시적 형성의 상태에 있기 때문에 원인과 효과를 구분하는 것이 불가능하다고 말한다, 나아가 실재는 부분 부분으로 발견되어지기를 기다리는 단일의 물리적 본질이 아니며, 오히려 전체적으로 연구될 수 있는 복수의 구성된 실재라는 것이다. Hamilton(1983)도 생태학적 연구의 특징으로서 교사로부터 학생에게 이르는 단순히 일방적 인과관계로서보다는 상보적 관계로 보아야 하며, 교수와 학습은 연속적인 상호작용적 과정이기 때문에 체제 내에서 몇몇 요인들을 분리해 내어 '원인'과 결과'로 이름 붙이는 것은 옳지 않다고 말한다. 독립변인은 종속변인에 영향을 주고, 영향을 받은 종속변인은 독립변인이 되어 이전의 독립변인에게 영향을 주는 것과 같이 독립변인은 항상 영향을 주는 변인이 아니고 영향을 받기도 하며, 또한 종속변인은 항상 영향을 받기만 하는 변인이 아니고 영향을 주는 변인이 된다는 것이다.

넷째 연구는 실증주의의 주장과 같이 탈가치 혹은 가치 배제가 이루어질 수 없으며, 가치개재value-bound적 개념이라는 것이다. 해석주의자들은 탐구의 대상에 연구자가 참여할 수밖에 없다고 말한다. 그 이유는 다른 사람의 성격이나 문화는 자신의 성격이나 문화적 형태와 일치하는지를 비교함으로써 이해하려들기 때문이다. 따라서 해석적 연구에서 '아는 자'the knower와 '아는 것'the known 간에는 분리할 수 없이 밀접하게 뒤얽혀 있다고 말한다.

해석적 탐구에서는 연구자 스스로의 용어 terms 로 다른 사람을 이해하려 하는데, 이 같은 탐구는 연구되고 있는 탐구의 가치를 암묵적으로 수용하는 것이다. 현지적 의미 local meaning 를 탐색하고, 사회관습의 맥락에서 이들의 현지적 의미를 부여하는 것은 현지적 행위와 사회관습의 저변에 깔려 있는 가치를 암묵적으로 수용하는 것을 뜻 한다(Tom & Valli, 1990, p.376). Bredo(2006, p.11)도 '일련의 경험적 명제를 세우려 할 때 사용하는 어휘 혹은 용어는 다른 것보다 더 특정한 목적을 잘 나타내려는 뜻이 실려 있다'고 말한다. 이 말 속에는 가치중립적 언어가 존재하지 않는다는 Howe(1985)의 주장과도 일맥상통한다. 따라서 가치가 개재된 이론과 이 이론에 근거해서 수집된 사실(자료) 간에는 서로가 겹쳐져 있기 때문에 이들의 분리는 불가능하다는 주장이다.

주요 교수학습 이론

구성주의는 관념론이나 합리주의에 그 철학적 배경이 있다고 말하나 가깝게는 여러 가지 심리학에 더 많은 영향을 받았다. Driscoll (2005, p.386)은 이 같은 예로 Piaget의 인지 발달적 관점, Bruner와 Vygotsky의 상호작용과 문화적 강조들, 여러 학자들의 학습에 관한 맥락적 본질, 그리고 Gibson의 생태 심리학 등을 들고 있다.

그리고 최근에는 CTGV(1991a, 1991b)의 '생성적 학습', Johnson (1987)과 Lakoff(1987)의 체화 인지 embodied cognition , Spiro 등(1991, 1995)의 인지적 융통성 이론, 그리고 상황 인지 situated cognition 로 대표되는 이론들이 모두 구성주의 교수학습 이론을 대변하는 것이라고 말한다.

구성주의는 지식은 객관적으로 존재하는 것이 습득되는 것이 아니라 학습자에 의해 구성되는 것이라는 가정에서 출발한다. 그러나 위에서 보는 것처럼 구성주의는 복합적 요소들로 구성되어 있다. 초점은 어떻게 하면 학습자로 하여금 여러 가지 상황에서 다양하고 복잡한 과제들에 대해 능동적이면서도 효율적인 구성자가 되게 하느냐와 관련된다. 이에 대해 Driscoll(2005)은 추론, 지식의 이해 및 사용, 인지적 융통성, 자기 조절, 그리고 사려 깊은 성찰을 지식 구성자로서 갖추어야 할 능력으로 든다. 따라서 여기서는 이 같은 제반 능력들을 중심으로 수업의 조건과 기 개발된 수업 프로그램들을 살펴보려 한다.

- **추론 능력**(reasoning)

추론은 지식을 만들고, 다른 지식과의 관계를 통하여 고차적 정신기능을 구축하는 중요한 수단이다. 따라서 추론 능력은 학습에서 빼놓을 수 없는 중요한 요인이다.

그런데 이 추론능력은 복잡하고 타당한 학습 환경에서 주로 길러지는 것으로 알려져 있다. 프로그램 학습과 같은 행동주의 이론에서는 학습목표에 쉽게 도달시킬 목적으로 학습과제를 단순화하여 제시하는데, 이는 결과적으로 실생활에서 학습자들이 직면하게 될 복잡한 문제들을 푸는 학습을 하지 못하도록 막아버리는 사태를 낳는다고 구성주의자들은 믿는다. 학생들이 복잡한 환경에서 학습할 기회를 갖지 않는 한 복잡성 다루기 학습을 기대할 수 없다(CTGV, 1991a). 따라서 문제 해결 기능을 최대한 촉진시키기 위해서는 학생들로 하여금 아주 복잡한 상황에 부딪치도록 해야 한다.

또한 내용적인 측면에서, 특히 수학과 과학의 영역에서 학생들의 속기 쉬운 개념이나 오개념misconception 등을 드러낼 수 있도록 해야 한다고 주장한다. 이를 위해 상황들이 학생들의 머릿속에 갖고 있는 모형과 불일치하거나 부적절함을 보여 주고, 더 좋은 모형을 구축하도록 도전하게 하거나, 교사가 제시한 대안적 모형의 장점들을 최소한도 숙고하도록 해야 한다.

복잡하고 관련 있는 학습 환경을 통해 추리력을 기르기 위한 많은 소프트웨어들이 개발되어 있다. 구성 키트construction kits, 레고legos, 마이크로월드microworld, PBLproblem-based learning 등이 그것들이다.

- **사회적 협상**(social negotiation)

학습이란 대부분 개인적인 활동이라기보다는 공공의 활동이며, 문화의 공유이다. 바꿔 말하면 인간에게 있어 고차적 정신 과정은 사회적 상호작용을 통해서 발달한다. 구성주의자들은 학습과 사고에 대해 이 같은 신념을 갖고 있기 때문에 학습 환경에서 결정적 양태로서 협력을 강조한다. 협력이란 단순히 학생들이 그룹으로 들어와 함께 공부하거나 개인이 갖고 있는 지식을 다른 사람과 나누는 데 그치지 않고, 시너지 효과를 불러일으킴으로써 통찰과 해결책을 찾게 하자는데 더 큰 목적이 있다.

학습 환경에서 협력collaboration의 또 다른 하나의 중요한 기능은 자신의 관점보다 타인의 관점을 이해할 수단을 제공한다는 점이다. Cunningham(1992)의 주장처럼 사회 환경에서 대화가 이루어지기 위해서는 다른 사람의 관점을 이해하는 것이 필수적으로 요청된다. 그렇지만 많은 사람들은 이에 그치지 않고 다른 사람의 관점들을 인지하는 동안 자신의 관점을 개발하거나 그 관점을 방어하는 방안을 모색하게 된다. 좋은 협력 학습자가 되기 위해서는 대안적인 해결책을 제안할 수 있어야 되고, 또 그 제안 뒤에 숨어 있는 논리들을 정당화할 수 있는 근거들을 밝혀야 하기 때문이다. 다양한 관점들을 듣는 것은 자신이 제안한 해결책의 질을 판단할 때 도움을 주고, 문제 해결을 위한 더 효과적인 전략을 학습하는 데도 도움을 줄 것이다.

협력학습에서 통신communication은 참여한 모든 부분의 사람들에게 변화의 효과를 갖게 할 수 있다. 통신은 메시지를 어느 한 사람에 의해 보내지고, 다른 사람이 그것을 받는 것처럼 단순히 전달에 머무르지 않는다. 특히 구성주의자들은 통신을 공유된 신념의 표상으로서 간주한다. 따라서 교육에서 새로운 방식의 사고나 앎, 그리고 학습 실천들은 다른 사람의 문화적 메시지들과 함께 통신의 과정에서 변하게 된다. 이 같은 변화는 일 방향적으로 일어난다기보다는 구성원들 간에 양 방향적으로 일어난다. 사회적 협상력을 기르기 위한 수업 방법으로서는 협력학습 이외에도 버블 다이알로그bubble dialogue를 들 수 있다.

• **다중 관점과 다중 학습 양식**

학습과제들을 보면 답이 한 개밖에 나올 수 없는 잘 구조화된 영역이 있는가 하면, 답이 여러 개가 나올 수 있는 잘 구조화되지 않은ill-structured 영역이 있다. 오늘날과 같이 복잡성complexity이 보편화된 사회에 있어서 잘 구조화되지 않은 영역의 학습과제들은 그 사례들이 다양하고 불규칙적이며 복잡하다는 특성을 갖고 있다. 따라서 폭넓은 사례들에 걸쳐 일반적인 법칙을 적용한다거나, 하나의 유추 혹은 모형으로 모든 사례나 내용을 나타내려고 하는 것은 불가능하다. 이렇게 할 경우 과잉 일반화, 과잉 단순화 그리고 과잉 신뢰의 오류를 범하게 된다.

복잡한 현상에 관한 정신 모형을 개발하거나 교수적 모형을 선정하는 일은 본질적으로 매우 어려운 일이다. 따라서 정신 모형 연구자들은 특정 모형을 사용할 경우 그 모형의 한계를 지적하면서 사용해야 한다거나, 현상에 관한 서로 다른 측면들을 설명하기 위해 일련의 모형들을 사용할 것을 제안한다. 그러나 Spiro와 그의 동료들(1988, 1992)은 복수 형태의 모형들, 복수의 비유와 유추, 그리고 똑같은 정보에 관한 복수의 해석의 사용을 주창하였다. 이것이 바로 Spiro 등이 구안한 인지적 융통성 이론cognitive flexibility theory의 특징이다. 이 같은 목적을 성취하는 데 가장 뛰어난 도구로서는 하이퍼미디어hypermedia를 들 수 있다.

- **학습에서의 주인의식**(ownership)

학습은 교사도 학부모도 아닌 학생에게 일어나는 일이다. 따라서 개별 학생들의 요구를 충족시킬 수 있도록 수업을 짜야 한다는 것은 새삼스러울 것이 없다. 그러나 구성주의자들의 관점은 이에서 한걸음 더 나아가 무엇을, 언제, 그리고 어떻게 학습해야 할 것인지를 판단하는 주요 결정자의 자리에 학생을 놓아야 한다고 말한다. 바꿔 말하면 학생들은 이들을 위해 설계된 수업의 수동적인 수혜자가 아니고, 자신의 학습 요구가 무엇인지, 그리고 그러한 요구들을 어떻게 가장 잘 만족시킬 수 있는지를 결정하는 데 적극적으로 참여하도록 해야 한다는 것이다.

학생들이 자신들의 학습을 운영해 보는 기회를 갖지 못한다면 자율적인 사고자나 학습자가 될 수가 없다. 그래서 학생들에게 학습에서의 주인의식을 촉진시키는 것은 매우 중요하다. 학습의 주인의식과 관련된 연구들을 보면 과연 학생들이 그들의 학습 요구(내용)와 이 요구들을 만족시킬 방법들을 효과적으로 판단할 수 있는 능력을 갖고 있느냐와 또 다른 하나는 학생들이 그렇게 하기를 원하느냐이다. 전자는 이러한 환경에서 성공적으로 항해하는 데 필요한 메타인지 기능metacognitive skills과 관련이 있고, 후자는 자율적으로 학습할 수 있는 사회 제도적 환경과 관련이 있다. 지금까지 개발된 학생들의 학습 항해를 도울 수 있는 교육용 소프트웨어들을 보면 주로 주제 조직하기, 다양한 형태의 도움, 조언, 힌트 혹은 안내된 성찰 등이 포함되어 있다. 또한 비계scaffold나 코칭과 같은 고전적 해결책 등을 참고하여 학습과제의 관리를 돕는 방식도 있다.

• **지식 구축에 관한 자기 인식**(self-awareness)

성찰은 그 사용 맥락에 따라 여러 가지 의미로 사용할 수 있겠지만 학습에서는 '지식의 구축 과정에서 학습자가 자신의 역할을 인식하는 능력'이라고 정의 된다. 인지적 정보처리 이론가들은 자신의 사고와 학습과정을 인식하는 것을 보통 메타인지meta-cognition라고 불러 왔다. 다시 말해서 메타인지는 인지의 인지, 혹은 내가 무엇을 왜 하는지를 늘 인식하는 것을 말한다. 학습자들로 하여금 자신의 사고 과정을 좀 더 잘 인식하도록 하는 것은 사려 깊은 전략적 행동이나 인지적 전략을 개발하는 데 있어 가장 본질이 된다. 그러나 구성주의자들은 메타인지의 정의나 중요성에 대해 인지적 정보처리 이론가들에 동의하지만, 성찰이란 용어를 사용함으로써 좀 더 다른 의미를 보태고 있다. 즉, 성찰은 학습자에게 특정의 결정적 태도가 있을 때, 그 태도가 무슨 구조의 의미를 어떻게 만들어 내고 있는지를 인식할 수 있도록 해 준다는 것이다. 이 같은 인식은 새로운 구조나 새로운 해석적 맥락을 창조하는 능력을 낳게 한다. 다른 말로 하면, 학습자가 특정한 일련의 가정들assumptions이나 세상 관점이 어떻게 그들의 지식을 형성하는지를 알게 될 때, 이들은 대안적인 일련의 가정들이나 다른 세상 관점이 무슨 결과를 가져올 것인지 자유롭게 탐색할 수 있다.

그러므로 지식 구축에 관한 자기 인식을 기르는 것은 구성주의자들이 주장하는 학습 조건으로서 추론, 다중 관점의 이해, 그리고 다듬어지고 방어될 수 있는 신념들을 위한 특정 입장 취하기와 같은 목적들을 습득하기 위한 본질이라고 할 수 있다.

지금까지 논의된 구성주의의 주요 교수학습 이론을 수업 목표, 학습 조건, 그리고 수업 방법으로 나누어 정리하면 다음과 같다.

〈표〉 구성주의에서의 수업목표, 학습조건 및 학습 방법(요약)

수업 목표	학습 조건	수업 방법
추론 및 비판적 사고	복잡하고 현실적이며 관련 있는 환경 (실세계 활동과 통합하여)	마이크로 월드, 문제기반학습(PBL)
파지, 이해 및 활용	사회적 협상	협력학습 버블 다이알로그
인지적 융통성	다중 관점들과 다중 학습 양식	하이퍼미디어
자기 조절	학습의 주인의식	열린 학습 환경, 협력학습, 문제기반학습
사려 깊은 성찰, 인식의 융통성	지식 구성에서 자기 인식	버블 다이알로그, 역할놀이, 토론, 협력학습

비판이론 패러다임

철학적 배경

1970년대에 이르기까지 교육계는 여러 가지 변혁의 과정을 겪는다. 교육의 문제가 학자들의 연구실로부터 가르치고 있는 삶의 세계로 옮겨가고, 소외계층에 대한 관심, 복잡성complexity에 대한 포용, 사회적 정의justice의 대두, 그리고 교육에 대한 비판의 목소리 등이 사회적 이슈로 등장하게 되었다. 나아가 Bernstein(1971)은 한 사회가 공공적인 것으로 간주하는 교육적 지식을 어떻게 선정하고, 분류하고, 분배하고, 평가하느냐는 권력의 분포와 사회통제의 원리들을 반영한다고 주장하였는데, 이는 후일의 지식 사회학의 근간을 이루게 되었다. Bernstein은 교육pedagogy이 정치권력의 재생산과 분배에 밀접하게 관련되어 있음을 부각시킨 셈이다.

비판이론은 Frankfurt 대학의 Institute for Social Research 소속 학자들에 의해 1920년대부터 시작되었다(Bredo, 2006, p.23). 이들은 신 막스주의자 혹은 Hegel과 Max Weber의 추종자들로 간주되는데, Kant에서 시사되는 합리성의 보편적 기준과 Herder의 서로 다른 역사적 시대의 사회에서 나타난 사고와 감정에 대한 서로 다른 독특성 인정을 함께 묶어 보려 한 Hegel의 시도를 그 기원으로 삼은 것이다. Hegel은 보편주의universalism와 특수주의particularism 사이에서 벌어지는 긴장을 해결하는 방식으로 역사적 혹은 발달적 관점을 택하였다. 한편 Hamilton과 McWilliam(2001)은 1980~1990년대 비판이론이 Karl Marx와 Antonio Gramsci의 역사적 유물론에 뿌리를 두고 재생산과 저항의 개념으로 규정되어 왔는데, 후일에 와서는 Jurgen

Habermas, Pierre Bourdieu, 그리고 Paulo Freire 등의 저서들을 통해 다듬어졌다고 말한다. 그 이후의 철학자들로서는 Foucault, Derrida, Lyotard, 그리고 새로운 프랑스 학자들을 들 수 있다.

초기의 비판이론에서 가장 중시했던 가치는 억압 상태로부터의 탈피였는데, 억압의 제거를 말하기 위해 사용되었던 용어들로는 나중에 등장하게 된 권능empowerment이라는 용어보다 해방emancipation, 탈바꿈transformation, 양심conscientization, 그리고 혁명revolution 등이 있다. 비판이론가들이 여타 패러다임들에 대해 갖는 가장 큰 불만은 수동적 지자knower, 수동적 학습자를 미리 상정해 버린다는 것이다. 이는 곧 지식이 실천action을 낳지, 실천이 지식을 낳거나 지식을 바꾼다는 데 대해서는 관심을 두지 않는다는 것과 맥을 같이 한다. 이들에게 있어 정의와 평등과 같이 아무리 중요한 가치도 실천이 뒤따르지 않으면 아무런 소용이 없다고 보았다. 그리고 도제제도나 장인 교육에서와 같이 실천하고 실행하게 되면 지식이나 진리는 자연히 뒤따른다고 보았다.

교육적 시사점들

흑인해방이나 여성해방과 같은 개혁적 사회운동가이든 Marx나 Freire의 이론에 근거한 사회재건주의자이든 간에 교육적 해방론자들은 변혁된 교육과정과 교수방법이 없이는 학교와 대학이 사회적 재건설 의제agenda들을 다룰 수 없다는 것을 깨닫게 되었다. 또한 사회적으로 재건적인 교수과정을 다루기 위해서는 특정한 지식으로 무장하여 의식consciousness을 이끌어낼 수 있는 새로운 혁신적 교사세대가 요청됨을 알게 되었다.

1970년대 당시 이 범주에 속한 교육과정 이론가들로서는 Apple,

Bourdieu, Young, 교육사회학자들로서는 Jencks, Bernstein, 그리고 정치경제학 자들로서는 Bowles, Gintis, Violas 등을 들 수 있는데, 이들은 한결같이 합법적인 문화적 실천과 제도적 배치에 의해 우리 사회에 항존해 왔던 불평등에 관해 학교의 역할이 무엇이 되어야 하는지에 대해 관심의 초점을 두었다.

2000년대 이후부터는 비판이론이 후기구조주의poststructualism 자들에 의해 진행되어 왔는데 교육과 관련하여 이들에게서 나타나는 언어적 특징은 다음과 같이 몇 가지로 정리할 수 있다.

첫째는 교수학습이라는 용어 대신에 학습사태와 관계성의 총체를 기술하기 위하여 페다고지pedagogy 라는 용어의 사용을 더 좋아한다는 점이다. 어떤 사람은 이 두 가지 용어 사이에 권력관계의 처치에 뚜렷한 차이가 있다고 말하는 사람도 있다.

둘째는 주요 교육심리학이 학습자의 사회문화적 배경이나 무능 때문에 발생하는 개개인의 특정한 요구나 특정 요구집단에 대해서 말하는 데 반해, 비판적 페다고지는 주변으로부터 중심으로의 이동을 위해 필요한 주변의 목소리를 대변한다는 점이다. 하지만 이 같은 생각은 후기구조주의자들에 의한 실천 혹은 권력의 중심에 관한 생각의 거부, 단일의 목소리를 만들거나 단일의 사회문화적 입장을 유지하게 하는 안정적, 합리적, 통일적 자아의 거부 등에 의해 최근 어려움에 직면해 있다.

셋째는 후기구조주의가 초기의 해체적 페다고지나 구성주의에서와 같이 지식은 내용으로서 주어지는 것이 아니고 만들어지는 것이라는 생각에 동조한다는 점이다. 이는 맥락의 문제가 더 이상 교육연구에서 주변적인 것으로 간주할 수 없음을 뜻한다. 이는 비판적 교육학이나 후기구조주의자들이 연구의 초점을 예언과 처방으로부터 폭로와 해체로 전환하면서 연구를 더 잠정적이며 더 도발적으로 설정하고 있음을 뜻한다.

연구 방법적 특징

전반적으로 비판이론은 불평등, 부정의와 같은 정치적 언어의 개발에 치중한 나머지 수업방법이나 연구방법에 대한 논의가 부족하였다. 따라서 전통적인 교수이론의 관점에서 보면 비판이론이 등장하기 시작한 1980년대 이후는 교수이론이나 연구의 쇠퇴기라 할 수 있다. 연구방법과 관련하여 비판이론이 갖는 특징을 정리하면 다음과 같다.

첫째 교수학습 실천에 관한 탐구의 형태로서 해체적deconstructive 연구를 수행하였다는 점이다. 여기서 "해체란 현행의 제도적 불의(不義)를 폭로하는 것이다. 이는 교육적 문장texts의 구조를 풀어 헤치는 것을 포함하는데, 이는 이를 통한 진짜 수혜자를 밝혀내고 또 사회 정의의 기본 원리에 근거하여 새롭게 구성된 사회질서를 수용하도록 하게 하기 위해서이다"(Hamilton & McWilliam, 2001, p.30).

둘째 교육 및 연구의 중심은 가치가 되어야 한다는 주장이다. 이들은 개인차 이념과 같은 주류의 습관화된 믿음에 반항하고, 탈 가치적 지식 혹은 가치중립적 방법론에 대하여 결정적으로 문제시하였다.

셋째 교사들의 교수 연구에의 참여를 강조하였다는 점이다. 비판이론가들은 교사들이 교육적 해방의 실천자이며, 교육의 불평등, 불의를 가장 가까이서 보는 사람이라고 보았다. 따라서 비판이론에서는 연구하기에 가장 좋은 위치에 있는 사람이 교사 자신이라고 생각하였다. 이에 따라 교사들의 교수에 관한 권력 획득 움직임이 활발하게 일어나게 되었다. 이는 다른 사람들의 생각이나 지식에 복종하기보다 스스로 교수 지식을 창조하고, 이에 대해 책임을 져야한다는 생각을 내포하고 있다.

넷째 구성주의에서와 마찬가지로 절대적 지식, 지식의 누적성을 믿지 않는다는 사실이다. 학자마다 사용하는 용어가 다르지만 이들은 공통적으로 사회진화의 궁극적 끝이 있다거나 체계적 조직적으로 나무가 자라는 것과 같이 학문이 발전한다는 생각을 믿지 않았다. 나아가 왜 거대한 체제 혹은 구조가 부침하였는지에 관해 큰 그림 혹은 거대설화grand narrative를 만들어내는 대신 특정한 좋은 교수학습 방법이 효과적인 실천으로 알려지게 되었는지를 설명하기 위해 현세의 일상적인 교육적 실천들을 조사하면 된다고 보았다. 후기구조주의자들의 교육연구는 합법적 탐구로서 양적·질적 연구나 지식의 본질에 대한 특정한 가정 하에서 진행하지 않는다. 그렇다고 해서 더욱 더 질적 연구, 더 큰 절충주의 혹은 실천연구를 수행해야 한다거나 이들 연구를 통해 나는 목소리들을 더 많이 허용해야 한다고도 주장하지 않는다.

주요 교수학습 이론

비판이론에서는 우리 사회가 경제적 불공평, 인종주의, 그리고 사회 계층 간의 차별이 엄연히 존재하는 고도로 불평등한 사회로 본다. 그리고 이 같은 불평등한 상황이 부지불식간에 지배적 이념을 통하여 정상적이고, 자연적이며 불가피한 것으로 인식되고 있다는 것이다. 비판이론은 이 같은 상황에 대하여 학생들의 의식을 일깨우고 실천을 통하여 이를 바꾸려는 데 그 목표를 둔다.

비판이론은 성취하려는 가치의 개발에 치중한 나머지, 이를 어떻게 성취할 것인가에는 소홀한 감이 없지 않다. 더구나 비판이론이라는 패러다임이 교육 분야에서 논의된 지가 짧다는 면에서도 그 원인을 찾을 수 있을 것이다. 개인적인 소견으로는 그래도 상황인지situated cognition 혹은 상황학습이론이 비판이론을 가장 잘 대변하고 있다고 생각된다. 따라서 여기서는 상황학습의 본질과 이를 구성하는 몇 가지 수업 방법론을 논의하고자 한다.

- **상황 인지의 본질**

상황인지이론에서 '상황situated'이란 인간의 사고가 환경에 적응한다는 주장을 담고 있다. 이는 상황에 따라 인지가 달라짐을 의미한다. 더 중요한 것은 인간이 지각하는 것, 그들의 활동을 어떻게 할지 생각하는 것, 그리고 육체적으로 무엇을 할 것인지가 함께 발달한다는 주장이다. 따라서 상황인지 이론가들은 선언적 지식knowing that과 절차적 지식knowing how은 분리된 것이 아니고, 단일의 골격 내에서 통합된 것으로 본다. 부연하여 설명하면 무엇을 배웠는지는 어떻게 그것을 학습하였는가와 어떻게 사용할 수 있는가와 분리할 수 없다는 것이다(Brown, Collins, & Duguid, 1989. p.32).

나아가 사람이 지각하고, 사고하고, 그리고 행동하는 것은 근본적으로 사회적 맥락에서 발달한다는 것이다. 이는 개인 중심의 학습이론에서 사회문화적 환경과 그 같은 환경 내에서 사람들의 활동들로 초점이 전환되었음을 나타낸다. 상황인지이론가들에게 있어서 지식이란 사람이 그를 둘러싸고 있는 환경과 상호작용의 과정을 통하여 발생한 학습자의 내부에 잔재하는 그 무엇인가로 간주되는데, 이 지식은 사람들의 살아 있는 실천의 과정을 통하여 발생된다고 말한다. 다시 말해서 실천이 먼저이고, 실천의 과정에서 지식이 생긴다는 의미이다. 여기서 실천이란 유의미한 행위들로서, 행위들은 어떤 문화적 체제에 의해 서로 간에 의미 관계를 갖는다. 기업 교육에서 널리 알려진 액션 러닝action learning도 '행함으로써 배운다learning by doing'라는 학습 근간 원리 측면에서 볼 때 같은 맥락으로 이해될 수 있을 것이다.

- **실천 공동체에의 참여로서 학습**

상황적 관점에서 학습은 실천 공동체에의 참여가 증가하는 것으로 생각한다. 참여로서 학습은 실천 공동체가 발전하는 방식과 사람, 그들의 행위들, 그리고 세계 속에서 계속적으로 새로워지는 일련의 관계들에 관심이 있다(Lave & Wenger, 1991, p.50). 이러한 관점에서 학습은 모든 참여자들이 변화하는 상호 구성적 과정co-constitutive process이며, 참여자들의 행위actions와 세계와의 관계를 통하여 바뀌게 된다.

실천 공동체에 참여로서의 학습은 또한 개개인이 한 개 이상의 공동체에 참여할 수 있으며, 개인적 참여의 궤적을 통하여 각 공동체에서 자신의 신분을 성취함을 시사한다. 따라서 어떤 공동체에서는 초보자이지만 다른 공동체에서는 전문가의 역할을 수행할 수 있다. 참여로서 학습은 무엇을 행하여야 할지뿐만 아니라 우리가 누구이며 우리가 행한 것들을 어떻게 해석할 것인지를 결정한다.

참고로 Wenger(1998)의 실천 공동체에 관한 설명을 곁들이면, 실천 공동체는 상호 관여mutual engagement, 합동 목표a joint enterprise, 그리고 공유된 목록a shared repertoire의 차원에서 참여자들끼리 상호 작용한다고 말한다. 다시 말해서 사람들은 의미에 관하여 서로 간에 협상하는 행위에 관여하고, 이 행위들은 그들이 참여하는 업무를 규정하고, 참여자들 간의 상호 책무성의 관계를 창출하는 상호 협상된 목표에 기여하며, 결국 시간이 지나면서 업무에 관여한 개인의 활동은 공동체의 모든 구성원에게 공유되는 구체적 실천, 상징, 그리고 가공물을 유발한다는 것이다.

- **인지적 도제 제도**(cognitive apprenticeship)

도제 교육은 동서양을 막론하고 오래전부터 이어져 내려온 교육 방법이다. 유명한 도자기공이나 재단사 혹은 판소리꾼과 같은 이들이 텔레비전에 나와, 처음 ○○○문하에 입문하여 장작패기, 물 긷기, 빨래하기와 같은 온갖 궂은일을 하다가 점점 진수를 익히기 시작하여 현재와 같은 반열에 오르게 되었다는 자전적 이야기들을 누구나 한번쯤은 들었을 것이다.

오늘날의 대학교육에서도 도제의 개념이 교육과정의 한 부분으로 자리 잡은 지 오래다. 그 예로 인턴십internship을 들 수 있는데, 이는 학생들이 수년에 걸쳐 공부한 지식과 기능을 실제 현장에서 실행해 볼 기회를 갖도록 한다는 데 그 의의가 있다. 또한 여러 유형의 프로젝트에 참여하게 함으로써 구성원이 갖고 있는 지식과 기능을 자연스럽게 익히고 전수토록 하는 것도 도제의 일종으로 이해할 수 있다.

인지적 도제 제도는 삶의 실제 현장에서 참 활동authentic activity을 통하여 지식과 기능을 익히고, 문화를 공유하게 한다는 장점을 가지고 있다. 학교 교육이 우리가 살아가는 데 쓸모가 없는 공허한 지식 혹은 죽은 지식inert knowledge을 양산한다고 비판하는데, 도제 제도는 이에 대한 대안이라고 볼 수 있다. 그렇다고 도제 제도가 장점만이 있는 것은 아니다. 지루하고, 비능률적이며, 억압적이고, 노예와 비슷하며 전통에 얽매인 명백히 나쁜 사례들이 많이 있음을 충분히 들었을 것이다. 또한 도제에서 다루는 지식과 기능이 시대에 뒤지거나, 학교에서 배운 것들과 실제 사회에서 사용되는 것 간의 괴리가 발생할 수 있다. 따라서 프로그램의 기획을 철저히 하고, 계속 모니터링하며, 현장 지도자를 마스터로 영입하여 학교에서 배운 것과 실천 공동체 간에 끊임없이 상호작용하도록 해야 한다.

- **정착 수업**(anchored instruction)

학생들이 습득해야 할 모든 지식들을 실제 사회에서 실천 공동체를 통해서 배우게 한다는 것은 한계가 있다. 따라서 Vanderbilt 대학의 인지와 공학 집단Cognition and Technology Group at Vanderbilt : CTGV은 1990년도에 상황학습의 조건 시행 수단으로서 정착 수업 아이디어를 소개하였다. 이들은 풍부한 정보를 담은 비디오디스크 환경을 통하여 복잡하고도 현실적 문제 풀이를 위한 상황 맥락을 제공할 수 있다고 보았다. 예를 들어 서울에서 대전까지 자동차로 가는데 소요되는 연료를 결정하도록 하는 것이다. 이때 조건은 자동차에 타고 있는 사람 수, 바람의 세기와 방향, 그리고 도로의 혼잡도 등을 제시할 수 있다.

이 같은 정착 수업은 학생들로 하여금 참여자로서보다는 관찰자의 역할로 머무르게 할 수 있다는 비판을 받는다. 그러나 문제의 가능한 해결책을 찾는데 흥미를 끌 수 있고 역사, 문학, 그리고 과학과 같은 관련 여타 교육과정(教育課程)과의 연계도 가능하다는 측면에서 기대를 모았다. 더구나 인터넷을 통한 네트워크를 형성함으로써 상황 인지에서 시사하는 학습 공동체를 만들 수 있다는 점에서 최근 커다란 인기를 끌고 있다.

• **학습 공동체**(learning community)

실천 공동체가 갖는 상황적 개념을 학급 맥락에 적용할 때 나타난 것이 곧 학습 공동체이다. 전통적으로 학교의 사회적 구조는 교사가 전적으로 책임을 지고 학습목표와 의제agenda 뿐만 아니라 이들 목표들의 추구와 성취하는 수단까지 모두 설정하도록 되어 있다. 그러나 학급이 학습 공동체로 바뀌게 되면 사회적 구조는 교사와 학습자가 목표 성취를 위해 협력하여 일하고, 목표들도 공동으로 세우게 된다. 또한 학습 공동체는 학생들이 서로 다른 흥미와 경험들을 가지고 학습과제에 대면하게 된다는 생각을 존중하고, 따라서 공동체 내에서 서로 다른 것들을 배우는 기회를 제공할 수 있다.

Scardamalia와 Bereiter(1994, 1996)는 컴퓨터를 이용한 학습 공동체의 적용을 연구하고 개발해 왔는데, 이것이 곧 CSILE Computer-Supported Intentional Learning Environment 이다. CSILE는 학생들로 하여금 학습 공동체 내에서 지식 구축에 참여할 수 있는 수단을 제공한다. 학생들은 이 프로그램 내에서 관심 있는 문제에 초점을 두고, 그 문제에 관한 공공의 정보 데이터베이스를 구축하기 시작하는데, 질문 제기, 가설 세우기, 해결책 제안하기, 그리고 밖의 자원과 전문가로부터 얻은 정보로 기여하기 순으로 진행된다. 여기서 학생들은 학자적 매너manner로 교과 학문의 담론에 참여하는 셈이다. CSILE는 나중에 CSCL Computer-Supported Collabolative Learning 과 CSCW Computer-Supported Collabolative Work 로 발전하게 된다.

지금까지 논의한 실증주의, 해석주의, 그리고 비판이론의 세 가지 패러다임을 몇 가지 기준의 측면에서 비교 정리해 보면 다음과 같다.

〈표〉 몇 가지 기준에 의한 세 가지 패러다임 간의 비교

기준	실증주의	해석주의	비판이론
진리관	단일 진리 객관적, 이분법적 내용적 지식 강조	복수 진리 주관적 개별적 성장 강조	진리는 존재하나 극복되어야 할 것 역사적 실재의 상황적 구조로 구성 해방적 사고 강조
교사와 학생 간의 관계	교사 주도적 전문가–초보자 관계	학생 주도적 (교사는 촉진자) 수평적 관계	상호 작용적 교사는 상위의 지자지만 학생 고무자
지식에 대한 관점	지식은 주어진 것 객관적 평가(선다형, 제한된 반응문항) : 잘 구조화된	지식은 구성되는 것 주관적 평가(개별화 평가) : 포트폴리오, 프리젠테이션, 잘 구조화되지 않은	지식은 접근 가능한 것 객관적, 주관적, 대안적 평가
	계획된, 조직된 그리고 일관성 있는	상황 의존적, 적극적 그리고 개별적	계획된, 변형적 그리고 해방적
	교수 효과를 높이기 위해 설계된 법칙과 같은 일반화	특정 맥락에서 의미(meaning)를 드러내기 위해 설계된 사례	선호하는 가치가 현실화되는 것을 막고 있는 것들을 밝히기 위해 설계된 다양한 형태의 지식
가치	가치 중립적	가치 관계적	가치 중심적
지식과 실천과의 관계	직접적	간접적	내재적
연구의 목적	규칙적 접근	스키마타적 접근	해방적 접근
주요 교수학습 이론	• Skinner의 프로그램 학습 • Keller의 개별화 수업 체제(PSI) 등	• 구성주의 이론 • Burner와 Vygotsky의 인지발달 이론 • Spiro 등의 인지적 융통성 이론	• Brown 등의 상황 인지 이론 • 실천 공동체 이론 (도제 제도 등) • 액션 러닝

교수에 관한 연구는 패러다임적 관점에서 보면 실증주의, 해석주의 그리고 비판이론 순으로 진행되어 왔다. Kuhn(1970)에 의하면 새로운 패러다임의 출현은 기존의 패러다임을 포괄하면서도, 특정 학문 분야의 문제를 기존의 패러다임으로 해결할 수 없을 때 이의 대안으로 나타난다고 보았다. 따라서 새로운 패러다임은 기존의 패러다임에 비해 우월하고 더욱 포괄적임을 알 수 있다. 이는 곧 패러다임 간의 불 양립성incompatibility을 시사한다.

그러나 현재의 교수에 관한 연구는 Kuhn의 논리와 같이 진행되고 있지 않다. 여러 패러다임들이 혼재되어 있으며 질적, 양적, 혼합적mixed 연구 방법이 함께 사용되고 있다(Creswell, 2014; Johnson & Christensen, 2008). 오래전에 사라졌어야 했던 실증주의에 바탕을 둔 행동과학적 연구들이 여전히 연구의 주류mainstream라고 인식하는 사람들이 대부분이다. 이 같은 여러 패러다임의 혼재는 교육연구에 관한 규준 혹은 표준의 설정에 큰 혼란을 야기한다. 이는 좋은 연구와 나쁜 연구, 중요한 연구와 사소한 연구를 구분하는 것을 불가능하게 만든다. 최근에 출간된 교육연구법 관련 서적들에서도 여러 패러다임들을 단지 소개할 뿐 교육연구가 왜, 어떤 방향으로 어떻게 나아가야 할지를 제시하지 못하고 있다(Creswell, 2012; Gall, Gall & Borg, 2003).

Shulman(1986, p.5)은 사회과학이 자연과학에서와 같은 단일의 지배적 패러다임의 부재 상태에 대해, 발달 불능이나 패러다임 전적 지체preparadigmatic retardation 상태로 볼 것이 아니라, 오히려 여러 패러다임의 공존을 통하여 단일의 패러다임에서는 볼 수 없었던 것들을 여러 경쟁학파들을 통해 볼 수 있게 해주기 때문에 더 우수하고, 더 완숙된 상태라고 주장한다. 나아가 이론적 복수주의는 단일의 패러다임에서는 할 수 없었던 다양한 연구 전략들을 조장하고, 단일의 관점에서 간과하기 쉬운 다른 흥미 있는 현상, 다른 문제들의 개념, 그리고 다른 사태들의 측면들을 일깨워 준다고 주장한다. Shulman은 이를 학문적 절충주의라고 불렀다. 최근에 부각되고 있는 혼합방법 연구mixed method research는 Shulman의 주장과의 연속선상에서 교육연구를 활성화하려는 시도로 이해할 수 있을 것이다(Creswell, 2014; Johnson & Christensen, 2008 참조). 그러나 이 같은 주장은 학문적 혼란을 무책임하게 방기한다는 비난을 면할 수 없을 것이다.

한편, 최근에는 여러 사람들이 신 실용주의neo-pragmatism를 새롭게 통합된 패러다임의 대안으로 조심스럽게 제안한다(Bredo, 2006; Creswell, 2014; Donmoyer, 2001; Feilzer, 2010; Lodico, Spaulding & Voegtle, 2006 참조). 그러나 이에 대한 논의는 아직 시작 단계에 불과하며, 대안적 패러다임으로 자리 잡기까지는 많은 시간이 소요될 것으로 여겨진다. 패러다임적 혼란으로 야기되었던 교육 연구의 퇴조를 끊고, 연구를 활성화하기 위해서는 교육학계의 패러다임에 대한 좀 더 많은 관심과 노력이 있어야 할 것이다.

| 참고 문헌 |

김호권 (1974). **現代敎授理論**. 서울: 敎育出版社.

류완영 (1993). 정보화 시대를 위한 교육. **教育學硏究, 31** 193-209.

이달석 (1990). **메타인지와 학업성취도와의 관계분석**. 박사학위논문. 충남대학교 대학원.

정범모 (1987). 정보사회와 인간생활. **미래사회와 정보통신의 역할**. 통신정책연구소, 한국 미래학회, 1-19.

Bednar, A. K., Duffy, T. M., & Perry, J. D. (1992). Theory into practice : How do we link? In T. M. Duffy & D. H. Jonassen (Eds.), *Constructivism and the technology of instruction : A conversation*. Hillsdale, N. J. : Lawrence Erlbaum Associates, 17-34.

Bernstein, B. (1971). On the classification and framing of educational knowledge. In M. F. D. Young(Ed.), *Knowledge and control : New directions for the sociology of education* (pp.47-69). London : Collier-Macmillan.

Bloom, B. S. (1968). Learning for mastery. *Evaluation Comment*, vol.1. Los Angeles : Center for the Study of Evaluation of Instructional Programs, University of California.

Bredo, E. (2006). Philosophies of educational research. In J. L. Green, G. Camilli, & P. B. Elmore (Eds.), *Handbook of complementary methods in education research* (pp.3-31). LEA.

Brophy, J. E., & Good, T. L.(1974). *Teacher-student relationships : Causes and consequences*. New York : Holt, Rinehart and Winston.

Brown, J. S., Collins, A., & Duguid, P. (1988). Situated cognition and the culture of learning. *Educational Research, 18*, 32-42.

Bucci, T. T. (2002). Paradigm parallel pedagogy : The significance of parallel paradigms. *Journal of Educational Thought. 36*, 69-85.

Carroll, J. B. (1963). A model for school learning. *Teachers College Record, 64*, 723-733.

Cognition and Technology Group at Vanderbilt (1991a, May). Technology and the design of generative learning environments. *Educational Technology, 31*, 34-40.

Cognition and Technology Group at Vanderbilt (1991b, September). Some thoughts about constructivism and instructional design. *Educational Technology, 31*, 16-18.

Cognition and Technology Group at Vanderbilt (1992). Technology and the design of generative learning enviornments. In T. M. Duffy & D. H. Jonassen (Eds.), *Constructivism and the technology of instruction : A conversation*. Hillsdale, N, J.: Lawrence Erlbaum Associates, 77-89.

Coleman, J. S., Campbell, E. Q., Hobson, C. J., McPartland, J., Mood, A. M., Weinfeld, F. D., & York, R. L. (1966). *Equality of educational opportunity*. Washington, D. C.: U. S. Government Printing Office.

Collins, A. (1990). Cognitive apprenticeship and instructional technology. In L. Idol & B. F. Jones (Eds.), *Educational values and cognitive instruction : Implications for reform*. Hillsdale, N. J: Lawrence Erlbaum Associates.

Cooper, P. (1993). Paradigm shifts in designed instruction: From behaviorism to cognitivism to constructivism. *Educational Technology*, 12-19.

Creswell, J. W. (2012). *Educational research : Planning, conducting, and evaluating quantitative and qualitative research* (4th ed.). Upper Saddle River, NJ: Merrill.

Creswell, J. W. (2014). *Research design* (4th ed.), Thousand Oaks, CA: Sage.

Cunningham, D. J. (1992). Beyond educational psychology: Steps toward an educational semiotic. *Educational Psychology Review, 4*, 165-194.

Denzin, N., & Lincoln, Y. (1994). Introduction: Entering the field of qualitative research. In N, Denzin & Y. Lincoln (Eds.), *Handbook of qualitative research* (pp.1-18). Thousand Oaks, CA: Sage publications.

Donmoyer, R. (2001). Paradigm talk reconsidered. In V. Richardson (Ed.), *Handbook of research on teaching* (4th ed. pp.174-197). Washington, D.C: American Educational Research Association.

Driscoll, M. P. (2005). *Psychology of learning for instruction* (3rd ed.). Allyn & Bacon.

Duffy, T. M., & Jonassen, D. H. (1992). *Constructivism and the technology of instruction : A conversation*. Hillsdale, N, J.: Lawrence Erlbaum Associates.

Dunkin, M. J., & Biddle, B. J. (1974). *The study of teaching*. New York: Holt, Rinehart and Winston.

Feigenbaum, E. A., & McCorduck (1984). *The fifth generation : Artifical intelligence and Japan's computer challenge to the world*. London : Michael Joseph.

Feilzer, M. Y. (2010). Doing mixed methods research pragmatically : Implications for the rediscovery of pragmatism as a research paradigm. *Journal of Mixed Methods Research, 4*(1), 6-16.

Floden, R. E. (2001). Research on effects of teaching : A continuing model for research on teaching. In Richardson (Ed.), *Handbook of research on teaching* (4th ed., pp.3-16). Washington, D.C : American Educational Research Association.

Gage, N. L. (1963). Paradigms for research on teaching. In N. L. Gage. (Ed.), *Handbook of research on teaching* (pp.94-141). Chicago : Rand McNally.

Gage, N. L. (1978). *The scientific basis of the art of teaching*. New York : Teachers College Press, Columbia University.

Gall, M. D., Gall, J. P., & Borg, W. R. (2003). *Educational research : An introduction* (7th ed.). White Plains, NY : Longman.

Geertz, C. (1973). *The interpretation of cultures*. New York : Basic Books.

Guba, E. G (1990). The alternative paradigm dialog. In E. G. Guba (Ed.), *The paradigm dialog* (pp.17-30). Newburg Park, CA : Sage.

Hamilton, D., & McWilliam, E. (2001). Ex-centric voices that frame research on teaching. In V. Richardson (Ed.), *Handbook of research on teaching* (4th ed., pp.17-43). Washington, D.C. : American Educational Research Association.

Howe, K. R. (1985). Two dogmas of educational research. *Educational Researcher, 14*, 10-18.

Johnson, B., & Christensen, L. (2008). *Educational research : Quantitative, qualitative, and mixed approaches* (3rd ed.). Thousand Oaks, CA : Sage.

Jonassen, D. H. (1986). Hypertext principles for text and courseware design. *Educational Psychologist, 21*(4).

Jonassen, D. H. (1991). Objectivism versus constructivism : Do we need a new philosophical paradigm? *Educational Technology Research and Development, 39*. 5-14.

Joyce, B., Weil, M., & Calhoun. E. (2009). *Models of teaching* (8th ed.). Pearson.

Kuhn, T. S (1970). *The structure of scientific revolutions* (2nd Ed.). Chicago :

University of Chicago Press.

Lapp, D., Bender, H., Ellenwood, S., & John, M. I. (1975). *Teaching and learning: Philosophical, psychological, curricular application*. N.Y.: Macmillan Publishing Co. , Inc.

Lincoln, Y. S. , & Guba, E. G. (1985). *Naturalistic inquiry*. Beverly Hills, CA: Sage.

Lodico, M. G., Spaulding, D. T., & Voegtle, K. H. (2006). *Methods in educational research: From theory to practice*. San Francisco, CA: John Wiley & Sons.

Mehan, H (1979). *Learning lessons: Social organization in the classroom*. Cambridge, MA: Harvard University Press.

Nisbet, J. (2005). What is educational research? Changing perspectives through the 20th century. *Research Papers in Education, 20*, 25-44.

Prasad, P. (2005). *Crafting qualitative research: Working in the postpositivist traditions*. New York: M. E. Sharpe, Inc.

Richardson, V. (1996). From behaviorism to constructivism in teacher education. *Teacher Education and Special Education, 19*, 263-271.

Rosenshine, B. (1983). Teaching functions in instructional programs. *Elementary School Journal, 83*, 335-351.

Scardamalia, M., & Bereiter, C. (1994). Computer support for knowledge-building communities. *Journal of the Learning Sciences, 3*, 265-283.

Scardamalia, M., & Bereiter, C. (1996). Adaptation and understanding: A case for new cultures of schooling. In S. Vosniadou, E. deCorte, R. Glaser, & H. Mandl (Eds.), *International perspectives on the design of technology-supported learning environments*. Mahweh, NJ: Erlbaum.

Sewell, D. F (1990). *New tools for new minds: A cognitive perspective on the use of computers with young children*. N. Y.: St. Martin′ s Press.

Shulman, L. S. (1986). Paradigms and research programs in the study of teaching: A contemporary perspective. In M. C. Wittrock (Ed.), *Handbook of research on teaching* (3rd ed., pp.3-36). New York: Macmillan.

Spiro, R. J., Coulson, R. L., Feltovich, P. J., & Anderson, D. K. (1988). *Cognitive flexibility theory: Advanced knowledge acquisition in ill-structured domains* (Technical Report No.441). Champaign, I. L.: Univ. of Illinois, Center for the Study of Reading.

Spiro, R. J., Feltovich, P. J., Jacobson, M. I., & Coulson. R. L. (1992). Cognitive flexibility, constructivism, and hypertext: Random access instruction for advanced knowledge acquisition in ill-structured domains. In T. M. Duffy & D. H. Jonassen (Eds.), *Constructivism and the technology of instruction: A conversation*. Hillsdale, N. J.: Lawrence Erlbaum Associates, 57-75.

Tom, A. R., & Valli, L. (1990). Professional knowledge for teachers. In W. Houston (Ed.), *Handbook of research on teacher education* (pp.373-392). New York: Macmillan.

PART 2

내일의 교육

12

애니마 Anima 와 애니무스 Animus

애니마(anima)

남성에 들어 있는 여성적 원형

애니무스(animus)

여성에 들어 있는 남성적 원형

원형(archetype)

오랜 기간 동안 타 성과 함께 살아오면서 쌓인 인종적 경험의 산물

애니마와 애니무스의 이성(異性) 이해의 긍정적 측면과 부정적 측면

페르소나(persona)

특정인이 쓰고 있는 가면(mask)

공공적 인성과 사적 인성

형제 구성과 이성(異性) 이해와의 관계

반 편성과 이성 이해와의 관계

성 역할의 변화

오래전 대학에 다닐 때의 일이다. 내 친구 중 하나가 내 성격을 맞혀 보겠다며, 양손을 가지고 깍지를 껴 보라는 것이다. 그 친구의 이론(?)에 의하면 양손으로 깍지를 꼈을 때, 남자는 대개 오른손 엄지가 위로 올라가고, 그 다음이 왼손 엄지, 오른손 검지, 왼손 검지 순으로 되며, 여자는 대개 왼손 엄지가 위로 올라가고, 그 다음이 오른손 엄지, 왼손 검지, 오른손 검지 순으로 놓인다는 것이다. 따라서 남성이 여성과 같은 모양으로 깍지를 끼는 사람은 남성이면서도 여성적인 다정다감함, 섬세함, 세밀함과 같은 여성들의 일반적인 성격이 많은 반면, 여성이 남성과 같은 모양으로 깍지를 끼는 사람은 여성이면서도 남성적인 박력, 굵은 선, 대범함 등 남성들의 일반적인 성격을 많이 갖고 있음을 보인다는 것이다. 물론 남성이 남성 대표적인 방식으로 깍지를 끼고, 여성이 여성 대표적인 방식으로 깍지를 끼는 경우가 일반적일 것으로 예측되는데, 그럴 경우 각 성의 인성적 특성으로 해석하면 될 것이다.

여기서 중요한 것은 남성의 인성 중에 여성적 측면이 많이 있고, 여성의 인성도 남성적 측면이 많이 있다는 것이다. 융 Jung 의 인성 personality 에 관한 분석적 이론에 따르면, 이처럼 이성(異性)의 성질을 갖게 됨은 원형 archetypes 에 기인한다고 한다. 융은 남성에 들어 있는 여성적 원형을 애니마 Anima , 여성에 들어 있는 남성적 원형을 애니무스 Animus 라고 불렀다. 여기서 말하는 원형이란 남자가 여자와 함께 혹은 여자가 남자와 함께 갖는 인종적 경험의 누적된 산물이란 것이다. 바꾸어 말하면 인류의 역사를 통해 수많은 세대에 걸쳐 여자와 함께 살면서 남자가 여성화되어 온 것, 혹은 수많은 세대에 걸쳐 남자와 함께 살면서 여자가 남성화되어 온 것을 나타낸다.

이 같은 원형들은 각 성(性)으로 하여금 다른 성의 특성을 드러내 보이는 원인이 되기도 하고, 다른 성을 이해하게도 하며, 다른 성에 대응하는 집합적 이미지로 행동하게도 한다. 남자는 애니마의 도움을 얻어 여성의 본성을 파악하고, 여성은 애니무스의 도움을 얻어 남성의 본성을 파악한다. 그러나 상대방의 진짜 성격을 고려하지 않고 원형적 이미지만을 투사할 경우, 애니마와 애니무스는 잘못된 이해를 낳을 수도 있고, 실제와 불일치를 낳을 수도 있다. 예를 들어 어떤 남자가 그가 사귀고 있는 여성으로부터 이상적인 여성의 모습을 찾으려 할 경우, 이상과 현실 간의 간격을 충분히 감안하지 않는다면 그 둘이 똑같지 않음을 알았을 때 쓰디 쓴 실망을 겪을 것이다. 따라서 사람이 합리적으로 잘 적응할 수 있기 위해서는 집합적 무의식의 요구와 외부 세계의 현실 간에 타협이 있어야만 한다.

우리는 또한 사회적 관습이나 전통에 부응하기 위해 자신의 진짜 본성을 감추고, 가면 mask 을 쓰고 있다는 것을 잊어서는 안 된다. 특정인에 의해 채택된 가면을 페르소나persona라고 부르는데, 이 페르소나는 사회에 의해서 개인에게 부과된 역할, 사회가 개인에게 살아가면서 해 주었으면 하고 바라는 기대 등에 의해 결정된다고 한다. 원래 여성으로서 성향을 가졌으나 어머니가 되면서 강해지는 경우가 그것이다. 따라서 개인의 진짜 인성은 가면 뒤에 숨은 내적 인성이다.

이성관 혹은 성에 관한 정체성identity은 원형적 이미지에 의해서만 결정되는 것은 아닐 것이다. 오히려 실생활에서 겪는 경험을 통하여 더 많이 결정될 수 있다. 우리의 주위에서는 남자 형제들 틈바구니에서 자란 학생들이 여성에 대한 이해가 부족하다든지, 커서 부부생활에 많은 애로를 겪는 경우를 볼 수 있다.

이 같은 맥락에서 남녀공학제 혹은 혼성 반 편성은 다른 성을 이해하는데, 더 나아가서는 상대방을 이해하는 데 중요한 의미를 갖는다. 사람에 따라서는 성별 정체성을 흐리게 한다는 이유 때문에 남녀공학제 혹은 혼성 반 편성을 반대하는 경우도 있다. 남자의 남성다움, 여성의 여성다움이 개인의 삶과 사회의 발전에 도움이 될까, 아니면 이성에 대한 이해가 오히려 개인적 삶과 사회적 삶에 도움이 될까? 근래에 와서는 재화(財貨) 생산의 수단이 근력에서 머리로 바뀜에 따라 전통적인 성역할이 바뀌고, 그 경계가 불분명해지고 있다. 이는 남성의 여성화, 여성의 남성화가 더 신속하게 이루어지고 있음을 나타낸다. 텔레비전을 보다 보면 아빠가 집에서 육아나 집안일을 하고, 엄마가 직장에 나가 돈벌이를 하는 가정을 많이 볼 수 있다. 이 경우의 가정이 잠정적이든 영구적이든 간에 성 역할의 경계선이 흐려지고 있는 것만은 틀림이 없는 것 같다.

13

내가 모른다는 것을 아는 것과 내가 모른다는 것을 모르는 것

에피소드들

하나의 사건이 갖는 의미가 상황이나 조건 혹은 맥락의 연장 여부에 따라 완전히 다름을 보여줌

지식의 유형

선언적 지식 대 절차적 지식

물리적 지식 대 논리·수학적 지식 대 사회적 지식

총체적 지식 : 항상 타당한 궁극적 지식

총체적 지식이 부재한 사회에서 의미의 타당화는 교육의 중요한 과제

실재구성

대상들을 파악하거나 의미를 부여하는 것

간주관성(intersubjectivity)

개인적 실재구성은 주관적이며, 타당성이 약하다고 볼 수 있음. 따라서 개인과 개인이 자신의 개인적 실재구성을 가지고 타당성이 더 높은 의미를 구성하게 되는데 이를 사회적 실재구성 혹은 간주관성이라고 부름. 개인 간에 실재에 관한 공통적 구성과 공유된 해석에 따르는 경향이라고 정의하기도 함.

간주관성을 해치는 우리의 담론(discourse) **문화**

모른다는 것을 아는 것의 중요성

알기 위한 노력의 시발점이 되기 때문

담론 참여자의 조건

① 상대방의 의견을 경청하겠다는 긍정적 자세

② 상대방의 관점을 인지하고 이해하려는 노력

③ 사람 간의 관계를 다루는 능력 구비

④ 담론 참여자들이 동의에 이를 수 있다는 믿음과 의지

⑤ 강제나 위압으로부터의 자유

⑥ 증거·주장들을 객관적으로 평정하는 능력

⑦ 왜곡된 지식·정보로부터 벗어나려는 노력. 구상화된 실재로부터의 자유

에피소드 1 : 테이크 홈 이그잼(take-home exam)

얼마 전 미국에 유학을 보낸 학부모가 자식의 테이크 홈 이그잼, 즉 시험지를 집에 가지고 가서 풀어서 제출하게 하는 시험을 한국인 이곳에서 인터넷으로 받아서 부모가 대신 풀어 자식에게 전달하여 제출하게 한 사건이 있었다.

매스컴에서는 부모의 행위가 도덕적으로 온당한 지 여부에 대해 크게 논란이 되었다. 어떻게 자식의 시험을 부모가 대신 풀어 주느냐는 것이다. 이 같은 행위는 컨닝과 같이 부정행위이기 때문에 비난받아 마땅하다는 의견이 주류를 이루었다. 그러자 부모를 두둔하는 쪽에서 그 시험은 오픈 북open book, 즉 문제 풀이와 관련된 책이나 참고자료를 보고 풀어도 되는 그런 유형의 시험이었다는 주장을 폈다. 부모의 자문도 크게 보면 참고 자료를 보는 것이나 마찬가지이기 때문에 용인될 수 있지 않느냐는 것이다. 그러자 상대방 쪽에서는 공부의 주체가 학생, 즉 자녀이기 때문에 참고자료를 찾아보거나 부모에게 자문을 구하거나 하는 것은 마땅히 학생이 해야 한다는 것이다. 그러자 부모 쪽에서는 또 다른 주장을 폈다. 그 시험은 형식만 시험이지 사실은 실제 사회에 바탕을 둔 자료 수집의 과정으로서, 이를 통해 학생들로 하여금 공부를 시키는 데 목적이 있었다는 것이다. 그래서 부모는 그 시험문제와 관련된 전문가로서 관련 정보를 성실히 제공하는 역할을 수행한 셈이다. 따라서 자녀는 제출 전 문제의 전문적 견해를 자신이 정리하여 제출하였으므로 아무런 도덕적 잘못이 없다는 의견이었다.

에피소드 2 : 어느 나무 밑에서 일어난 일

이 이야기는 내가 중학교에 다닐 때, 학교에서 돌아오면서 오일장을 다니며 물건을 파는 이웃 마을에 사는 '남산 양반'이라는 어른으로부터 들은 것이다.

고구마 순이 빛을 잃어가는 어느 늦은 가을날 해질 무렵에 마을을 지나가는데 커다란 느티나무 밑에서 한 청년이 어떤 여자에게 키스를 하고 가슴을 만지고 하는 것을 목격하게 되었다. "허허…."하고 헛기침을 해도 그 청년은 멈추지 않고 하던 행동을 계속하는 것이었다. "저런 망할 놈이 누구 자식인고?"하고 슬쩍 얼굴을 훔쳐보았더니, 건실하기로 소문난 아랫마을의 농촌 후계자 청년이었다. "뭐, 농촌 후계자? 연애질이나 하는 놈이… 헛소문이었구먼"

얼마가 지난 후 같은 마을을 지나가는데, 동네 사람들끼리 수군거리는 소리를 듣게 되었다. 내용인즉슨 한 처녀가 세상을 비관하여 나무에 목매달아 죽으려 하였는데, 논일을 마치고 집으로 돌아가던 청년이 우연히 이 처녀를 발견하여 심호흡과 응급처방으로 그녀를 살려냈다는 것이다. 그러면서 과연 그 청년은 영농 후계자로서 남다르다는 칭찬이 자자하였다. 남산 양반은 그 청년에 대해 오해한 것이 너무나 미안하였다고 나에게 말하였다.

위 두 에피소드들은 사건은 각기 한 가지인데, 그 사건이 갖는 의미는 상황이나 조건 혹은 맥락의 연장 여부에 따라 완전히 달라짐을 보여 준다. 따라서 어떤 사건이 갖는 의미를 좀 더 타당성 있고, 정확하게 이해하기 위해서는 그 사건의 본질이나 전후 맥락, 그리고 해석자의 선입견이나 편견, 혹은 이해의 선 구조forestructures 등을 냉철하게 성찰해 볼 필요가 있음을 보여준다.

지식의 유형과 총체적 지식

인간의 지적 발달은 곧 지식의 습득 과정이라고 할 수 있다. 교육도 마찬가지로 학습자들로 하여금 지식을 찾게 하고 구축토록 해 가는 과정이다.

지식은 사람들에 따라서 여러 가지 형태로 분류한다. 예를 들어 선언적 지식declarative knowledge과 절차적 지식procedural knowledge으로 나눈다든지, 물리적 지식, 논리-수학적 지식 그리고 사회적 지식으로 나누는 방식이 그것들이다. 여기서 물리적 지식이란 경험적 지식이라고도 불리는데, 세상에 있는 사물에 관한 지식으로서, 사물의 지각적 속성을 통해서 얻을 수 있다. 크기, 색깔, 두께, 맛, 소리 등이 이 범주에 속한 지식의 예들이다. 논리-수학적 지식은 단순한 물리적 지식을 뛰어넘는 것으로서, 추상적이면서도 창조된 지식을 말한다. 숫자, 면적, 양, 길이, 시간, 속도, 그리고 무게 등이 여기에 속한다. 사회적 지식은 문화에 특정적인 것으로서, 자신의 문화적 집단 내에서 오로지 다른 사람으로부터 배울 수 있는 지식을 가리킨다. 언어, 도덕적 규칙, 가치, 문화, 역사 등이 그 예들이다.

근래에 실증주의positivism에서 해석주의interpretivism로 인식론적 패러다임이 바뀌어 가면서—여전히 실증주의가 주류를 이루기는 하지만—진리나 지식에 대한 관점도 절대적 관점에서 상대적 관점으로 바꿔어 가고 있다. 특히 사회적 지식 social knowledge 분야에서 이 같은 현상이 두드러진다. 예를 들어 학생 중심 수업이 교사 중심 수업보다 더 우수하다고 말할 수 있는가? 아니면 비지시적 수업이 지시적 수업보다 더 우수하다고 말할 수 있는가? 이는 대상, 내용 그리고 상황이나 여건 등에 따라 그 결과는 얼마든지 다르게 나올 수 있다. 어떤 경우에는 학생 중심 수업이 더 우수하게 나오고, 또 어떤 경우에는 교사 중심 수업이 더 우수하게 나올 수 있다. 따라서 모든 경우에 맞는 항상 타당한 궁극적 지식 혹은 총체적 지식은 존재하지 않는다고 보는 것이 일반적이다.

특정 사건이 갖는 의미도 고정되어 있지 않고 그 사건이 일어난 상황이나 맥락에 따라 얼마든지 달라진다. 위 에피소드 1에서 보면 부모가 자식을 대신해서 시험을 치렀다는 하나의 사건이 일어났는데, 처음에 이 사건이 갖는 의미는 아들이 치러야 할 시험을 부모가 치렀다는 측면에서 매우 크게 비난받았다. 그러나 오픈 북이었다는 시험의 성격 때문에 부모에 대한 도덕적 비난이 줄어들었다가, 시험의 형식을 빌어 테이크 홈 이그잼으로 지역사회 전문가들로부터 자료 수집의 목적으로 그 시험이 치러졌다는 주장에 따라 부모의 대리 시험은 오히려 시험의 의도에 맞는 옳은 행동으로 바뀌었다. 둘째 에피소드에서 처음에는 청년이 어떤 처녀를 성폭행하는 것으로 이해되어 도덕적으로 비난받았으나 사건 전후로 맥락을 연장하여 보았을 때, 실은 응급처치와 인공호흡으로 그 청년이 처녀의 목숨을 살린, 칭찬할 만한 행동을 하였음을 보여준다.

사건에 대한 의미 부여는 사건의 당사자에 의해서보다는 그 사건을 보는 타인에 의해서 주로 이루어진다. 따라서 이 타인이 어떠한 편견 혹은 인지구조를 가지고 사건의 장면에 왔느냐에 따라서도 사건의 의미가 달라진다. 예를 들어 개개인이 가졌던 사전 경험이나 자신의 사회적 지위나 역할 등에 따라 똑같은 하나의 사건에 대해 부여하는 의미는 각자 다를 수 있다.

이와 같이 상대적 지식이나 진리관이 보편화된 현대사회에서 맥락의 이해, 가정들에 대한 비판적 성찰 그리고 평가를 통한 의미의 타당화는 현대 교육의 중요한 과제가 된다. 우리의 이해와 신념이 다른 이해와 신념에 근거하여 예언된 것보다 더 정당화할 수 있고, 진(眞)에 가까운 해석과 견해를 만들어 낼 수 있을 때 더욱더 믿을 수 있다. 우리의 경험들에 대해 더욱 신뢰로운 신념을 형성하고, 경험의 맥락들을 평가하고, 이들의 의미와 정당성에 대해 합의를 찾고, 그 결과로 얻어진 통찰력으로 의사결정을 하는 것은 학습과정의 핵심이 될 수밖에 없다.

'내가 모른다는 것을 아는 것'과
'내가 모른다는 것을 모르는 것'이 갖는 함의

인간은 태어나면서부터 그를 둘러싸고 있는 환경과 상호작용을 해 가면서 그가 대면하는 것들을 파악하거나 의미를 붙여 주고, 이 경험들을 체계화하면서 발전한다. 여기서 대상은 단순히 개인이 경험하는 사물이나 사건뿐만이 아니고 제도, 행위, 관습, 언어 등 모든 사회생활의 제 방면을 포괄한다. 이와 같이 대면하는 것들을 파악하거나 의미를 붙여 주는 것을 실재구성reality construction 이라 한다.

개개인에 있어 실재구성은 주관적이다. 여기서 주관적이라는 말은 대상이 되는 외재적 실재가 변하지 않고 고정되어 있음에 비해 인간에 의해 붙여진 의미는 사람마다 다를 수 있기 때문에 이를 나타내기 위해 붙여진 것이다. 객관식 시험이 누가 채점하든지 똑같은 점수를 부여함에 비해, 주관식 시험은 채점자에 따라 다른 점수를 부여할 수 있는 시험임을 유추하면 여기서 쓰인 주관적이라는 의미를 쉽게 이해할 수 있을 것이다. 따라서 개인적 실재구성은 개인적 생각일 뿐 보편타당성을 갖추지 못할 가능성이 있다.

개인적 실재구성이 더 큰 타당성을 지니기 위해서는 간주관적 실재구성의 과정을 거쳐야 한다. 이 말은 의미 파악의 행위가 개별적으로 이루어진다고 하더라도, 그 결과는 우리의 폭넓은 사회로부터 얻어진 인지적 스키마와 언어에 의해 중재되어야 함을 나타낸다. 여기서 간주관성intersubjectivity 이라는 말은 주관성 대 주관성 간의 관계를 나타낸 말로써, 개인 간에 실재에 관한 공통적 구성common construction과 공유된 해석shared interpretation을 만들고 따르는 경향을 말한다.

개인적 실재구성이든 사회적(간주관적) 실재구성이든 간에 어떤 사태에 대해 부여한 의미가 타당성을 지니기 위해서는 그렇게 부여한 이유나 근거가 있어야 한다. 이 근거를 마련하기 위해서는 우리가 경험하는 사물이나 사건들이 안고 있는 상황이나 조건 혹은 맥락 등에 대한 비판적 성찰이 필요하다.

그러나 우리는 비판적 성찰이 없이 성급하게 이해나 판단을 내리고 보는 경향이 있다. 온라인 댓글 문화를 보아도 이를 잘 알 수 있다. 그리고 한번 내린 판단은 뻔히 잘못인지 알면서도 완강하게 유지하는 것이 습관이 되어 있다. 더욱 나쁜 것은 다른 사고방식, 다른 관점을 인정하거나 이해하려 들지 않는다는 것이다. 이는 곧 담론discourse에 참여한 사람들이 공동의 이해를 추구하고 그럴듯한 합의에 이르겠다는 의지와 준비가 갖추어져 있지 않음을 나타낸다.

담론에 완벽한 참여자가 되기 위해서는 무엇보다도 담론의 대상에 대한 정확하고 완전한 지식을 갖고 있어야 한다. 그래야만이 참여자로서 타당성 있는 실재구성에 기여할 수 있기 때문이다. 이는 담론의 대상에 대해 무엇을 알아야 하는지를 아는 것을 나타낸다. 다시 말해서 주체인 개인에게 있어서 알아야 할 것을 아는 것은, 알아야 할 것들 중에서 아는 것과 모르는 것을 스스로 구분해 낼 수 있음을 나타낸다. 개인에게 있어 담론의 준비는 아는 것들 중심으로 이루어지기보다는 모르는 것들 중심으로 이루어지게 된다. 따라서 모르는 것들에 대해 모른다는 것을 아는 것은 매우 중요하다. 모른다는 것을 아는 것은 모르지 않기 위해 노력하는 시발점이 되기 때문이다.

논어 위정편(爲政篇)에 '知之爲知之, 不知之爲不知之, 是知也'라는 말이 있다. 이를 우리말로 바꾸어 말하면 '아는 것을 안다고 하고, 모르는 것을 모른다고 하는 것, 이것이 아는 것이다.'는 뜻이다. 공자의 말씀도 위와 비슷하게 해석할 수 있을 것이다.

'모른다는 것을 아는 것'은 자기의 부족한 부분을 메꾸어 줄 상대방을 인정하고 찾는다는 의미 외에 좀 더 타당한 지식과 진리에 겸손한 자세를 갖게 함을 나타낸다. 불완전함을 깊이 있게 깨닫는 사람일수록 완전함에 더 깊이 고개를 숙이는 이치에서이다. 최고 수준의 경지에 오른 과학자일수록 전능자를 더 경외하는 이유도 여기에 있을 것이다. 그러나 자기가 모른다는 것을 모르는 사람은 무엇을 알아야 하는지를 모를뿐더러, 담론을 지배하려 든다든지, 참여자들에게 오만할 가능성이 있다. 그래서 학문하는 사람일수록 자기가 모른다는 것을 아는 것이 중요하다 할 것이다.

담론 참여자의 조건

담론이란 '공통적 이해를 찾기 위해 쓰는 대화의 특별한 활용으로서, 해석 혹은 신념에 관한 정당성의 사정(査定)'이라고 정의된다. 어떤 사람은 모든 권력이 지위나 권위보다 이 담론에서 나온다고 말한다. 참된 담론이 이루어지기 위해서 Habermas 같은 사람은 자유로운 완전한 참여free full participation가 선수 요건으로 요구된다고 말하고, Goleman은 참된 담론은 감성적 성숙이 요청된다고 말하면서, 이를 감성 지능으로 나타낼 수 있다고 주장한다. 또한 Belenky 등은 이상적 담론 조건으로서 진짜 대화really talking를 내걸었다. 이들을 근거로 하여 담론 참여자의 조건을 정리하면 다음과 같다.

첫째는 상대방의 의견을 경청하겠다는 긍정적인 자세를 가져야 한다. 우리의 주위에서 보면 유능한 사람일수록 남의 얘기를 듣지 않고, 토론을 자기 혼자 지배하려는 경향이 있다. 좋게 해석해서 "들어보았자 쓸 만한 의견도 나오지 않으니, 내 의견 중심으로 빨리 끌고 가 결론을 내야지"하는 생각에서이다.

담론의 참여자는 또한 자신의 감정을 잘 추스르고 관리할 줄 알아야 한다. 이는 개인의 공정성과 성실성 기준을 유지함을 나타낸다. 매번 감정이 바뀌고, 일관성이 없으며, 자신의 관점과 다른 의견에 참을성 있게 견디지 못하면 담론이 진행되기 어렵다.

둘째는 상대방의 관점을 인지하고, 이해하려고 노력해야 한다. 이를 다른 말로 표현하면 감정이입empathy 능력 혹은 공감 능력을 갖추어야함을 나타낸다. 우리의 삶에서도 '입장을 바꾸어 놓고 생각해 봐'라는 말을 많이 쓴다. 이는 내가 상대방의 입장이 되어 보아야 상대방의 견해를 잘 이해함을 나타낸다. 이는 대안적 관점에 대한 개방성openness과도 관련이 있다. 공감 능력을 기르기 위해서는 다양한 역할에 참여하는 기회를 많이 갖도록 하는 방법이 있을 것이다.

셋째는 사람들 간의 관계를 다루는 관계 능력을 갖추어야 한다는 점이다. 관계 능력이란 다른 사람으로부터 원하는 반응을 얻어내는 사교 기술social skill이라고도 할 수 있다. 우리의 주위에서 보면 주어야 할 것들을 다 주면서도 욕을 먹는 사람이 있는 반면, 많은 것들을 양보하지 않으면서도 칭찬을 받는 사람이 있다. 이 같은 차이는 그 사람의 언어적 소통 능력뿐만이 아니고, 그 사람이 지니고 있는 신뢰감이나 신용과도 관련이 있을 것이다. 사교 능력을 어떻게 기를 것이냐는 이 같은 측면에서 중요한 과제이다.

넷째로는 담론의 참여자들이 바람직한 동의에 이를 수 있다는 믿음과 의지를 갖고 있어야 한다는 점이다. 이는 나만의 생각보다는 나와 네가 함께 하는 생각이 더 합리적이고 우수할 것이라는 믿음, 나에게도 좋고 너에게도 좋은 결과를 얻을 수 있다는 호혜성에 대한 확신, 그리고 결과로 얻은 최선의 판단을 수용하려는 의지 등을 가져야 함을 의미한다.

다섯째로는 강제나 위압으로부터 참여자들이 자유로워야 한다는 점이다. 협박이나 위협적 분위기에서 담론은 진행될 수 없다. 더구나 결론을 미리 내놓고 그쪽으로 몰고 가려는 강압적 환경은 담론의 싹을 짓밟아 버리게 된다. 나아가 배고픔, 갈 곳 없음, 절망, 질병, 무서움 등은 참여자로 하여금 효과적으로 담론에 참여하지 못하게 할 수 있으며, 자신이 경험한 것들이 갖는 진정한 의미를 파악하는 데도 방해가 될 수 있다.

여섯째, 증거들을 제시하고 주장들을 객관적으로 평정(評定)하는 능력을 가져야 한다. 이를 위해서는 담론의 장에 들어서기 전에 그 내용과 관련하여 좀 더 정확하고 완전한 정보를 갖추고, 담론 도중에는 아이디어가 나온 맥락에 대해서 더 많이 생각하기, 그리고 가정들에 대해 비판적으로 성찰하기 등이 필요하다.

마지막으로는 스스로를 속이는 왜곡된 지식이나 정보로부터 탈출하려는 노력을 해야 한다는 것이다. 우리는 잘못된 지식이나 편파적인 습관화된 관념을 가지고 사물을 바라보고 평가하며 살고 있다. 이는 인간 스스로가 불완전하기 때문에 불가피한 현상이라고 체념할 수 있다. 그러나 더 큰 문제는 자기의 생각이 잘못된 지식이나 관념에 근거할 수 있다는 사실을 깨닫지 못한다는 사실이다. 또한 우리는 사회적 구성 과정을 거쳐 구상화reification 된 실재를 마치 불변적 진리인 양 믿어 버린다는 사실이다. 이에 따라 인간의 사고는 제약되고 한정 지우는 결과를 낳을 수 있다. 제약되고 한정된 인간의 사고에 의한 결과는 그 만큼 타당성에 한계가 있을 것이기 때문이다. 그러므로 우리는 인간 사고의 자유화를 위해 스스로의 사고를 제약하는 요소들을 제거하도록 끊임없이 노력해야 한다.

| 참고 문헌 |

Driscoll, M. P. (2005). *Psychology of learning for instruction* (3rd ed.) Allyn & Bacon.

Belenky, M., Clinchy, B., Goldberger, N, & Trule, J. (1986). *Women's ways of knowing*. New York: Basic Books.

Bredo, E. (2006). Philosophies of educational research. In J. L. Green, G. Camilli, & P. B. Elmore (eds.) *Handbook of complementary methods in educational research* (pp.3-31). LEA

Goleman, D. (1998). *Working with emotional intelligence*. New York: Bantam Books.

Habermas, J. (1979). *Communication and the evolution of society*. Boston: Beacon.

Habermas, J. (1984). *The theory of communicative action: Vol. 1. Reason and the rationalization of society*. (T. McCarthy, Trans.). Boston: Beacon Press.

Prasad, P. (2005). *Crafting qualitative research: Working in the postpositivist traditions*. New York: M. E. Sharpe, Inc.

14

무의식의 교육적 의의

의식Consciousness과 무의식Unconsciousness

의식

깨어 있는 상태에서 자신이나 사물에 대하여 인식하는 작용.

인지 기능을 사용하여 정보처리가 가능한 상태

의식 전

의식과 무의식 사이로서, 평상시에는 의식할 수 없으나 필요 시 의식할 수 있는 수준

무의식

스스로가 깨닫지 못한 채 진행되는 개인 내의 복잡한 정신활동

- 개인적 무의식 : 억눌려지고, 압박되고, 무시됨으로써 개인에게 의식적 인상을 만들기에 너무나 약화된 경험들
- 집합적 무의식 : 수많은 세대에 걸쳐 경험이 반복됨으로써 유전의 한 부분이 되어버린 인류 기억. 원시의 상 혹은 심상이라고도 부름

자아와 자아실현

- 자아 : 정신 혹은 총체적 인성과 동의어. 인성 내에 에너지 분배를 통해 이루려 노력하는 이상적 상태
- 자아실현 : 전체 인성의 모든 면들이 가장 충만하고, 완벽하게 분화되고, 조화롭게 통합되어 있는 상태

인과관계론과 목적원인론

- 인과관계론(causality) : 현재는 과거에 의해 설명될 수 있다는 관점. 곧, 현재 사태는 선행 조건이나 원인의 결과 혹은 영향이라는 관점
- 목적원인론(teleology) : 현재는 미래에 의해 설명될 수 있다는 관점. 곧, 인간의 인성이란 어디에 있었는지가 아니라 어디로 가고 있는지에 의해 이해될 수 있다는 관점

자아실현을 위한 교육적 시사점

① 내부로부터 오는 힘이나 목소리에 귀를 기울이는 심리적 태세 마련

② 내부세계의 표출 촉진 방안 마련 및 그 이해력 향상

③ 내부세계 육성 분위기 조성 및 교육의 대상화

④ 내부와 외부, 의식과 무의식의 화합 및 조정 능력 배양. 초월적 기능과 승화

우리의 정신psyche 세계는 의식의 세계와 무의식의 세계로 나누어진다. 의식과 무의식이라는 용어는 매우 평범해 보이기는 하지만 막상 그 개념을 말하려고 하면 매우 당황스러워진다. 한컴 사전(2021. 2. 24)에 의하면 의식을 '깨어 있는 상태에서 자신이나 사물에 대하여 인식하는 작용'이라고 정의하고 있다. 이는 감각 기관을 통해 들어오는 정보나 기억된 정보들을 가지고 인지 기능을 사용하여 처리가 가능한 상태를 가리킨다. 예를 들어 책 읽기에서 읽은 내용을 기억하고 정리하는 것과 같이 곧바로 지각awareness 할 수 있는 분야 내의 활동을 의식이라 부른다.

무의식은 '자신의 행위를 자신이 의식하지 못하는 상태, 혹은 스스로가 깨닫지 못한 채 진행되는 개인 내의 복잡한 정신 활동'이라고 정의하고 있다. 또 다른 사전에 의하면 '의식적 지각으로는 접근이 불가능한 것으로서 애써도 재생recall 될 수 없는 자료'라고 정의한다. 예를 들어 어렸을 때 옷장에 갇힌 채 옷장 문이 잠겨 혼난 적이 있는 사람이, 평상시에는 이를 기억해 내지 못하다가 최면술을 걸면 그때서야 그 경험을 생생하게 되새길 수 있다. 의식과 무의식 사이에는 의식전preconsciousness 이 있는데, 이는 평상시에는 의식할 수 없으나 필요할 때 의식할 수 있는 수준을 말한다. 예를 들어 보통 때에는 자기가 사는 집 주소를 의식하고 있지 않지만, 집 주소를 대라는 요청을 받으면 손쉽게 재생이 가능한 수준을 말한다.

Jung은 무의식을 개인적 무의식personal unconsciousness 과 집합적 무의식collective unconsciousness 으로 구분하여 설명한다. 개인적 무의식은 한 때는 의식할 수 있었으나 억눌려지고, 압박되고, 잊혀지고, 무시됨으로써 개인에게 의식적 인상을 만들기에 너무나 약화된 경험들을 말한다. 개인적 무의식 내에는 여러 복합체complexes가 존재하는데, 이 복합체는 감정feeling, 사고, 지각, 그리고 기억들로 조직된 집단 혹은 위성들을 가리킨다. 이 복합체에는 핵nucleus이 있어서 다양한 경험을 끌어들이는 힘을 갖고 있다. Jung은 개인적 무의식보다 집합적 무의식을 강조하였는데, 그는 이 집합적 무의식이 여러 형태의 원형들archetypes로 구성된다고 말한다. 원형이란 원시의 상들primordial images, 혹은 심상들imagoes이라고도 불리는데, 수많은 세대에 걸쳐 경험이 반복됨으로써 유전의 한 부분이 되어 버린 인류 기억을 뜻한다. 다시 말해서 집합적 무의식은 조상의 과거로부터 전수되어 온 잠재된 기억 흔적의 저장소이다. 여기서 과거란 인류의 인종적 역사뿐만이 아니고 인류 이전의 창조주의 의도까지도 포함된다.

사람들을 의식하게 만드는 내용은 비교적 안정적인 사물들로서 예를 들면 사고, 기억, 그리고 상(像)들로 이루어진다. 우리가 성숙하거나 발달하게 된다는 것은 이 의식체계가 더욱 확장되고, 정교화 되고, 무의식과의 관계가 더욱 유연해지는 것을 말한다. 무의식의 영역은 깨닫지 못한 채 진행되는 개인 내부의 정신활동의 복합체들로서 충동, 열정, 억압된 생각, 감정feeling 등으로 구성된다.

개인의 사적-사회적 적응은 어느 정도나 그의 의식에 의해 결정되고, 또 어느 정도나 무의식적 힘에 의해서 결정될까? 이에 대해 정신분석학적 전통을 추종하는 사람들은 무의식적 힘이 의식적 사고thought나 행위action보다 훨씬 더 큰 영향을 준다고 믿는다. Freud는 무의식적 영역을 의식적 사고와 행위들을 절대적으로 통제하는 거대한 지하 세계라고 말한 바 있다. 만약 의식의 세계가 인간의 이성 능력을 다루고, 무의식의 세계가 인간의 감성을 대변한다면 감성이 이성을 지배하고, 이성은 감성의 결정에 대한 합리화의 도구가 된다고 할 수 있다. 따라서 특정 개인에게 있어 부적응 문제가 발생한다면 그 원인은 무의식에 있다는 것이다. 그래서 무의식적 문제들을 의식의 세계로 가져와서, 그 문제들을 새롭게 파악하고, 이에 근거하여 문제들을 고치려 든다.

다른 이론가들은 인성personality에 관한 무의식 측면의 존재를 부정하거나 무의식적 힘의 영향이 거의 미미하다고 생각한다. 예를 들어 초기의 실험 심리학자인 Wilhelm Wundt(1832~1920)는 무의식적 과정들의 역할을 부정하고, 심리학을 의식 상태의 연구로 한정하였다. 의식적 측면에만 초점을 두는 전형적인 카운슬링 접근들로서는 '행동적 카운슬링', 특성-요인 이론, 그리고 현실 치료법reality therapy 등이 있다.

자아(self)와 자아실현(self-realization)

'자아실현'이란 개념을 논의할 때면 누구보다도 먼저 미국의 인본주의 심리학자인 A. H. Maslow(1908.4.1~1970.6.8)를 떠올린다. 그는 인간의 본성nature은 선하고, 인간의 욕구needs 또한 악하기보다 선하거나 중립적이기 때문에 건강하고, 정상적이며, 바람직한 인간의 발달은 이러한 선한 본성을 실현하고, 잠재력을 현실 세계에서 이루고, 그리고 밖으로부터 형성되기보다는 내부로부터 자란 감추어지고, 은밀하고, 희미하게 보이는 본질적 본성이 지시하는 대로 성숙하도록 도우면 가능하다고 보았다. 따라서 인간의 정신 질환은 일반적으로 인간의 본질적 본성essential nature을 부정하거나 좌절시키거나 왜곡한 결과라는 것이다. 나아가 Maslow는 모든 인간에게는, 심지어 갓 태어난 어린애에 있어서까지도 건강을 지향하는 적극적 의지, 성장을 지향하는 혹은 인간 잠재력의 실현을 지향하는 충동이 있는데, 이러한 사람의 내부적 본성은 동물들의 본능처럼 강하지는 않지만 결코 사라지지 않으며, 자아실현self-actualization을 위한 영원한 압력으로 작용한다고 주장한다.

잠재력을 가장 완전하게 실현한 사람들, 곧 자아실현을 이룬 사람들의 특징들로서는 ①현실 지향적임, ②스스로와 자연 세계를 있는 그대로 수용함, ③자율적, 독립적임, ④신비하거나 영적인 경험을 가짐, ⑤가치와 태도가 민주적임, ⑥창조적임 등을 들고 있다. 그는 절정경험peak experiences을 강조하였는데, 이 경험이 있는 사람은 더 통합되고, 더 세상과 하나가 되고, 스스로가 주인이 되고, 더 자발적이고, 그리고 시공간을 덜 느낀다고 말한다.

그러나 자아와 자아실현에 대해서 Maslow보다 먼저 창안하고 다룬 사람은 Jung(1875~1961)이다. 또한 본 주제인 '의식과 무의식'과 관련하여 자아와 자아실현을 설명한다는 점에서 Jung의 이론은 매우 중요하다. 여기서는 Jung을 중심으로 자아와 자아실현의 개념을 좀 더 살펴보려고 한다.

자아(self)란?

Jung은 자아를 정신psyche 혹은 총체적 인성total personality과 동의어로 생각하였다. 그는 자아를 통합된 인성의 중심으로서, 모든 다른 체제들이 이 자아를 중심으로 위성들이 되어 둘러쌓고 있다고 보았다. 그래서 이 자아가 위성 체제들을 하나로 붙잡고 있고, 그래서 통일성, 평형성, 그리고 안정성 있는 인성을 제공한다는 것이다.

인성 내에서 영원한 힘의 균형은 결코 확립될 수 없지만, 이것은 에너지 분배를 통해 항상 이루려 노력하는 이상적 상태이다. 완벽하게 개발된 다양한 체제들에 걸쳐 전체 에너지가 균등하게 분배된 이 같은 이상적 상태가 바로 자아self라고 보았다. 자아는 나, 혹은 내가 갖고 있는 잠재력을 가리키는 것이 아니고 이상적인 정신 발달의 목표가 되는데, 이 인생의 목표, 곧 삶의 목표는 사람들이 끊임없이 성취하려 노력하지만 거의 모든 사람이 도달하지 못하는 것으로 알려져 있다.

자아실현이란

Jung에 의하면 인간은 사고thinking, 감정feeling, 감각sensing, 그리고 직관intuiting이라는 네 가지 근본적인 심리적 기능을 갖고 있다. 사고는 관념적이고 지적인 것으로서 세상과 자기 스스로의 본성을 이해하려 든다. 감정은 평가적 기능을 수행하는 것으로서 인간에게 쾌락과 고통, 분노, 두려움, 슬픔, 기쁨, 그리고 사랑에 대한 주관적 경험을 준다. 감각은 지각 혹은 실재 기능으로서 구체적 사실 혹은 세상에 대한 표상representation을 낳는다. 직관은 무의식적 처리 방법과 식역하(識閾下)subliminal 내용에 의한 지각을 가리키는 것으로서, 직관적인 사람은 실재의 본질을 찾는 데 있어 사실, 감정, 그리고 관념을 뛰어넘는다.

Jung은 위에서 언급한 기능들을 가지고 자아실현의 상태를 기술하고 있다. 그에 의하면 4가지 기능들이 원의 둘레 위에 각각 똑같은 거리로 놓였을 때, 원의 중심은 완전히 분화된 4가지 기능들의 통합을 나타낸다는 것이다. 이 같은 통합에는 우성적 기능이나 열성적 기능도 없으며, 또한 보조적 기능도 없다. 그들은 인성 내에서 모두 똑같은 힘을 갖는다. 이 같은 통합은 자아가 완전히 실현되었을 때만이 일어난다. 따라서 자아실현이란 전체 인성의 모든 면들이 가장 충만하고, 완벽하게 분화되고, 조화롭게 통합되어 있는 상태라고 말할 수 있을 것이다.

대부분의 부적응과 불행은 인간 본질의 중요한 측면을 무시하는 치우친 인성 발달 때문이라고 Jung은 말한다. 일방적으로 치우친 인성의 발달은 갈등, 흥분, 그리고 긴장을 만들어 내며, 모든 인성의 요소들이 똑같이 충분히 발달하게 되면 조화, 안락, 그리고 만족을 얻는다는 것이 Jung학파 심리학의 일반적 규칙이다.

자아실현을 위한 교육적 시사점

Jung의 인성 이론의 가장 큰 특징은 목적원인론teleology에 근거를 둔 전진적 지향과 원형anchetype 중심의 집합적 무의식에 강조점을 두었다는 점이다. 물론 Freud 학파에서 주장하는 것처럼 현재는 과거에 의해 설명될 수 있다는 관점, 곧 현재 사태는 선행 조건이나 원인의 결과 혹은 영향이라는 인과관계론causality을 무시할 수는 없을 것이다. 그러나 Jung은 이와 더불어 인간은 나이나 상태에 관계없이 덜 완성된 단계에서 더 완성된 단계로 끊임없이 전진하거나 전진을 시도하는 것으로 믿는다. Jung에 있어 인간 발달의 종국적 목표는 자아실현에 두고 있다. 이는 의식과 무의식, 외면의 세계와 내면의 세계가 서로 주고받는 작용을 함으로써 심리적 전인whole person을 이룸이 가능하다고 보았다.

그렇다면 자아실현에 기여할 수 있는 교육적 시도에는 무엇이 있을까?

첫째는 우리의 깊은 내부로부터 오는 힘이나 목소리들에 귀를 기울이는 심리적 태세를 마련해야 한다는 것이다. 우리 내부에 있는 이 힘들은 교회에서 말하는 성령처럼 우리 외부에 기원을 둔 어떤 요구를 따르는 것 같지 않은, 강력한 감정feeling이나 정서emotion 혹은 이미지image를 가리키는데, 이들은 자연적으로 혹은 스스로 의식의 세계로 나오기도 한다. 그러나 우리는 이것을 지각하지 못하거나, 지각하더라도 의식의 세계에 둘러싸여 억압하거나 완강하게 거부해 버릴 수 있다. 우리의 인성은 작동하고 있는 내부의 힘과 외부의 힘에 의해 가해진 작동의 결과이다. 따라서 의식에만 의존하거나 의식에 치우친 인성은 조화로운 삶을 영위하는 데 많은 어려움을 낳을 수 있다. 상대방을 이해하기 위해서는 상대방의 의견을 듣는 자세가 선행되어야 하듯이, 의식이 무의식의 소리를 들으려는 자세가 무엇보다 중요하다. 이러한 자세는 개인이든 사회이든을 불문하고 필수적 요건이라 할 것이다. 수용적 자세의 기본 성향이 무엇이고, 이것들이 어떻게 내부의 목소리를 수용하게 만드는지는 밝혀야 할 또 다른 연구과제들이라고 할 수 있을 것이다.

둘째는 내부의 세계가 외부의 세계로 표출된 것들을 바르게 이해하고, 더 나아가 내부의 세계가 외부 세계로 표출할 수 있도록 촉진하는 방책들을 찾아내야 한다는 점이다.

Jung학파 심리학에서 내부세계의 표출은 주로 상징화symbolization에 의해서 설명한다. 상징화는 두 가지 주요 기능을 갖는다. 하나는 좌절된 본능적 충동을 만족시키기 위한 시도라는 것이며, 다른 하나는 원형적 물질archetypal material의 형체화embodiment라는 것이다. 예술로서 춤의 발달은 성적 충동과 같이 좌절된 충동을 상징적으로 만족시키기 위한 시도의 예라고 볼 수 있다.

상징적 표상은 본능적 충동libido을 결코 완벽하게 만족시킬 수는 없다. 왜냐하면 진짜 대상을 얻을 수 없기 때문이다. 결과적으로 좌절된 본능thwarted instincts에 대한 더 적합한 상징화가 끊임없이 찾아지게 되고, 더 많은 에너지를 방출하고 더 많은 긴장을 줄일 수 있는 상징을 추구하게 되어, 그 결과 더 높은 문화적 수준으로 나아가는 문명화를 가능하게 한다.

상징들은 축적된 개인적, 인종적으로 습득된 인류의 지혜일뿐만이 아니고 인류의 현 상태보다 훨씬 앞선 발달의 수준을 대변할 수도 있다. 한 사람의 운명, 그의 정신psyche의 최고조의 진화를 상징에 의해 표시할 수 있기 때문이다. 따라서 상징은 인과관계론causality적 측면에서 후향적retrospective으로 안내되는 인간의 본능에 대한 이해뿐만이 아니고, 인류의 최종 목표를 어디에 두었느냐 하는 전향적prospective 측면에서 이해되도록 해야 할 것이다.

내부의 세계를 밖으로 끌어내는 방법들로서는 적극적 상상의 방법, 연합의 방법, 증폭 방법, 그리고 원래의 이미지에 생명력을 불어넣는 방법 등을 생각해 볼 수 있다. 표출된 내부의 세계는 노래, 그림, 춤, 시와 글 등이 될 수 있다. 무의식의 세계에 관해 논의하고, 이해를 깊게 하기 위해서는 내부의 세계를 이루는 사상(事象)들에 이름을 붙이고, 기술하고, 다듬고, 생명을 불어넣는 우리의 노력을 요구한다.

셋째는 내부세계를 육성할 수 있는 분위기나 맥락을 밝혀야 한다는 점이다. 우리의 교육은 의식의 세계뿐만 아니라 무의식의 세계도 교육의 대상이 되어야 한다. 그러나 실증주의positivism가 교육의 주요 패러다임으로 자리 잡은 이후 검증 가능한 것, 관찰 가능한 것, 구체적인 것 등으로 교육의 범위가 극도로 축소되어 버렸다. 법칙 일반화를 찾기 위해 사례들 간의 공통성에만 관심을 갖지, 개인이 갖고 있는 특이성은 무시되고 있다. 나아가 신화나 꿈같은 추상적인 것들이 우리의 교육 현장에서 사라진 지 오랜 느낌이다.

더 큰 문제는 무의식의 세계를 매우 부정적인 시각으로 바라본다는 사실이다. 무의식의 구조적 구성요소인 원형archetype 속에는 인간이 낮은 생명체의 형태로부터 진화하면서 수많은 세대에 걸쳐 전수되어 온 동물적 본능들이 들어 있을 것을 예상할 수 있다. 인간 본성의 동물적 측면은 곧 원죄original sin의 개념을 나타내는데, 이것이 밖으로 투사될 때 악devil이 된다는 해석이다. 그러나 원형에는 조상으로부터 전수 되어 온 기억 흔적의 저장소로서 수많은 세기에 걸친 지혜와 경험도 함께 들어 있다고 보아야 한다. 이들을 잘 활용하면 긍정적인 방향으로 인간에게 막대한 기여를 할 수 있다. 통찰insight이나 직관intuition은 '의식과 이전에는 무의식이었던 정신적 내용과 연결 짓는 예들'이라 할 수 있는데, 꽉 막혔던 인류의 과제들이 직관적 진실 파악epiphany에 의해 한순간에 해결된 사례들을 얼마든지 찾을 수 있다.

무의식과 같은 내부 세계의 내용은 분위기나 맥락에 따라 크게 영향을 받는다고 한다. 이는 학습 내용에 부가해서 학습 집단의 맥락을 포괄하는 구성원들 간의 관계와 상호작용이 오히려 더 내부세계의 표현을 결정할 수 있기 때문이다. 이 같은 분위기는 구체적으로 어떤 분위기일까? 심리적으로 우리가 어떤 감정 상태에서 내부의 목소리를 민감하게 받아들일 수 있을까? 그리고 여러 개의 중재 변인들이 있다고 가정할 때, 이 변인들의 가장 효과적인 조합과 그 순서는 어떻게 될까? 인간의 내부세계를 육성하기 위해서는 아마도 이 같은 질문에 대한 연구가 선행되어야 할 것이다.

마지막으로 내부와 외부, 의식과 무의식이 잘 화합을 이루고, 내부의 에너지를 잘 조정할 수 있는 능력을 길러야 한다는 것이다. Jung에 의하면 의식과 무의식의 통합은 전진progression과 퇴행regression의 두 가지로 설명한다. 전진이란 의식적 자아ego가 외부환경의 요구와 무의식적 요구의 양쪽 모두에게 만족스럽게 적응하는 방향으로 통합하는 것을 의미한다. 그러나 좌절시키는 환경에 의해 전진에 방해를 받으면, 에너지는 외적 혹은 환경 지향적 가치에 투자되는 것이 막히게 된다. 그 결과 그 에너지는 에너지 보존의 법칙에 따라 어디론가 가야만 하고, 결과적으로 무의식으로 퇴행하게 되어, 내부에 쌓이게 된다.

무의식적 사물에 에너지가 쌓이면, 그 무의식은 의식적 자아ego 보다 더 높게 충전될 수 있다. 이렇게 되면 무의식으로부터 나온 에너지는 균질entropy 의 원리에 따라 의식적 자아로 흐르게 되고, 자아의 본래적 기능인 합리적 과정들을 어지럽힌다. 그 결과 이 사람은 비합리적이고, 강박적 양태로 행동할 수 있다. 심지어는 자아의식을 꿰뚫어 버리거나 압도하는 위협을 한다. 경우에 따라서는 나다움i-ness 을 지워버린다.

의식과 무의식 간의 충돌, 곧 부적응 적 행동을 피하기 위한 기제로서는 초월적 기능transcendent function 과 승화sublimation 를 들 수 있다. 초월적 기능은 인성 내의 여러 체제들의 상반되는 흐름을 통합하고, 완전한 하나wholeness 라는 이상적 목표를 향하여 일하는 능력을 부여하는 것을 말한다. 다른 말로 표현하면 인성 내의 특정 체제가 소홀히 되거나 덜 발달된 경우, 좀 더 완전히 개발된 체제로부터 에너지를 빼앗아 발달시킴으로써 각 체제가 좀 더 완벽한 정도의 분화, 발달 및 표현에 이르도록 하는 과정을 말한다. 승화는 더 원시적이고, 본능적이고 그리고 덜 분화된 과정으로부터 더 높은 문화적, 영적 그리고 더 분화된 과정으로 에너지를 옮기는 것을 나타낸다. 예를 들어 성적 충동으로부터 철수된 에너지가 종교적으로 가치 있는 일에 투자되었을 때, 그 에너지는 승화되었다고 말한다.

의식과 무의식의 통합의 방법으로 초월적 기능과 승화를 들었다. 이는 종국적으로 원만한 인성을 개발하면서도 인간 개개인의 개성화individuation 를 꾀하는 길이기도 하다. 이 같은 맥락에서 자아의식을 잘 개발하여, 개인적, 집합적 무의식에 존재하는 복합체들complexes 의 영향을 조정할 수 있는 길을 열어야 할 것이다.

| 참고 문헌 |

류완영 (2014). 구성주의에서 의미의 의미. **교육공학연구, 30**(1), p.1-18.

Dirkx, J. M. (2012). Nurturing soul work: A Jungian approach to transformative learning. In Taylor, E. W., Cranton, P. & Associates. *The handbook of transformative learning*. John Wiley & Sons, Inc.

Hall, C. S. & Lindzey, G. (1978). Jung's analytic theory, *In theories of personality* (3rd ed). John Wiley & Sons, Inc.

Prasad, P. (2005). *Crafting qualitative research : Working in the postpositivist traditions*. New York: M. E. Sharpe, Inc.

Taylor, E. W., Cranton, P. & Associates. (2012). *The handbook of transformative learning*. John Wiley & Sons, Inc.

15

자기 중심적 의식과 탈 자기 중심적 의식

Kegan의 의식 발달 순서를 중심으로

의식

주위의 일들에 대해 실감하고, 사고하고, 이해하는 상태

의식 발달의 방해 요소

극단적인 이념의 굴레, 폐쇄적 사회구조, 타인의 의식에 대한 강제 등

의식 개발의 필요성

① 현대사회의 복잡성·다양성의 수용과 이의 극복 차원

② 인간과 인간, 인간과 지구간의 상호 의존성 및 포괄적 세계관 개발 차원

③ 모호성에 대한 참을성 양성 차원

의식 발달의 과정

- Kegan : 지지 혹은 확인, 도전 혹은 모순, 연속 순으로

- Schapiro
  - 확인 : 현재의 참조체제를 타당화하거나 수용하는 것
    안전과 확인 감을 느끼게 하는 단계
  - 모순 : 한계와 영역을 벗어나 뻗어나가기를 조장하는 단계
  - 창조 : 변화된 행동, 태도 그리고 의식의 단계
  - 연속 : 재통합, 평형 상태의 단계

의식의 발달 순서

제0 순서 : 나와 세상이 미분화 상태. 단순히 반사적 행동에 의해 외부와 접촉 유지

제1 순서 : 사물에 대한 변별력 발생. 대상 영속성 생성

제2 순서 : 대상, 사람 혹은 아이디어 등에 대한 '지속성 있는 범주' 창조. 자기중심적 태도. 자신의 욕구나 관점에 대해 타인의 승인을 얻는데 일차적 관심

제3 순서 : '사회화된 정신' 혹은 '인식론적 성인기'
내가 알고 있는 것만이 옳고, 진리라고 생각함. 따라서 가르치려 들고, 완고하고도 방어적 사고 유지 경향. 이들의 신념과 가정들을 확인·지지해 주는 사람에 의해 조종 가능

제4 순서 : '자기 저술' 단계. 가치와 생각이 주체에서 객체로 옮겨가는 단계. 앎의 방식을 외부에서 내부로 방향 전환. 어떻게 다른 사람이 아느냐에서 어떻게 내가 아느냐로 옮김. 나 스스로 지식을 구축하고, 나 스스로 선택하고, 그 결과에 대한 책임을 짐.

제5 순서 : '스스로 변형' 단계. 무아(無我) 지향. 나(주체)도 객체 중의 하나이며, 객체들 간의 경계도 스스로 구축되어 있다고 인정. 스스로 재고(再考)하고, 재구축 능력을 갖춤.

의식 발전 방안들

① 지지와 도전

- 교사의 명시적 타당화
- 또래 집단에 의한 암묵적 수용
- 의미 만들기 구조 이해 및 음미
- 난국(dilemma)의로의 안내
- 담론 및 성찰의 기회

② 상호 의존감 형성 및 다름 환영하기

- 소집단 학습 운영
- 발표 기회 공유
- 환경문제 : 탄소 배출량과 지구 온난화 문제

③ 권위의 이동

- 권위 : 의사 결정을 위해 믿고 의지하는 곳
- 교사, 교과서, 교육청 → 또래 집단 → 학생 개인으로
- 학생 에이전시 방향

④ 공감의 배양

- 공감 : 다른 사람의 심리적 상태를 그 사람의 입장이 되어 느끼거나 자각하는 방식
- 공감 실천 : 모르는 사람과 대화 나누기, 다른 사람의 삶 살기, 공유 목적으로 여러 단체 가입하기
- 나의 편견 인정 : 자신에게 정직하기, 내가 누리는 특권인정하기, 다른 사람 이야기 듣기
- 다른 사람 변호하기
- 책 읽기

의식 발달의 지향점

- 스스로 변형하는 앎의 방식 → 참조체제가 대상에 따라 저절로 바뀌어 타당성 있게 의미를 부여하는 상태 → 무아지경(탈 자기중심적 의미형성)
- 탈 자기중심적 의식 : 주체와 객체 간의 관계에서 벗어나 주체도 객체 중의 하나가 되는 상태. 객체와 객체 간에는 스스로 경계가 구축되어 있음을 인정. 객체 간에는 상호의존적 관계, 평형과 조화 관계 유지

서론

의식이란 깨어 있는 상태에서 자신이나 사물에 대하여 인식하는 작용을 말한다(한컴 사전, 2020.2.24.). 의식의 대상은 나와 나를 둘러싸고 있는 모든 것들로서, 한마디로 나를 포함한 모든 것들이라 할 수 있다. Penrose(1989)는 의식을 '개개인이 현실 세계에서 체험하는 모든 정신 작용과 그 내용을 포함하는 일체의 경험 또는 현상'이라고 정의한다. 바꾸어 말하면 우리 주위에서 일어나고 있는 일들에 대해서 실감하고, 사고하고, 이해하는 상태를 나타낸다.

전통적으로 의식에 관한 연구는 심층 심리학 depth psychology 이나 초개인 심리학 transpersonal psychology 과 같이 인간의 심리 중에서 현실과는 거리가 있는 것들을 밝히는 목적으로 주로 수행되어 왔다. 하지만 최근에는 발달론적 관점에서 의식에 관한 연구가 많이 이루어지고 있다. 예를 들어 Kegan(2000)의 '의식의 여러 가지 순서들'이나, Gunnlaugson(2007)의 '의식의 순서 이해하기' 그리고 Wilber(2000)의

'발달선 상으로서 의식의 상태' 등을 들 수 있을 것이다. 이와 같은 발달론적 관점에서의 의식에 대한 연구는 최근 성인 교육에서 크게 화두가 되고 있는 Mezirow(2012)의 변형학습transformational learning과도 밀접한 관계가 있다.

물질적으로는 풍요로워도 의식 수준이 낮으면 개인이든 국가든 제대로 대우를 받지 못하고, 비록 가난하더라도 의식 수준이 높으면 다시 한 번 쳐다보게 된다. 선진국으로 가는 길은 국민들의 의식 수준에 달려 있다고도 볼 수 있다.

그러나 우리의 현실은 의식의 발달을 방해하는 여러 가지 요소들에 의해 둘러싸여 있다. 극단적인 이념ideology의 굴레에 갇혀 있다든지, 폐쇄적인 사회구조 때문에 현재의 위치를 벗어날 수 없는 상태 등이 그것들이다. 최근에는 정보통신공학Information Communication Technology : ICT의 발달로 비자발적, 비의도적으로 자신의 의지와는 상관없이 정보들을 접해야 되고, 심지어는 그 정보에 의해 자신의 의식이 강제되기도 한다. 정보사회에서 개개인의 정보 창조도 중요하지만 개개인의 의식이나 태도가 원하지 않는 정보로부터 보호받아야 함도 중요하다. 무분별하게 만들어지는 정보들은 의도적이든, 혹은 비의도적이든 이를 접하는 사람들에게 해악이 될 수도 있다는 사실을 명심해야 한다.

여기서는 인식론적 복잡성epistemological complexity의 증가에 의해 의식의 발달을 설명하고 있는 Kegan의 의식변형 모형을 중심으로 의식이 어떻게 발달하는지를 살펴보려 한다. 그는 의식 발달을 자기중심에서 탈 자기중심의 순서로 기술하고 있는데, 특히 둘째, 셋째, 넷째 순서의 의식에 강조점을 두고 설명하고 있다. 그러나 필자는 그 순서의 폭을 양쪽으로 확장하여 각 순서에 해당하는 의식의 특징들을 기술하려 한다. 나아가 Kegan이 생각하고 있는 의식 발달의 개념과 이의 발달을 위해 사용할 수 있는 수단들을 함께 고민해 보려 한다.

의식 개발의 필요성

의식이란 나와 나 이외의 사물이나 사건에 대한 지식, 감정 그리고 관점을 가리킨다. 이는 매우 포괄적인 개념으로서, 우리의 감각기관이나 지적 과정을 통해서 얻어진 전체라고도 말할 수 있다. 따라서 의식 개발이라고 하면 인간 정신의 변화를 이루는 것을 뜻한다. 의식 문제, 특히 의식 개발의 필요성은 어떤 맥락에서 왜 근래에 크게 부각이 되고 있을까? 나는 이 문제를 다음과 같이 크게 세 가지 정도로 정리하고 싶다.

첫째는 우리가 복잡성complexity의 시대에 살고 있다는 것이다. 우리가 살고 있는 이 세계의 복잡성은 인간이 만든 결과이기도 하지만, 인간이 살아가기 위해 도전하지 않으면 안 될 환경이기도 하다.

우리가 살아가는 세상이 복잡하게 된 원인으로는 지식 정보의 폭발적 증가를 들 수 있을 것이다. 설득력 있는 설명인지는 모르겠지만 온 인류의 지식 정보의 배가(倍加) 년도가 끊임없이 단축되고 있다는 사실을 한번쯤은 여러 경로를 통해서 들어 봤을 것이다. 지식 정보의 폭증은 인류 최고의 지적 산물이라 할 수 있는 컴퓨터의 등장 때문이라고 말하는 사람들이 많다. 인간이 지식 정보를 창조하는 데 있어 컴퓨터가 인간을 대신하거나 중간다리 역할을 수행함으로써, 더 깊고 더 높은 곳까지 인간의 능력이 이르게 할 수 있다. 더구나 AI의 등장은 인간의 개입이 없이도 스스로 지식 정보를 창출한다.

새롭게 창조된 지식은 기존의 지식에 보태져서 조정되거나 통합된 지식으로 만들어져야 한다. 지식이란 단세포적으로 따로따로 분리되어 존재하지 않고 관련된 지식들과 군집을 이루며 형성되기 때문이다. 통합 혹은 조정의 과정은 새로운 지식에 따라서 여러 가지 형태로 전개될 것을 예상할 수 있다. 새로운 지식과 기존의 지식 간에는 화합을 이룰 수도 있고, 갈등을 겪을 수도 있다. 경우에 따라서는 새로운 지식을 중심으로 새로운 참조체제로 세워지거나, 기존의 참조체제를 통째로 대체할 수도 있을 것이다.

정보통신공학의 발달은 지식 정보의 유통의 폭이 더 넓어지고, 그 속도도 더 빨라졌다. 우리의 아버지 세대까지만 하더라도 경험을 통해 몸으로 익힌 방식대로 반복하며 살아도 별 지장이 없었다. 그러나 현대를 살아가는 사람들에게는 더 많은 지식, 더 새로운 기능으로 무장하고 나오라고 끊임없이 강요하고 있다. 그렇지 않을 경우 우리가 삶을 살아가는 데 막대한 불편을 겪게 된다. 예를 들어 최근의 언택트untact 시대에 많은 교회들이 webex나 zoom을 통해 예배를 드리고 있는데, 어려운 용어들로 사용자들을 위축시키고, 핸드폰 상에서 동작을 어떻게 해야 하는지를 몰라 접근이 불가능하게 만들기도 한다. 이에 따라 나이가 든 사람들은 예배를 포기하는 경우도 있다.

삶은 실재이다. 따라서 우리는 더 큰 복잡성과 다양성을 수용하고 대립적인 관점들을 가지고 새로운 의미를 만들며, 기존의 지식과 화해를 이루도록 해야 한다.

둘째로는 인간과 인간 그리고 인간과 지구간의 상호 의존성을 인지하게 하고, 더 포괄적인 세계관 개발 차원에서 의식 개발이 논의된다는 점이다.

의미란 다른 사람, 다른 사물과의 관계 속에서 만들어지고, 또 나의 자아감sense of self도 타인과의 비교 속에서 형성된다. 따라서 Daloz 등(1996)은 연결성이 개별주의보다 강조되어야 한다고 주장한다. 많은 세계적 의식의 주창자들은 우리의 의식이 친척이나 이웃 혹은 우리가 살고 있는 도시, 지역, 국가를 뛰어넘어서 세계 시민의 일원의 그것으로 바뀌어야 한다고 주장한다. 이는 우리의 관점이 특정지역에 초점을 두는 것으로부터 전 세계를 아우르는 것으로 확대되어야 함을 나타낸다. 우리가 직면하고 있는 생존의 문제는 개별적이라기보다는 집합적이기 때문이다. 이 같은 사실은 우리의 경제나 환경 문제 등에서도 실감할 수 있을 것이다.

우리가 수많은 세기에 걸쳐 개별주의를 존중해 온 결과 우리들 사이에 끝없는 경쟁과 분리를 초래케 하고 있다. 나아가 개인적으로는 고립과 고독감을 증대시키고, 경제적 착취를 촉진시키고 있으며, 국제적 관계에 있어서는 국가 간 경쟁과 대립의 관점이 높아지고, 그리고 개인적 만족의 차원에서 자연 자원의 파괴를 가속화시키고 있다.

이 같은 개별주의의 근본 목적이 무엇인지 의문을 던지는 사람들이 여러 분야의 학자들 사이에서 많이 나타나고 있다. 과연 육체적인 욕구 충족의 끝없는 추구가 진정으로 우리가 바라는 것이었는가? 절제나 부적(負的)인 방향으로의 변화가 오히려 함께 살고, 함께 생존하는 것이 아닐까 하는 생각이 드는 것이다. 그러면서 Daloz(1996) 등은 전 세계가 하나가 된 인간성, 통일된 인류의 개념은 새롭게 창조되어야 할 필요가 있는 그 무엇이라기보다는 인류의 탄생과 더불어 미리부터 있었던 것으로 인정되어야 한다고 말한다.

Capra(1996)는 인간과 비인간 생명체 간에 복잡한 생명의 그물망 속에서 서로 간에 영향을 주면서 존재하기 때문에 다른 것과 함께 존재하는 것으로서 우리의 의식이 옮겨가야 한다고 제안한다. 더 큰 체제의 통합된 일원으로 우리 스스로를 인정하는 것이 우리가 당면하고 있는 가장 큰 문제로서, 우리가 길러나가야 할 정신이라고 본 것이다.

셋째로는 모호함ambiguity에 대한 참을성을 길러야 한다는 차원에서 의식 변화의 중요성이 논의된다는 점이다. 복잡성과 다양성을 포용하기, 종합적인 세계관을 형성하기, 그리고 상호 의존성을 이해하기 등은 모두 모호성을 증대시킨다. 더욱이나 상황이나 조건 혹은 맥락에 의해서 진(眞) 혹은 타당성 있는 지식이 결정되는 상대적 진리관이 지배적인 현대사회에서는 모호성이 더 커지고 일반적일 수밖에 없다. 그런데 인간은 본질적으로 그들이 경험한 것들에 관해서 질서와 의미의 패턴을 가지고 들여다보고, 이에 끊임없이 작업을 가한다. 우리는 의미를 만드는 자로서 습관화되어 있는 셈이다.

그런데 우리의 의미 만들기 능력은 현대의 우리 삶의 조건들 때문에 의미 만들기에 제한을 받고 있다. 우리의 의식의 가장자리는 점점 무너져 내리고, 우리의 확신 또한 침식되고 있는 셈이다. 이러한 상황에서 고정된 관념을 가지고 있는 사람은 심각한 좌절이나 욕구 불만이 쌓여 갈 수밖에 없게 되어 있다.

따라서 우리의 사고방식에 대한 변화를 꾀함으로써 차이와 복수의 의미 체제에 대처하기 위한 참을성을 학습하도록 하자는 것이다. 예를 들어 전체적 관점이나 이슈들에 대한 종합적 관점을 취하기와 같은 훈련은 모호성에 대한 참을성을 기를 수 있는 대안이 된다는 것이다(Kegan, 1994).

의식 발달의 과정

새로 태어난 아기는 여러 가지 태생적 반사 행동들innate reflexes을 가지고 세상에 나온다. 여기서 태생적 반사 행동이란 누구한테 배우거나 경험을 통해서 습득된 행동이 아니라 태어나면서부터 갖고 태어난 행동을 말한다. 이에는 젖 빨기, 큰 소리에 깜짝깜짝 놀라기, 그리고 보고 있는 사물에 초점을 맞추기 등을 들 수 있다.

처음에는 아기가 자기와 세상 간을 구분하지 못하고, 세상의 사물들 간의 차이도 인식하지 못한다. 그러나 이 반사적 행동을 가지고 외부세계와 접촉을 계속하다 보면 외부세계의 사물들에 대한 변별력이 생긴다.

아기가 사물에 대한 변별력이 생겼느냐 생기지 않았느냐는 주로 낯가림을 가지고 판단한다. 아기가 처음에는 친근한 사람이나 낯선 사람을 구분하지 못하다가 어느 순간부터는 낯선 사람을 보게 되면 운다. 이는 아기에게 대상에 대한 변별력이 생겼다는 것을 나타낸다.

엄마, 아빠는 아기와 놀 때 딸랑이를 흔들어 준다. 처음에는 관심을 보이지 않다가 자꾸 흔들어 주면 딸랑이에 관심을 쏟고 잡으려고 다가온다. 이때 딸랑이를 아기의 시야에서 사라지게 하면, 언제 잡으려고 그랬느냐는 듯이 포기하고 돌아선다. 그러나 머지않아 아기는 엄마가 감춘 등 뒤로 다가와 딸랑이를 달라고 한다. 내 눈으로부터는 사라졌지만 여기 있는 것을 안다는 식의 행동이다. 이를 흔히 Piaget 이론에서는 대상 영속성 object permanence 이라 부르는데, 이는 대상이 아이의 지각과는 무관하게 독립적으로 존재한다는 것을 아는 능력을 말한다. 이 대상 영속성은 만 2세 이내에 형성되는 것으로 알려져 있다.

대상 영속성은 아기가 사물이나 사건에 대한 정신적 표상을 하기 시작하였다는 것을 나타낸다. 여기서 정신적 표상이란 마음속으로 사물이나 사건을 상상하거나 그리는 것을 말한다. 이와 같이 밖의 세계와 상호작용을 계속하다 보면 머릿속에 그 결과들이 정리되어 남게 된다. 그리고 남은 이것을 가지고 외부의 세계를 이해하고 해석하게 된다. 이것을 사람들은 인지구조, 스키마 schema , 혹은 참조체제 frame of reference 라 부른다.

의식의 발전은 따라서 이 참조체제의 변화를 가리킨다. 다시 말해서 의식의 발전이란 참조체제가 분화하고, 더 복잡해져 가는 과정이라 할 수 있다. 스키마 이론가들은 스키마의 변화를 증가 accretion , 조율 tuning , 그리고 재구조화 restructuring 의 세 가지 기능으로 설명한다. 그런데 여기서 우리가 기억해야 할 것은 기존의 참조체제에 단순히 지식과 경험이 더해져서 새로운 사물이나 사건을 설명할 뿐 아니라 참조체제 자체를 새로운 것으로 바꿔서 사물이나 사건을 설명할 수도 있다는 사실이다. 어떤 사람은 이것을 구분하여 전자를 정보적 설명 informational explanation 이라고 부르고, 후자를 변형적 설명 transformational explanation 이라고 부른다. 변형적 설명이란 새로운 앎의 방식이나 새로운 의미 만들기의 방식으로 현상을 보는 것을 가리키는데, 이의 결과는 과거와는 전혀 다른 획기적인 관(觀)의 변화를 낳게 된다.

Schapiro(2009)는 의식의 발달을 촉진 환경facilitating environment 차원에서 논의하고 있는데, 그 발달을 확인, 모순, 창조, 연속의 네 과정으로 설명한다. 이는 Kegan(1982)의 ①지지 혹은 확인, ②도전 혹은 모순, ③연속의 세 가지에 '창조'를 더한 것이다. 여기서 '확인confirmation'은 현재 있는 참조체제를 타당화하거나 수용하는 것을 말한다. 이는 배운 것을 다짐으로써 감정적으로 안전과 확인감을 느끼게 하는 단계이다. 둘째 모순은 자신의 현재의 한계들과 편함 영역을 벗어나 더 뻗쳐나가기를 조장하는 단계이다. Piaget가 지적 발달을 꾀하기 위해 또래 아동들 간에 인지적 갈등을 불러일으켜야 한다는 주장이나 Mezirow(2012)의 변형학습이 일어나기 위해 학습자가 '방향감을 잃은 난국disorienting dilemma'을 겪어야 한다는 주장과 일맥상통한다. 인간은 불안과 불평형 상태에서 벗어나 편안과 평형 상태로 돌아가려는 본능을 갖고 있는데, 이를 활용하려는 것이다. 셋째는 '창조creation'로써 변화된 행동, 태도 그리고 의식을 말하며, 마지막으로 '연속continuity'은 재통합, 혹은 평형 상태를 가리킨다.

이와 같이 Kegan이나 Schapiro는 의식의 발달이 사용하는 용어는 다르지만 여러 지적 발달 이론가들과 마찬가지로 확인, 모순, 창조, 연속의 과정이 반복함으로써 이루어진다는 주장이다.

Kegan은 '의식의 순서'를 번호를 붙여 구분하여, 각 순서별로 의식의 특징을 기술하고 있다(Kegan, 1994). 이는 Baxter Magolda(2004, 2005) 등에 의해 자기 저술 이론theory of self-authorship이라는 이름으로 더욱 발전되어 오늘에 이르고 있다.

원래 Kegan이 논의의 초점을 두는 것은 셋째 순서인 '인식론적/심리적 성인'과 넷째 순서인 '사회화를 넘어서 자기 저술하기'이다. 연속성을 살리기 위한 차원에서 0 순서부터 차례대로 의식적 특징을 기술하면 다음과 같다(Taylor & Elias, 2012 참조).

• 제0 순서

이 순서는 의식적 특성으로서 분명히 이렇다 할 언급이나 기술은 없다. 유추컨대 갓 태어난 아기의 상태가 아닐까 싶다. 즉, 나와 나 이외의 세상을 구분하지 못하고 단순히 반사적 행동에 의해 외부와 접촉을 유지하는 단계로 보인다.

• 제1 순서

이 순서는 아기가 점점 바깥세상의 사물의 존재를 보고 느끼기 시작하는 단계이다. 즉, 낯가림에서 보여 주는 것처럼 친근한 것과 낯선 것을 구분하는 변별력이 생기고, 자기의 의식과는 상관없이 사물이 독립적으로 존재한다는 개념을 얻게 된다(대상 영속성).

• **제2 순서**

이 순서의 가장 큰 특징은 '지속성 있는 범주'의 창조를 들 수 있다. 이는 자기와 분리되어 있는 대상, 사람 혹은 아이디어 등을 그들만이 갖는 특성에 따라 분류하는 것을 말한다. Baxter Magolda는 이 단계를 '외부적 공식 따르기'라고 불렀는데, 그 이유는 그들 스스로와 세계를 아는 그들의 방식their way of knowing을 외부적 출처로부터 빌려 와 사용하기 때문이다.

이 순서의 학생들은 자기중심적 태도ego-centric attitude를 갖는 특징이 있다. 이들은 다른 사람들이 자기와는 다른 관점을 가지고 있다는 것을 볼 수 있지만 자신의 개인적 욕구나 선호에 따라 우선적으로 상황을 지각한다. 그리고 자신의 관점에 대해 타인의 승인을 얻는데 제일차적 관심이 있다. 따라서 공감이 결여되기 쉽고, 다른 사람의 관점을 상상할 수 없으며, 갈등이 무엇인지를 알지 못한다.

• **제3 순서**

이 순서의 사람을 '사회화된 정신' 혹은 '인식론적 성인기'라고 부르고, 또 어떤 사람은 '범주 교차적 사고기cross-categorical thinking'라고 부른다. 이 순서는 의식하고 책임지는 객체object를 만들 수 있을 때 일어난다. 바꾸어 말하면 개인적인 원함이나 욕구는 내가 정식으로 주체subject가 되었을 때 일어난다는 것이다.

우리가 사회화된 의식으로 옮겨가면서, 어느 사회에서나 그 구성원들에게 가르치려 드는 '해야만 하는 것들shoulds'에 대해 우리 성인은 주체이다. 다양한 감정, 행위, 그리고 관점에 대한 옳고 그름은 실재와 진리로 우리가 알고 있는 것들에 의해 결정된다. 이를 벗어나는 것은 생각할 수 없다. 왜냐하면 객체로서 이 같은 명령들과 금지 사항들을 지켜야 할 것들로 생각되기 때문이다.

이 순서의 사람들은 완고하고도 고도로 방어적인 사고 패턴을 유지하는 경향이 있다. 이들은 또한 나와 같지 않은 사람들에 비해 내가 더 올바르다고 생각한다. 그래서 다른 사람들이 나의 생각이나 관점을 따라 주기를 바란다. 그렇지 않으면 나와 다르다고 지각하는 사람들을 무시하거나, 그냥 참아 줄 뿐이다. 경우에 따라서는 나와 같은 관점을 얻을 수 있도록 도와주어야 한다는 의무감을 갖고 그들을 안내해야 한다고 생각한다.

이 순서의 사람들은 또한 이들의 근본 신념과 가정들을 확인시켜 주거나 지지해 주는 사람들에 의해 조종될 수 있다. 예를 들어 이들의 믿음을 이끌어 왔던 사람들에게 참을 수 없게 만드는 사람들이 있을 경우 이들을 향하여 스스로 의로운 공격적 행동을 일으킬 수 있다. 이 같은 객체에 대한 의미를 만드는 방식은 국가나 인종 혹은 종교 간에 상호 존중과 이해를 확립하고 학파, 이웃, 그리고 삶의 현장에서의 현대적 요구를 충족시키는 데는 분명히 부적합하다 할 것이다.

• **제4 순서**

의식의 제4 순서는 제3 순서의 사회화를 넘어서 '자기 저술self-authoring'에 이르는 것을 말한다. 이 순서는 가치와 생각들이 주체에서 객체로 옮겨 가는 것으로, 성인의 1/3에서 1/2만이 완전한 제4 순서에 이른다고 말한다.

Baxter Magolda(2004)는 이 순서가 제3 순서에서의 외부적 공식에 대한 불만족으로부터 나타나며, 이 순서부터 앎의 방식을 외부로부터 내부로 방향을 돌리기 시작한다고 말한다. 그에 의하면 자기저술의 단계는 자신이 스스로의 삶의 저자가 되어 가면서 시작하여 자기 내부의 기초로 옮겨져 가는데, 이 같은 현상은 30세 이후에 일어난다고 보았다. Baxter Magolda(2000)에 따르면 '자기 저자'가 되어가는 과정은 집중적인 자기 성찰이 요구되는데, 어떻게 다른 사람들이 아느냐보다 '어떻게 내가 아느냐'를 다듬는 과정이라는 것이다. 이렇게 개개인은 다른 사람의 요구뿐만 아니라 자신의 요구도 함께 고려하여, 다른 사람과 서로 간에 평등한 관계를 발전시킨다.

한편 Taylor와 Elias(2012)는 이 순서를 더 복잡한 정체성과 더 복잡한 가치들을 구축함으로써 이전에 불편하였거나 위협으로 경험되었던 차이들이 새로운 가능성과 관(觀)의 원천으로 받아들이는 단계로 보았다. 따라서 관계를 해칠 두려움 때문에 갈등을 피하려는 대신 '어려운 대화'는 상호 간의 이해를 증진시킴을 발견한다. 그리고 개인 내적으로는 우리의 삶을 방향지어 왔던 숨은 명령들에 도전함으로써 '중년 위기 mid-life crisis'를 일으킬 수 있다고 말한다.

그러나 우리가 점차 자율적이게 되고, 우리 신념의 뿌리를 더 잘 탐색할 수 있게 됨에 따라 우리 스스로의 의식을 가지고 지식을 구축하고, 우리 스스로의 선택을 하며, 그리고 그 결과에 대한 책임을 지는 방향으로 나아간다. 이것이 바로 '자기 저술' 의식이라고 볼 수 있다. Mezirow(2012)는 그의 성인 교육에 관한 논의에서 성인들로 하여금 좀 더 자유롭고, 사회적으로 책임지며, 그리고 더 자율적 학습자가 될 잠재력을 일깨울 수 있도록 도와야 한다고 주장하는데, 이는 곧 의식의 제4 순서를 개발해야할 당위성을 말한 것이라고도 볼 수 있을 것이다.

• **제5 순서**

앞서 언급한 것처럼 현대 기술의 발전과 경제적인 상호 관련성은 더욱더 상호 의존적인 지구촌으로 만들어 가고 있다. 그리고 이 지구촌에서 인권에 대한 신념, 결여된 것들에 대한 접근, 교육에 대한 이용 가능성, 그리고 정치 경제적 안정성 차원에서 그 다양성이 폭넓게 확산되어 가고 있다. 이들 도전들을 해소하기 위해서는 모두의 욕구를 충족시킬 수 있는 비전과 이 비전을 실현하기 위한 용기를 북돋울 새로운 의식이 요청된다. 그래서 Kegan(1994)은 '자기 저술'을 넘어 제5 순서인 '스스로 변형self-transforming'하는 앎의 방식을 향하여 우리의 노력을 집중해야 한다고 주장한다.

'스스로 변형'은 일반인이 다다르기 어렵고, 따라서 기원invocation 수준의 의식이기 때문에, 이 순서의 의식이 어떤 특징을 갖는지 말하기가 매우 조심스럽다. Taylor와 Elias(2012)는 이 단계가 자아에 중심을 둔 새로운 앎의 방식으로의 이동이 아니라고 단정적으로 말한다. 그러면서 동양의 고전에서 기술되고 있는 무아non-self를 지향하는 것으로 보았다.

그렇다고 무아(無我)가 지자knower의 개인적 정감이나 사상이 자연경물(自然 景物)에 담기지 않는다는 말은 아니다. 오히려 정감과 사상이 직접적으로 드러나지 않으며, 때로는 지자가 이를 자각하거나 의식하지 못한다는 말이다(리쩌허우, 2012, p.395). 무아지경에 이른 예술가들은 자연을 객관적이고 총체적으로 파악하고 묘사했으며, 확정적이지 않은 관념, 의, 정감을 다의적으로 표현하였다. 참고로 유아지경(有我之境)과 무아지경(無我之境)을 비교하여 제시하면 다음과 같다.

유아지경	무아지경
• 자아의 의지와 욕망이 있음 • 주체와 객체 사이의 충돌과 동요를 거쳐 평화의 상태로 감 • 자아의 입장에서 사물을 바라보기 때문에 사물이 모두 자아의 색채를 띰	• 자아의 의지와 욕망이 없음 • 주객이 혼연일체, 처음부터 끝까지 주객 간에 아무런 이해관계가 발생하지 않음 • 사물의 입장에서 사물을 바라봄으로 어느 것이 사물인지 모름
* 나의 입장에서 사물을 바라보는 것 → 정(情) 사물의 입장에서 사물을 바라보는 것 → 성(性) 성(性)은 공평하고 밝으며, 정(情)은 치우치고 어둡다.	

* 위 비교는 왕국유 저, 류창교 역주(2004)와 김학주(1992)를 참고하여 정리한 것임

자기 저술 지자들은 복수의 경계에 걸친 협상에서 성공적이라 한다면, '스스로 변형하는' 지자들은 이들 경계들이 스스로 구축되어 있다고 인정한다. 이 말은 지자도 대상 중의 하나가 됨을 의미한다. 제5 순서의 사람들은 제3 순서에서의 특정 공동체에 한정된 동일시라든지, 본질적으로 다른 공동체들의 업무를 끌어들이는 제4 순서의 더 확장적인 능력을 초월하여 재고하고, 골격을 다시 짜는 능력을 갖는다. 아울러 사물 간에 적합한 구분이 분명하게 존재하더라도, 우리는 구분하는 선(線)을 그을 때마다 우리가 타아(他我)를 생각할 때 우리가 인지하는 데 실패한 우리의 부분들이 무엇인지, 그리고 우리가 우리 스스로를 생각할 때 우리가 인지하는 데 실패한 '타아(他我)'의 부분이 무엇인지 끊임없이 질문하지 않으면 안 된다.

의식 발전을 위한 방안들

어떻게 하면 복잡성의 사회, 불확실성의 사회에 적응할 수 있도록 의식을 발전시킬 수 있을까? 사람들은 각자의 이론에 따라 여러 가지 주장들을 할 수 있을 것이다(Ignelzi, 2005; Silverstein, 2012 참조).

그러나 분명한 것은 Kegan의 주장처럼 발달이란 지지 혹은 확인—도전 혹은 모순—연속의 세 가지 과정이 반복해서 일어남으로써 가능하다. 이 같은 과정들이 활발하게 일어나기 위해서는 어떤 환경이 요구될까? 여기서는 Taylor와 Elias(2012)의 주장을 중심으로 다음과 같이 네 가지 방안으로 나누어 살펴보고자 한다.

지지와 도전

배운 것을 단단히 다지는 것과 새로운 것을 배우는 것 중 무엇에 더 우선해야 하는지는 논란의 여지가 있다. 그러나 학습에서 이 두 가지 모두가 중요하다는 사실에는 이견이 있을 수가 없다. 의식의 발전에 있어서도 자신의 현재의 의식이 지지받고 있다고 느끼는 것과 새로운 의식에의 도전은 필수적이다. 특히 제3 순서에 있는 학습자들에게 지지감은 매우 중요하다. 학생들은 자기 목소리를 내는 것에 대해 우려하거나 갈등을 느끼는데, 강화나 지지는 학생들에게 확신이나 좀 더 단정적이 되게 하는 데 큰 도움을 줄 수 있기 때문이다. 예를 들어 학생의 아이디어에 대하여 교사의 명시적인 타당화나 또래 집단들에 의한 암묵적 수용 등은 학생들에게 커다란 지지감을 준다.

Ignelzi(2005)는 학생들의 의미 만들기 구조를 이해하고 음미하는 것이 중요하다고 말한다. 학생들은 끊임없이 피드백과 타당화를 찾기 마련인데, 학생들이 세상의 의미를 어떻게 만드는지를 이해한다는 것은 더 좋은 지지를 줄 수 있기 때문이다.

학생들은 친근하지 않은 관점이나 가정들에 접하게 되었을 때 도전감을 느낀다. 따라서 방향감을 잃은 난국으로의 안내, 담론의 기회 제공, 그리고 새로운 관점을 낳을 수 있는 성찰 제공 등을 적극적으로 고려해야 한다. 그러나 양육공동체, 신뢰, 그리고 안전감과 같은 학습 환경이 선행되지 않고서는 이 모든 것들이 무의미하다 할 것이다.

상호 의존감 형성과 다름의 환영

상호 의존감을 기르기 위한 방법으로 집단 학습이 많이 사용된다. 집단 작업은 '자기 저술'의 발달에 필수적으로 여겨지는 다른 사람의 관점과 자신의 관점을 명확하게 구분할 수 있게 해 주기 때문이다. 우선 소집단을 형성하여 나중에 전체 학급에서 나누게 될 공통적 주제를 찾도록 한다. 이때 서로 간에 다른 말로 바꿔 말하기와 같이 적극적인 경청이 권장되는데, 세심한 주의와 열린 자세가 또한 요청된다고 하겠다.

소집단별 주제의 구축은 생산적이고, 유의미하며, 적합한 학습 환경을 낳고, 이는 나중에 나타날 대집단에서 합의와 기대로 발전시키는 데 중요한 역할을 한다. 소집단에서 만든 모든 주제들은 대표에 의해 설명되고, 추후에 검증의 단서가 된다. 이 같은 접근은 논쟁적인 주제들에 대한 대화에 참여하기 이전에 학습자들에게 요청되고 있는 소속의 욕구, 공통적 가치, 그리고 상호의존 연대감을 확실하게 해 준다. 이 같은 과정은 또한 여러 가지 관점을 음미하고 탐색을 환영하게 해 준다. 따라서 학습자들을 같은 부류로 집단을 형성함으로써 그들의 분명한 특성을 드러나도록 하고, 나중에 혼합 집단에서 개인 간의 차이를 보완할 수 있는 방안을 탐색하도록 하려는 전략이다.

상호 의존감은 대인간의 관계에서 형성될 필요가 있을 뿐 아니라, 인간과 자연 간의 관계에서도 필요가 있다. 이를 위해서는 탄소 배출량과 지구 온난화 문제, 쓰레기 배출량과 지구 오염 문제 등의 주제도 고려해 볼 만하다.

권위의 이동

브리테니카 영어 사전에 의하면 권위란 '한 사회적 행위자에 의해서 합법적인 영향력을 다른 사람에게 행사하는 것'이라고 정의하고 있다. 그러나 일반적으로 권위라 하면 불분명하거나 확신이 서지 않을 때, 의사 결정을 위해 믿고 의지하는 곳이라고 여겨진다.

학생들은 교사나 교과서, 그리고 교육청과 같은 외부적 당국에 권위를 부여한다. 그러나 의식의 발달 차원에서 보면 정규적인 권위에 의해 제공되는 타당화로부터 또래 집단에 의한 것으로, 그리고 종국적으로는 자기 타당화로 옮겨가는 것이 권장된다. 'OECD 학습 나침반 2030'(OECD, 2019)에 의하면 앞으로의 교육 방향으로 학생 에이전시 student agency 를 제시하고 있다. 학생 에이전시란 학생들이 친근하지 않은 상황이나 조건에 직면할 때에 단순히 고정된 수업이나 교사로부터 지시를 받는 대신 스스로 유의미하고 책임감 있는 방향을 찾아 학습 항해를 할 수 있도록 하는 것을 말한다. 이 개념이 성공하기 위해서는 모든 학생들에게 공통적으로 적용될 핵심 기반을 구축하는 일, 그리고 학습 항해 중에 부딪힐 난국을 헤쳐 나갈 자질을 갖추는 것이 중요할 것이다.

다양성의 시대, 복잡성의 시대를 살아갈 미래의 세대들에게 권위를 이동시키는 일, 즉 자율적인 학습자가 되도록 하는 것은 매우 중요하다. 과제나 논문 혹은 학급 활동에서 학생들의 많은 강점들을 순수하게, 그리고 명시적으로 칭찬을 줌으로써 학생들에게 자신감을 심어 줄 수 있을 것이다. 또한 또래들로부터 피드백을 받을 때, 점진적 권위의 전환이 뒤따를 것으로 여겨진다. 예를 들어 공통적 참조물로 수립된 루브릭rubric(채점 안내 지침)을 사용함으로써 다른 학생의 과제물이나 시험지를 채점하게 하면 자신의 것처럼 다른 학생들의 모자란 점을 찾을 수 있고, 스스로 평가 능력 면에서 더 큰 확신을 개발할 수 있다.

공감의 배양

공감empathy이란 다른 사람의 심리적 상태를 그 사람의 입장이 되어 느끼거나 지각하는 방식을 말한다. 처음 Kegan(1986)은 '공감의 결여'를 그들 자신의 관점과 갈등적인 관점을 동시적으로 가질 수 없는 능력을 기술하기 위해 사용하였다. 그러나 공감은 좀 더 적극적으로 감사와 존경을 가지고 갈등적인 관점을 대할 수 있는 능력을 나타낸다. 자신의 관점을 직접적으로 대화로 나누는 것이 자신의 관계를 위협할 수 있다고 느낀다면 이 같은 공감은 결코 성취할 수 없다. 이는 또한 상대방의 말을 주의 깊게 경청하고, 무언가 다른 사람의 사고와 감정 feelings 에 스며들 수 있는 것이 요청된다. 그럼으로써 더 큰 이해를 향한 몰입을 이끌어낼 수 있다.

끝맺는 말

Kegan의 의식 발달의 단계 중, 제5 순서는 '스스로 변형하는 앎의 방식'으로 특정 지었다. 이것은 참조체제가 대상에 따라 저절로 바뀌어 타당성 있게 의미를 부여함을 나타낸다. 그는 '스스로 변형'이 자아에 중심을 둔 앎의 방식이 아니며, 무아(無我)를 지향하는 것으로 보았는데, 어쩌면 이는 최소한도 탈 자기 중심적 의식을 강조한 것으로 여겨진다.

탈 자기 중심적 의식이란 주체와 객체 간의 관계로의 인식에서 벗어나 주체도 객체 중의 하나가 되는 것을 말하며, 따라서 객체들 간의 관계로 자아를 포함한 모든 것을 인식하게 된다. 이는 인간과 인간, 혹은 인간과 사물 간의 관계 모두를 포괄한다. 여기서 객체와 객체 간에는 스스로 경계들이 구축되어 있다는 것을 인정한다. 따라서 자아의 이념이나 감정 혹은 관(觀)을 타아(他我)에게 덧씌울 수 없으며, 그렇다고 타아의 이념, 감정 혹은 관이 자아의 그것을 지배하도록 해서도 안 된다. 객체들 간에는 상호 의존적 관계를 가지며, 어느 쪽으로도 치우치지 않는 평형과 조화 관계를 유지하도록 해야 한다.

근래에 우리의 삶은 온통 코로나 바이러스(covid-19)에 집중되어 있다. covid-19는 온 지구상에 펴져 있으며 2022년 11월 18일 현재, 전 세계 누적 확진자 수가 6억 4000만여 명에 이르며, 이로 인한 사망자 수는 662만 명이 넘는 것으로 보고되고 있다. 감염이 시작된 지 1년이 넘은 지금 여러 가지 백신의 개발과 접종으로 선진국을 중심으로 그 기세가 꺾이고 있다는 통계적 수치를 보여 주고는 있지만 각종 변이 바이러스의 출현으로 걱정이 줄어들지 않고 있는 실정이다.

코로나 바이러스는 많은 사람을 죽게 하고, 인간의 생산 활동을 제한하고 있지만, 역설적으로 그 결과는 우리가 사는 지구에 봄날을 가져왔다고 말한다(온누리 신문, 2020. 6. 7.). 그동안 인간이 자신의 욕심을 채우기 위해 환경을 얼마나 괴롭혀 왔는지를 돌아보게 하는 셈이다. 브라질 해변에 멸종 위기의 바다거북이가 새롭게 탄생하였다든지, 인도 뭄바이 인근 샛강에 홍학 15만 마리가 찾아와 장관을 이루었다든지, 그리고 영국의 한 쇼핑가에 야생 염소 떼가 나타났다는 소식 등이 그 예이다. 인간이 만든 산업공해와 과잉 관광으로 몸살을 앓든 지구가 다시 살아나고 있다는 소식도 들린다. 미세 먼지로 가려져 있던 히말라야 산봉우리들을 볼 수 있고, 유럽의 도심을 흐르던 강에 맑은 물과 함께 전에 볼 수 없던 물고기 떼가 나타나고 있다는 것이다.

코로나 바이러스는 더 큰 재앙을 막기 위한 인간에게 주는 마지막 경고인지도 모른다. 지구를 살리고, 모든 사람이 자연과 함께 사는 세상을 만들도록 의식의 전환을 꾀해야 한다. 이제는 더 먹고, 더 좋은 옷을 입고, 더 좋은 집에서 살아야 만족하는 삶에서, 덜 먹고 덜 좋은 옷을 입고, 덜 좋은 집에서 살아도 만족하는 삶으로 바뀌어야 한다. 이제는 본능적 욕구id 중심의 삶에서 초자아super-ego 중심의 삶으로 바뀌어야 한다.

| 참고 문헌 |

김학주 (1992). **중국 문학 서설**. 신아사.

류창교 역주 (2004). **세상의 노래 비평, 인간사화(人間詞話)**. 소명출판사.

리쩌허우 (2012). 이유진 역. **미의 역정**. (주) 글 항아리

王國維 (1994). **人間詞話**. 台北. 台灣: 三民書局.

온누리신문(2020. 6. 7.). 서울: 온누리교회.

Baxter Magolda, M. B. (Ed.). (2000). *Meaning-making in the learning and teaching process* (Vol. 82). San Francisco, CA: Jossey-Bass.

Baxter Magolda, M. B. (2004). *Making their own way: Narratives for transforming higher education to promote self-development*. Sterling, VA: Stylus Publishing.

Baxter Magolda, M. B. (2005). Learning partnerships model: A framework for promoting self-authorship. In M. E. Wilson & L. E. Wolf-Wendel(Eds.), *ASHE Reader on College Student Development Theory* (pp.609-624). Boston, MA: Pearson Custom Publishing.

Capra, F. (1996). *The web of life: A new scientific understanding of living systems*. New York: Anchor Books.

Daloz, L. A. P., Keen, C. H., Keen, J. P., & Parks, S. D. (1996). *Common fire: Lives of commitment in a complex world*. Boston: Beacon Press.

Gunnlaugson, O. (2007). Shedding light on the underlying forms of transformative learning theory: Introducing three distinct categories of consciousness. *Journal of Transformative Education, 5*(2), 134-151.

Ignelzi, M. (2005). Meaning-making in the learning and teaching process. In M. E. Wilson & L. E. Wolf-Wendel(Eds.), *ASHE Reader on College Student Development Theory* (pp.655-662). Boston, MA: Pearson Custom Publishing.

Kegan, R. (1986). The child behind the mask: Sociopathology as developmental delay. In W. D. Reid, J. W. Bonner Ⅲ, D. Dorr, & J. I. Walker(Eds), *Unmasking the psychopath* (pp.45-77). New York: Norton.

Kegan, R.(1994). *In over our heads: The mental demands of modern life*. Cambridge, MA: Harvard University Press.

Kegan, R. (2000). What form transforms? A constructive-developmental approach to transformative learning. In J. Mezirow & Associates (Eds.),

Learning as transformation : Critical perspectives on a theory in progress. (pp.35-69). San Francisco : Jossey-Bass.

Mezirow, J. (2012). Learning to think like an adult. In E. W. Taylor, P. Cranton & Associates (Eds.), *The handbook of transformative learning.* (pp.73-95). San Francisco : Jossey-Bass.

OECD (2019). *OECD Learning Compass 2030.*

Schapiro, S. A. (2009). A crucible for transformation : The alchemy of student-centered educations for adults at mid-life. In B. Fisher-Yoshida, K. D. Geller, & S. A. Schapiro (Eds.), *Innovations in transformative learning* (pp.87-111). New York : Peter Lang.

Silverstein, C. H. (2012). *Contemplative practices and orders of consciousness : A constructive developmental approach.* ED 551479.

Taylor, K. & Elias, D. (2012). Transformative learning : A developmental perspective. In E. W. Taylor, P. Cranton & Associates (Eds.), *The handbook of transformative learning.* (pp.147-161). San Francisco : Jossey-Bass.

Walczak, K. K. (2008). Utilizing self-authorship to understand the college admission process. *Journal of College Admission*, 31-35.

16

수월성과 평등성 Excellence & Equality

수월성

뛰어난 상태의 질 혹은 가치 있는 질

현저하게 좋은 재능이나 질

평등성

사물, 사람, 과정 혹은 형편들 간에 비슷함

똑같은 권리, 자유, 사회적 지위 등을 갖는 상태나 질

평등성의 교육적 의미

- 개인 간의 특성상의 차이를 부정하는 것이 아님. 대신 기회의 평등을 주로 의미
- 기회의 평등과 유관 변인들 : 경제적 부(富), 학습 및 교육에 대한 관심, 학부모의 학력 등
- 극단적 평등주의의 문제점들 : 사회의 역동성과 활력 저하, 능력이 뛰어난 사람에 대한 배척, 민주주의 원칙의 배치

수월성의 교육적 의미

- 개별적 수행의 강조, 가장 잘하는 사람이 승자가 되는 사회
- 개인적 재능을 최대한 개발, 사용
- 개인적 성취나 성장에 대한 열망과 포부 강화
- 극단적 수월성의 강조가 안고 있는 문제점 : 과도한 경쟁 분위기 조장. 능력, 에너지, 공격성 등이 약한 사람에게 해(害)를 줄 수 있음. 사회적 불안정 조성.

수월성과 평등성의 관계

- 수월성과 평등성 간의 조화 : 수월성 중심의 교육(평등성 포함)
  교육 본연의 기능과 민주주의 원칙에도 부합
- 수월성 중심의 교육 : 능력 차이에 따라 상대방에게 피해를 주지 않으면서 개개인의 능력을 최대한 개발하자는 것

재능인의 확보와 그 육성 방안

1. 재능인의 수요와 공급
   - 국가 경쟁력과 첨단 과학 인재
   - 우리의 삶과 재능 인력과의 관계
   - 인력 시장의 수요 공급의 불균형 문제 : 예측 부정확, 개인적 기대와 취업, 직업교육의 문제, 전공의 세분화 경향

2. 재능인의 발굴
   - 학교 : 재능인을 찾고, 분류하고, 거르고, 기르는 곳
   - 재능 발견 : 우연적 발견(사례들)
     의도적 발견(사례들) : 지각하고 깨닫는 것의 중요성

- 표준화 검사 방법 : 지능, 적성, 학력, 성격, 기타 검사
- 능력과 사회적 성공과의 관계

3. 재능인(talent)에 대한 잘못된 인식

- 재능에 대한 유전론과 환경론
- 일찍 피면 일찍 진다
- 큰 재능은 고도로 특수화되어 있다
- 천재성이 있는 사람은 불안정하다
- 결단성이 부족하고 비실천적이다

4. 재능인 교육

- 학교가 공부 잘하는 학생에게는 천국, 공부 못하는 학생에게는 지옥
- 진로 결정시 자신의 지적 능력을 객관적으로 평가해야 함 : 선생님은 학생 개개인을 완벽하게 꿰뚫고 있음. 그러나 직설적 표현을 자제함. 특히 지적 능력 측면에서
- 교육 기회의 불평등 제거
  - 양적 측면 : 부모의 경제력과 상급학교 진학 간의 관계. 의무교육, 무상급식, 무상교육 체제 확충, 장학제도 등으로 많이 해소. 대신 중도 탈락의 문제 대두
  - 질적 측면 : 풍부한 도서와 학습 공간, ICT 사회에서 정보기기 확보 문제, 학부모에 따른 교육의 질 차이(다문화 가정 포함), 거주 지역과 교육의 질
- 복수 기회의 원칙 : 자신의 재능 발견의 기회를 여러 번 갖도록 하자는 것.

  마지막 기회의 문을 가능한 한 늦추자는 것.

  머리가 늦게 트이는 학생을 위한 것
- 범인(凡人)의 위험 경계 : 표준의 붕괴, 평균으로의 회귀 성향, 풍토 문화
- 합리적 영재교육 방안 마련 : 일반 교육과의 조화, 개별화 교육 실시, 영재교육 연구

의 확충

5. 대안적 교육기관들

- 대학 교육의 대중화 : 그렇다고 양질의 교육을 포기할 수는 없음. 대학교육은 인간 가치를 확립하는 유일한 수단은 아님.
- 제도적 다양성 확보 : 여러 비형식적 교육기관들의 대두. 각 기관들은 수월성을 확보해야. 직업의 종류에 의해서보다 각 직업의 수월성의 수준에 따라 존중 받는 사회가 되어야
- 대학 이외의 교육기관들 : 대학에서의 위탁 교육, 사회에서의 인턴 십, 정부·군대·기업 운영 교육 프로그램들(학점 은행제), 예체능 및 각종 특수학교, 도제식 교육기관들(소리, 공예, 자기 등)

6. 동기와 재능인 교육

- 동기의 중요성
- 열심인 학생과 무관심한 학생
- 옛날의 학교와 오늘날의 학교의 차이
- 고난과 동기
- 기대와 확신 : 성공의 경험, 통제감 등

재능인 육성 환경 조성

1. 민주사회의 딜레마(dilemma)

- 개별적 수행의 강조 대 개별적 수행의 억제
- 개별적 수행의 억제책들 : 산업 노조, 선임자제, 정년 보장제, 승진·승급 규정들, 학교에서 일 년에 한 학년 오르기 등

- 다수에 의해 개별적 수행 억제책들이 보편화되면 경직된 사회, 정체된 사회가 될 가능성이 커짐
- 개개인의 능력 수준에 따라 반감이나 혐오감을 주지 않으면서도 수월성 교육을 시행할 수 있는 방안 마련

2. 공동선의 목표 설정

- 사회 계층의 결정 기준은 돈? 지성?
- 돈이나 지성은 모두 종속 선(subordinate good). 이들은 모두 바르게 사용할 때 가치를 지님

3. 재능과 책무

- 권력과 책무처럼 재능과 책무도 모든 사회 구성원에게 요구됨
- 고도의 지적 능력이나 퍼포먼스를 갖춘 인재들에 대한 사회적 보호도 필요

개인적, 사회적 수준에서의 추구해야 할 것들

- 재 헌신에 대한 결의와 다짐 : 목적을 지향하여 온몸을 쏟는 것
- 개인과 사회에 활력을 불어 넣기 : 필요 존재감, 꿈과 소망
- 한 사람 한 사람이 뛰어난 유능한 인간이 되어야 한다는 것

  * 한국이 세계를 선도하는 시대 한국인이 세계인들로부터 존경받는 시대

서론

지난 1990년대 중반 경, 교육학계에서는 널리 알려진 홍웅선 교수께서 대학원 강의에 오셨다가 매 주일 내 연구실을 찾아 주셨다. 선생님께서는 내가 공부를 마치고 귀국하여 첫 근무지가 된 한국교육개발원의 원장이셨고, 또 그 아드님은 나의 제자이기도 하였다. 선생님을 만날 때면 우리는 개인적인 일에서부터 학문적인 것에 이르기까지 많은 얘기들을 나눴다. 그런데 어느 날인가는 선생님께서 교육의 문제를 논하시다가 '교육의 이념은 수월성과 평등성 간을 저울추가 왔다 갔다 하는 것처럼 움직이면서 나아간다'고 말씀하셨다. 그 당시 나의 관심은 교육 이념이나 교육 철학과는 거리가 있었기 때문에 선생님의 뜻이 무엇인지에 대해 깊이 있는 질문을 드리지 못했다. 하지만 그 이후 이것들이 어떠한 의미를 지녔고, 교육의 현상에 어떻게 나타나고 있는지에 대해 항상 궁금하게 만들었다.

최근에는 집을 이사하고 책을 정리하던 중, John W. Gardner의 "Excellence: Can we be equal and excellent too?"라는 오래되고 조그마한 책을 발견하였다. 나는 눈이 번쩍 띄었다. '이 귀한 책을 나에게 주시다니' 나는 진심으로 하나님께 감사하였다. 나는 Gardner의 이 책을 통해 홍 교수님의 수월성과 평등성의 개념을 조금이라도 이해할 듯싶어서였기 때문이었다. 과연 이 책은 나의 시야를 넓혀 주었고, 또 열정을 불러일으키기도 하였다.

교육의 이념으로서 수월성과 평등성은 매우 중요하다. 하지만 이에 대한 깊이 있는 논의는 지금까지 이루어져 오지 않고 있다. 이들이 매우 추상적이고 난해하며, 그것들이 포괄하는 범위가 매우 넓다는 데에도 한 가지 원인이 있을 것이다. 따라서 수월성, 평등성이 지닌 의미가 무엇인지, 수월성의 추구라는 교육적 차원에서 평등성의 개념을 포괄할 수는 없는지, 그리고 개개인을 수월적 인간으로 기르기 위한 방안은 무엇인지 등이 모호한 상태로 남아 있다. 사실 우리는 천재의 존재를 부인할 수는 없지만, 이들을 더 훌륭한 천재로 기르는 방법의 미비함을 말하지 않을 수 없다. 사실 우리는 천재를 둔재로 만드는 사례들을 많이 보아 왔기 때문이다.

나는 본 주제와 관련하여 다음과 같은 순서로 살펴보려 한다.

첫째는 수월성과 평등성의 개념을 명확히 규정하고자 한다. 이를 위해 사전적 의미를 고찰하고, 관련 용어들 간의 관계를 논의한 후 이들이 갖는 역사적, 사회적 맥락을 함께 살펴보려 한다. 그리고 이 두 개념이 서로 대립되는 개념인지, 함께 갈 수 있는 양립적 개념인지를 논하고자 한다.

둘째는 재능인의 확보와 육성 방안을 논하려 한다. 이 장에서는 인력의 수요 공급, 재능인 찾아내기, 재능인의 교육과정, 대안적 교육기관들, 그리고 동기와 재능인 교육이라는 소주제들을 가지고 살펴보려 한다.

셋째로는 재능인을 기를 수 있는 학교 및 사회 환경을 어떻게 조성할 수 있느냐에 대해서 살펴보려 한다. 인적 자원을 양성하는 데 있어서 주로 학교와 가정에서의 교육적, 심리적 환경을 논하는 데서 벗어나 사회, 국가에 대한 요구에 이르기까지 그 폭을 넓히려 한다. 나아가 민주사회가 안고 있는 딜레마를 살펴보고, 이를 해결할 수 있는 대안으로 '공동선 목표 설정의 필요성'과 '재능인의 책무'를 강조하려 한다. 나아가 수월성을 끌어올리기 위한 사회 분위기 조성 문제, 수월성은 전인 교육의 한 부분이라는 사실을 돌아보게 하고자 한다.

그리고 마지막으로는 개인과 사회의 통합을 전제로 하여 재능인의 재 헌신에 대한 결의, 개인과 사회의 활력 고취, 그리고 위대한 인류 세기의 창조자가 되겠다는 개개인의 다짐을 강조하려고 한다.

수월성과 평등성의 개념

수월성excellence이란 우수, 뛰어남, 탁월, 걸출 등의 어휘와 같은 의미로 쓰인다. Merriam-Webster에 의하면 수월성을 '뛰어난 상태의 질 혹은 가치 있는 질quality'로 정의하고, Wikipedia는 '일상적인 기준을 훨씬 뛰어넘어 현저하게 좋은 재능이나 질'로서, 무언가에 진짜로 가장 좋은 우수한 질로 보았다.

반면 평등성equality은 동등, 대등의 의미를 갖는 것으로서, 서로 다른 사물, 사람, 과정 혹은 형편들 간에 비슷함을 나타낸다. 특히 Wikipedia는 사람에 국한한 평등성을 사회적 평등성social equality으로 보고, '특정한 사회 내에서 모든 개개인들이 똑같은 권리, 자유, 그리고 지위를 갖게 하는 일의 상태'라고 정의하고, Merriam-Webster는 평등성의 의미를 '똑같은 권리, 사회적 지위 등을 갖는 상태나 질'로 보았다.

평등성의 교육적 의미

이 같은 수월성과 평등성의 개념은 교육의 차원에서 어떤 의미를 지니는가? 이를 파악하기 위해서는 수월성과 평등성에 대한 더 많은 논의가 필요하다.

평등성은 한마디로 모든 사람은 평등해야 한다는 것으로서 ①사람은 똑같이 보호받고 관심 받을 가치가 있다는 것, ②사람은 법적, 국민적, 그리고 정치적 권리의 소유 면에서 평등하다는 것 등이 일반적으로 평등성의 핵심이다. 그러나 개개인은 태어나면서부터 갖고 온 재능도, 동기도 똑같지 않을뿐더러, 살아가면서 갈고 닦는 지적, 정의적 기능들은 개인차 측면에서 더욱 확대되게 된다. 그래서 이들이 이루는 수행performance도 같지 않게 된다. 여기서 수행이란 능력capacity에 대비되어 설명되는 개념으로서, 개인이 성취한 것을 특정한 상황이나 조건하에서 밖으로 표출하는 것을 말한다. 따라서 교육에서 평등성이란 개인 간의 특성trait상의 차이를 부정하는 의미로서보다는 기회의 평등을 사회의 중심적 역할로서 강조하는 이유이다. 우리는 모두가 홈런을 칠 수는 없다. 그러나 사람마다 홈런을 치기 위해 타석에 설 기회가 주어져야 하는 것과 같은 이치에서이다.

기회의 평등equal of opportunity에 대한 생각은 들리는 것처럼 그렇게 단순하지 않다. 실천면에서 볼 때 그것은 목표의 골격 내에서, 그리고 특정 사회에 의해서 확립된 규칙rules의 구조 내에서 평등하게 겨룰 수 있는 기회를 의미한다. 우리 사회는 모든 아동들에게 기회의 평등을 보장한다고 말할는지 모른다. 그러나 이 말은 어린이들 앞에 그냥 놓여 있을 뿐 아무런 역할도 할 수 없는 경우도 있다. 우리 사회에서 개개인이 처한 부(富)나 학습 및 교육에 대한 관심, 그리고 가정 배경 등에 큰 차이가 있기 때문이다. 이 같은 환경의 불평등은 기회의 평등을 제한할 수 있다. 따라서 기회의 평등을 위해서는 환경의 평등이 선행하여 현실화되지 않으면 안 된다.

어떤 사람들은 평등주의적 관점이 극단으로 치달아 누구도 다른 사람보다 더 잘 대우받아야 할 사람은 없다고 주장하며, 무슨 지위에 있건 차이가 없어야 한다고 말한다. 이 같은 극단적 관점을 갖고 있는 사람들은 정치적으로 뛰어난 능력을 갖고 있는 사람이나 정력적인 사람 혹은 지적으로 우월한 적성을 갖고 있는 사람들이 평균적인 사람들에 비해 사회에 더 많은 문제를 일으키고, 해를 끼친다고 믿는 경향이 있다. 소위 식자층이라고 불리는 사람들이 공공의 이익보다 개인 잇속 챙기기에 바쁜 현실을 볼 때 이러한 주장은 그럴듯해 보인다.

한편으로는 평범인을 의식해 자신의 재능을 감추어야 하는 경우도 있다. 현대사회에서 아무리 엄격한 전문직 종사자라 할지라도 약간 모자라고 흐릿해 보이지 않으면 권위적이거나 비민주적이라고 비판받기 때문이다. 이는 우리 정치 일선에서도 흔히 관찰되는 현상이다. 투표자들은 서민적이고, 어눌하며, 그리고 일반적인 투표권자들보다 우월해 보이는 면이 없고, 비슷하거나 약간 열등해 보이는 그런 스타일의 후보자를 좋아한다는 데에서도 찾아볼 수 있다.

우리 속담에 '모난 돌이 정 맞는다'는 말이 있다. 이는 자신의 재능을 낮추어 발휘하라는 무언의 압력이라고도 할 수 있다. 우리 삶의 다방면에서 사회적 효과성의 증대 요인 중의 하나로서 개인의 지능이나 재능을 꼴사납게 내보임으로써 타인의 부러움을 야기하지 말아야 한다는 말이다. 이는 곧 다른 사람들의 자기 존중감을 위협해서는 안 된다는 의미이기도 하다.

그러나 우리는 극단적 평등주의가 안고 있는 폐해를 깨달아야 한다. 우리는 평범인은 평범인 밖에 낳지 못한다는 것을 보아 왔다. 민주주의의 신봉자로서 사람 간의 능력의 차이에 따라 다르게 산다는 것을 받아들이기란 쉬운 일이 아니다. 민주적 철학은 가능한 한 이 같은 차이를 무시해 버리거나 하찮은 것으로 치부해 버린다. 그러나 분명히 말할 수 있는 것은 이 같은 극단적 평등주의는 잘못 생각한 평등주의라는 것이다. 그리고 민주적 원리에 잘 맞지도 않는 말이다.

극단적 평등주의가 더 나아가게 되면 일정한 수준 이상으로 올라오는 싹은 모두 잘라버리겠다는 의미를 지닌다. 그것은 집단이 지배하고, 개인은 집단에 의해 질식시켜 버림을 의미한다. 그리고 그것은 인류 최대의 성취를 낳을 수 있는 수월성의 추구라는 인간 노력의 종말을 뜻하기도 한다.

수월성의 교육적 의미

평등주의와 대칭되는 개념으로 개별적 수행individual performance의 강조를 들 수 있다. 이것은 곧 교육에서 말하는 수월성을 뜻한다. 다시 말해서 가장 잘하는 사람이 승자가 되는 사회를 말한다.

지위나 출신 계층에 상관없이 힘껏 노력하여 승리의 기쁨을 누리도록 하는 것은 우리 사회 존속의 방안으로 매우 의미 있는 것으로 여겨져 왔다. 우리 사회의 여러 가지 모습들 중에서 사람들마다 자기 안에 있는 잠재력을 실현시키는 기회를 갖도록 하고, 그 수행에 따라 지위와 부를 얻도록 하는 것을 비난하는 사람은 없을 것이다. 오늘날 민주주의 국가의 가장 큰 장점은 개인이 처한 어떠한 사회적 조건에서도 일어설 수 있는 가능성을 가졌다는 것일 것이다. 이 같은 가치는 그 누구도 버리고 싶어 하지 않는다. 아브라함 링컨Abraham Lincoln은 통나무집에서 태어났지만 미국의 제16대 대통령이 되었고, 또 가장 존경받는 대통령 중의 한 사람이 되었다.

벤자민 프랭클린Benjamin Franklin의 동상 제막식이 1856년 보스턴에서 열렸을 때, 그 주요 연사는 다음과 같이 말했다고 한다.

> "저 사람을 보라. 현재는 가장 비천하고, 가장 가난할지라도, 그리고 미래가 없다 할지라도 머리를 들고, 무(無)로부터 일어섰던 저 사람의 상(image)을 보라. 부모로부터도 후원자로부터도 아무것도 신세 지지 않고, 오로지 자신의 힘으로만 살아온 저 사람을 보라"

개인의 신분이나 부가 세습적 특권에 의해 결정되는 사회에서는 개인의 성취나 성장에 대한 열망의 문은 닫혀 있었다. 그러나 민주주의 사회로 변천하게 됨에 따라 이 문이 열리게 되고, 개개인의 열망과 포부도 솟구치고 있다. 사람들은 감히 희망을 갖게 되고, 이 희망을 추구하기 위해 결연히 나선다. 그리고 끊임없이 강화(强化)된 희망은 감추어진 재능 발견의 드라마가 되고 있다.

재능의 발견은 뜻밖의 장소에서 우연히 이루어지고 있음을 우리는 자주 본다. 과학적 천재성을 보여 주는 가난한 아동이나 새로운 운동 기능을 개발하여 올림픽에서 금메달을 딴 약한 젊은이, 그리고 제조업계의 장(長)이 된 가난한 소년 등은 요즈음 인기 있는 소설이나 드라마의 주제들이다. 이들은 서로 간에 재능의 발견을 도와주고, 야심을 불러 일으켜 놓으며, 이의 성취를 위해 결행을 유도하기도 한다. 젊은 이들이 갖는 선명한 꿈은 경쟁적 성취를 현대인들이 좋아하고 있음을 보여주는 확실한 증거라고 할 것이다.

그러나 개인에 대한 성취나 성장의 부여는 여러 가지 문제들을 또한 수반한다. 개별적 성취의 결과로 나타나는 것들은 긍정적인 것들뿐만 아니라 부정적인 것들도 있으며, 자기 발견의 기쁨뿐만 아니라 두려움도 함께 있기 때문이다. 계급 사회는 냉혹한 압력을 행사함으로써 많은 천재성과 높은 동기를 가진 사람들을 좌절감에 빠지게도 하지만, 그것들을 갖지 않은 많은 다른 사람들에게는 안정감을 주게 된다.

개별적 수행의 강조를 극단으로 몰아가게 되면 여러 가지 위험이 따를 수 있다. 모두가 자신만을 위해 산다면 회복할 수 없는 후유증을 낳을 수 있기 때문이다. 물론 인류의 역사상 한 번도 인간관계의 조직이 이 같은 형식으로 이루어진 적이 없기 때문에 단정적으로 말할 수는 없을 것이다. 법의 테두리 내에서 일지라도 성취를 극단적으로 강조하게 되면 개인 간에 맨몸으로 부딪히는 경쟁 분위기를 조장하여, 결국에는 능력이 떨어지는 사람, 활동력이 덜한 사람, 그리고 덜 공격적인 사람을 잔인하게 대하는 결과를 낳을 수 있다. 또한 기질이나 가치관 적으로 경쟁적 성취에 매달리고 싶지 않은 사람들에게 이유 없는 해(害)를 줄 수도 있다.

새로운 민주주의가 우리 사회에 도입되고, 개인마다 커다란 꿈을 꿀 수 있게 됨에 따라 에너지, 능력, 그리고 정의적(情意的) 특성을 가지고, 꿈의 도전을 충족시키는 것보다 더 큰 만족감을 주는 것은 세상에 없게 되었다. 그러나 이 같은 자질이 부족한 사람에게는 이 새로운 체제는 커다란 위협으로 다가오게 된다. 능력의 부족, 에너지의 부족, 그리고 공격성의 부족은 사람들을 불만과 실패로 이끌며, 망상적 야망은 정서적 분열을, 그리고 비현실적 야심은 쓰디쓴 패배를 낳을 수 있기 때문이다.

우리 사회에서 가장 결정적으로 고심해야 할 것들은 결론적으로 개별적 수행을 강조할 것이냐 아니면 개별적 수행을 제한할 것이냐에 있다고 할 수 있다. 여기서 전자는 재능이 우수한 집단에 의해 주창되고, 후자는 세습적 특권계층이나 평등주의자에 의해 주창된다. 사회가 안정을 찾기 위해서는 두 집단 간에 균형을 찾는 일이 무엇보다 중요하다 할 것이다.

수월성과 평등성 간의 관계

평등성이란 개개인이 보호받고 관심받는 측면에서, 그리고 국민적, 법적, 정치적 권리 측면에서 모든 사람이 동등해야 한다는 주장이다. 이에 반해 수월성이란 뛰어난 상태 혹은 우수한 질을 가리키는 것으로서 잘하는 사람이 승자가 되는 사회가 되어야 한다는 주장이다. 이 두 가지 주장은 모두가 나름대로의 타당성이 있으나 극단으로 치 닫을 경우 여러 가지 부작용을 낳을 우려가 있다. 평등성을 강조하는 사람들은 개별적 수행을 제한해야 한다는 주장을 펴나, 사회의 역동성과 활력을 떨어뜨리고, 집단이 개인을 통제하는 폐쇄된 사회로 갈 가능성이 많다는 것을 간과한다. 이는 민주주의 원리와도 합치되지 않는다. 반면 수월성이 극단적으로 치닫게 될 경우 과도한 경쟁 때문에 전 사회를 욕구 불만과 정서적 불안, 짙은 패배감 같은 불안정한 사회를 조성할 가능성이 있다. 또한 지적 능력, 활동력 등에서 우월한 집단은 그렇지 못한 집단에 이유 없는 해악을 가할 수 있다. 따라서 수월성과 평등성 간의 적절한 접합 점을 찾는 것이 중요하다.

문제는 평등성을 중심으로 수월성을 포용할 것이냐, 아니면 수월성을 중심으로 평등성을 포용할 것이냐를 결정하는 일이다. 교육이란 본래 개인에게 숨어 있는 능력을 찾아 주고, 이를 길러서, 이 세상을 살아가는 동안 잘 활용하도록 하는 데 있다. 이는 개인적으로 보면 잠재적 능력이나 실재 능력에 비해 맡은 바 직무를 잘하기도 하고 못하기도 하겠지만 항상 더 잘하게 하자는 것이며, 그럼으로써 사회의 한 구성원으로서 발전의 일익을 담당하게 하자는 것이다. 이는 곧 교육을 개개인의 수월성을 키우는 방향으로 나가야 함을 시사한다. 앞서 언급한 Gardner의 '수월성: 우리는 평등하면서도 또한 수월적일 수 있을까?'라는 서명(書名)에서 보듯이 그도 또한 평등성과 수월성 간의 조화 가능성 여부를 고민한 흔적이 보인다. 결국에는 그도 평등성을 포함한 수월성 중심 교육으로 결론을 내린 것으로 이해된다. 물론 평등성을 중심으로 한 교육을 통해서도 우수한 인재를 길러낼 수 있겠지만 수월성 중심의 교육보다는 못할 것으로 여겨진다.

여기서 말하는 수월성 중심의 교육은 학습자의 능력 차이에 따라 서로에게 피해를 주지 않으면서도 각 개개인의 최대한의 능력을 개발하자는 것을 의미한다. 즉 잘못하는 사람은 잘할 수 있게 하며, 잘하는 사람은 더욱 잘하게 하는 교육을 뜻한다. 개별화 교육이나 개별 처방식 교육의 기본 정신도 모두 이에 근거하고 있다. 능력의 차이에 상관없이 개개인이 갖고 있는 재능을 최대한 개발·육성한다고 할 때, 수월성과 평등성이 양립하지 못할 하등의 이유가 없다. 따라서 교육의 저울추가 수월성과 평등성을 오가는 것이 아니라 수월성이라는 하나의 축에 평등성이 함께 가는 것이다. 따라서 이 글에서는 수월성 중심의 교육을 논하면서 평등성의 개념도 함께 언급해 나가기로 한다.

사람이 갖고 있는 특출한 능력은 지적인 것뿐만 아니라 운동, 예술, 기능 등 여러 가지가 있다. 여기서는 이와 같은 특출한 능력을 재능이라고 통칭하여 사용하였음을 아울러 미리 밝혀 둔다.

재능인의 확보와 그 육성 방안

재능인의 수요와 공급

인류 역사를 돌이켜 보면 인간 사회는 인간의 재능을 방만하게 낭비해 왔음을 알 수 있다. 오늘날 사회와 과학의 발달이 고도화되고, 더욱 발전해 가는 상황을 맞이하여 우리는 어쩔 수 없이 재능 있는 사람을 찾아야 하고, 또 이들을 적극적으로 육성하여 효과적으로 활용할 수 있어야 한다.

고도로 훈련받은 인재의 수요는 국방이나 경제와 같은 국제적 위기에 영향을 많이 받는다. 그러나 그 근원은 더 깊은 곳에 있으며, 그 결과는 우리 삶의 매 국면에까지 영향을 미친다. 재능의 수요는 사회가 발전하는 데 있어 단계마다 불가피한 요소들이기 때문이다. 원시사회이든 선진사회이든 간에 교육받은 인재는 사회 발전에 중요한 요소이다. 현대의 고도의 재능을 갖춘 인재에 대한 수요는 현대사회의 특징이라 할 수 있는 공학적 복잡성 수준에 근거하고 있으며, 현대사회 조직의 복잡성과도 밀접한 관련이 있다. 우리는 복잡성의 사회에서 변화된 상황에 끊임없이 적응하는 능력과 혁신을 이룰 수 있는 능력이 요구된다.

오늘의 해결책은 내일에는 시대에 뒤진 것이 되어 버릴 수 있다. 그래서 고도의 능력을 갖춘 사람을 대상으로 한 건전한 교육으로 새로운 해결책을 끊임없이 찾는 인재들을 항상 갖추고 있어야 한다. 미래학이 아무리 발달했다 하더라도 우리는 구체적으로 무슨 기술이 앞으로 어떻게 필요하게 될지 아무도 예측할 수 없다. 그래서 우리는 기간 지식 분야를 중심으로 유능한 사람들을 항상 훈련해야 하고, 이들로 하여금 변화를 이해하고 대처하도록 해야 한다. 이것이 곧 유능한 인재들에게 결정적인 지적 자질과 지속성 있는 인성적 자질을 길러 줌으로써 예측할 수 없는 미래 상황에서 사회를 위해 봉사할 수 있도록 해야 하는 이유이다.

현대인에게 요구되는 것은 자연 현상에 관한 물리적 지식과 이를 논구하는 데 필요한 논리·수학적 지식뿐만이 아니라 사회적 지식social knowledge도 절대 필요하다. 사람들끼리 모여 사는 사회가 원만하게 돌아가기 위해서는 인간 관계적 기술이 매우 중요하기 때문이다. 현대사회는 여러 유형의 성취, 여러 유형의 복잡한 이해에 의존하고 있다. 우리는 우리의 세계가 직면하고 있는 문제들에 관하여 깊이 있는 판단과 관점, 그리고 폭넓은 이해를 갖춘 사람들이 요청된다.

현대사회에서 교육의 중요성은 높은 수준의 재능인 에만 국한되지 않는다. 오늘날의 사회는 고도의 전문지식을 갖고 있는 사람에 의지하기도 하지만, 평범한 수준의 기능이나 읽고 쓸 수 있는 능력을 가진 보통 사람들에 의존하여 대부분 굴러가고 있다. 전문 지식인이 앞에서 새로운 영역을 개척하면, 보통 사람들이 고르고 거름 주고 통합하면서 앞으로 나아가는 방식이다. 우리 사회가 이러한 기초 위에 세워지지 않았다면 현대사회의 발달은 불가능하였을 것이다.

인력 시장의 수요 공급의 불균형 문제는 어제 오늘만의 일이 아니다. 특정한 분야에 일자리는 많은데 사람이 없어서 국가적으로 인력 양성에 허둥대는 것을 볼 수 있다. 대학의 특정 학과를 중심으로 많은 유사학과를 신설하여 대처케 하는 경우가 그것이다. 반대로 사회적 요구와는 상관없이 교육받은 분야의 인력이 넘쳐나서, 이 인력을 어떻게 소비해야 할지 난감한 경우도 있다. 저 출산에 따른 학령 아동의 감소에 과감하게 대처하지 못한 결과, 과다한 교사 양성을 한 경우가 그것이다.

이보다 더 복잡하고 큰 문제는, 교육받은 사람들이 갖는 각자의 관점이 특정 수준 이상의 명성을 갖는 좋은 일자리에 걸맞게 스스로가 교육을 받았다고 본다는 것이다. 그렇기에 자기 수준에 맞는 직업이 아니라고 생각하면 아무리 취업 제안이 와도 안 가거나 일하기를 거부한다. 소위 말하는 3D 업종과 같이 자신의 손에 기름때를 묻히고 싶지 않은 것이 이 경우에 해당하지 않을까 싶다. 수도권을 떠나서 사는 것을 거부함으로써 비롯되는 미취업도 있다. 지방에서 이름 있는 출신 대학의 의사를 모시기 위해서는 서울의 1.5배 이상의 보수를 주어야 한다는 소문도 있다.

어떻든 고도로 훈련받은 사람의 미취업 사태를 줄여야 한다. 이는 결국 훈련받은 사람 수와 취업 가능자 수의 불균형을 해소하는 일인데, 이를 위해서는 인력 수요에 대한 정확한 예측과 분야별로 더 세분화된 분야로 쉽게 전환이 가능하도록 근본 훈련 프로그램의 마련에 힘써야 한다.

인력의 수요 공급과 관련하여 한 가지 더 언급하고 싶은 것은 대학에서나 일반사회에서 세부 전공을 너무 강조한다는 것이다. 엄격한 세부 전문화나 세부 전공을 선호하는 완고한 세태는 교육받은 많은 재능 인들을 실업자로 만들고 있다. 중요한 것은 무엇을 전공했느냐보다 무슨 능력을 갖고 있느냐이다. 직업이 끝없이 전문화되고 세분화되는 미래 사회에서는 필연적으로 특정한 직업에서 일을 하기 위해 스스로 훈련하지 않으면 안 될 것이다. 따라서 개인적 차원에서는 근본적 원리들에 폭넓게 훈련을 쌓고, 다양한 맥락에서 이 원리들을 적용할 수 있는 지식을 갖게 된다면 직업시장의 변동에도 살아남을 수 있을 것이다.

어떤 사회이건 간에 개인이 갖고 있는 재능을 충분히 활용하며 삶을 살아가는 기회를 약속할 수는 없다. 될 수록이면 사회는 개개인이 그의 재능을 발휘하며 살 수 있도록 해야 하겠지만 말이다. 또 어떤 재능은 억제시키고, 또 어떤 재능은 사소하다고 말할 수도 없다. 순수하게 중요한 재능, 예를 들면 예술가, 작가, 작곡가, 건축가 등의 경우에도 그들의 재능을 행사할 수 있도록 사회가 지원해 주고 있다고 가정할 수도 없다. 재능과 재능의 시장성은 별개의 것이기 때문이다. 일반적으로 재능의 시장성은 재능의 종류, 재능의 수준, 재능에 대한 사회의 태도, 그리고 사회의 번성도 등과 관련이 있다. 나아가 재능은 시대 혹은 시기와도 관련이 있다. 시대를 잘못 맞추어 태어났다는 한탄 소리도 이에 연유된다.

요즘 자라나는 젊은이들에게 재능은 항상 시장이 기다리고 있다고 자만하지 않도록 해야 한다. 개인이 현실을 깨닫도록 하는 사이 수월성을 다루는 교육자나 사회 지도자들은 재능이 낭비되고 있지는 않은지 부단히 경계해야 한다. 다양한 재능의 소유자들에게 사회는 충분한 개발 기회를 제공하고 있는지, 만약 중요한 재능의 유형들이 넝쿨에서 시들고 있다면 왜 그런지 사실을 파악해서 그 대응책을 마련하여 시행해야 한다.

재능인 찾아내기

우리 사회에서 재능인을 찾고 기르는 일은 주로 학교라는 기관을 통해서 이루어진다. 학교는 학생들을 가르칠 뿐만 아니라 분류하기도 하고, 거르기도 한다. 우리의 과거를 돌이켜 보건데, 교육은 엄격한 분류 과정을 거치지 않은 때가 많았다. 그리고 천재아들 중 단지 극소수만이 그들의 천재성을 개발할 기회를 얻었다. 좀 더 엄격히 말하면 천재성이 발견되고, 길러진 사람의 숫자는 진귀한 보석이 쓰레기더미 속에서 눈에 띌 만큼이나 적었으며, 대부분의 잠재능력은 땅속에 묻혀 버렸다.

이처럼 완전한 재능 개발의 첫 번째 관문은 개인이 갖고 있는 재능의 발견이다. 사람들은 자기가 갖고 있는 잠재능력 중 극히 일부분만 사용하면서 산다고 한다. 그래서 자기가 갖고 있는 능력들에는 무엇이 있는지, 더구나 자기가 갖고 있는 특별히 뛰어난 능력이 무엇인지도 모르고 살다가 죽는다는 것이다. 따라서 자신의 기량을 알고, 이들을 백퍼센트 활용하면서 사는 사람은 성공적인 사람일 것이다.

그렇다고 공인된 재능 발견 방법이 있는 것도 아니다. 우리 주위에서 성공적인 삶을 살았다고 여겨지는 몇몇 사람들의 이야기를 들어 보면, 초등학교 때 우연히 들은 선생님의 칭찬이 계기가 되어 공부에 취미가 붙어 학문의 길을 걷게 되었다는 사람, '너는 훌륭한 사람이 될 거야'라는 어머니의 기대감에 부응하기 위해 열심히 산 결과 출세한 정치가가 되었다는 사람, 어려서 집을 나와 길 위에서 노숙하게 되었는데 마침 그곳이 자개장롱 공장이어서 그 주인의 가르침으로 최고의 자개 장인이 되었다는 사람 등등을 들 수 있다. 이 이야기들은 모두 우연적인 사건이 계기가 되어 스스로의 재능을 발견하고, 훈련을 거쳐 성공한 예들이다. 이처럼 우연적 학습을 주창하는 사람들은 의도적 학습이나 목표 지향적 활동에 대해 부정적이다. 왜냐하면 목표가 머릿속에서 맴돌면 이에 주의를 집중하게 되고, 이에 따라 우연적으로 가질 수 있는 경험들을 가질 수 없게 하기 때문이다.

이와는 반대로 여러 가지 경험을 의도적으로 갖게 함으로써 재능을 발견하도록 하는 방법을 들 수 있다. 어려서부터 피아노, 미술, 체육, 글짓기 등 여러 가지 경험들을 시행착오적으로 겪게 하는 것이 그 예이다. 이러한 방법을 통해 개인의 재능이 발견되어 키우게 되었다는 사례들도 많이 있다.

그러나 어떤 사람은 재능의 발견에 있어서 개개인이 갖는 경험이 중요한 것이 아니고, 경험을 바르게 지각하고 내 것으로 깨닫는 것이 중요하다고 말한다. 우연적 사건이나 의도적 경험은 누구에게나 주어지지만 이를 포착하는 사람과 그렇지 못한 사람 간의 차이가 중요하다고 본 것이다. 이는 주로 개개인이 갖고 있는 성품과 관련이 있다고 말한다. 재능 발견에 알맞은 성품을 갖고 있으면 경험을 바르게 이해하나 그렇지 않은 경우에는 백 번의 기회를 가져도 모두 흘려보내 버리게 된다. 그렇다면 인간의 성품 중 무엇이 이를 결정한다는 것인가? 아직까지 이에 대해 밝혀진 실증적인 증거들은 없다.

요즈음에는 개인의 능력이나 특성을 표준화 검사를 통해서 주로 측정한다. 표준화 검사는 누가 시행하더라도 검사의 실시와 채점, 그리고 결과의 해석이 똑같도록 모든 절차와 방법을 일정하게 만들어 놓은 검사를 말한다. 개발된 표준화 검사는 셀 수 없을 정도로 많이 다양한 영역에 걸쳐 개발되어 있다. 따라서 관심 있는 개인의 능력이나 특성들을 재는 표준화 검사들은 그것이 무엇이 되었든 모두 개발되어 있다고 보아도 무방하다. 이 검사들은 지능 검사, 적성 검사, 학력 검사, 성격 검사, 그리고 기타 검사 등의 다섯 가지 범주로 분류된다.

많은 학부모들은 자기 자녀들이 천재가 아닐까 하고 생각하는 경향이 있다. 그러나 천재는 매우 희귀하다. 오늘날에는 고맙게도 표준화 검사 덕택에 일정한 비율의 학생들이 천재아에 속한다. 정확하게 말하면 평균이 100, 표준편차가 16인 지능검사의 정상분포 곡선에서 평균으로부터 2 표준편차 이상의 집단을 천재아gifted, 3 표준편차 이상의 집단을 고도 천재아highly gifted라고 부른다. 이 분포에서 천재아 집단은 IQ 132 이상으로서 전집의 2~4%가 속하며, 고도 천재아 집단은 IQ 148 이상으로서 전집의 0.1%가 이에 해당한다. 여기서 고도 천재아는 무제한적인 지적 성취 잠재력을 갖고 있는 것으로 알려져 있다.

검사는 자신의 능력 평가에 대한 두려움, 부정확할 것이란 인식, 사회적 조종이나 통제 목적으로 사용할 가능성, 그리고 자녀들의 출신 배경과의 관련성 등 여러 가지 이유로 혐오의 대상이 되고, 인기가 없었던 것이 사실이다. 그러나 최근의 방법들은 교육계에 신선한 바람을 불러일으키고 있다. 검사들은 좀 더 정확하게 학생들을 변별할 수 있게 되었으며, 출신 계층과 상관없이 지적 천재성을 드러낼 수 있게 하고 있다. 검사들이 설계된 한계 내에서 주의 깊게 사용하게 되면, 이 검사들은 어떤 다른 방법들보다도 더 공정하고 신뢰롭다는 것이 증명되고 있다. 최근의 성취도나 적성 검사들은 학생들의 실제 수행이나 잠재적 수행에 따라 학생들을 효과적으로 잘 분류하고 있다. 그렇다고 검사가 학생들의 재능을 밝히는 데 있어 완벽하다는 것은 아니다.

우리 사회에서 성공적 수행과 관련하여 적성이나 학업성적 이외에 다른 강력한 요소들, 예를 들면 태도, 가치, 동기, 그리고 비학문적 재능 등이 있음을 간과해서는 안 된다. 예를 들어 열망, 판단력, 권력욕 등 측정되지 않은 이들 특성을 지닌 젊은이들은 상당한 정도로 높은 성공 잠재력을 지닌 사람으로 학교생활 중에는 드러나지 않겠지만 졸업 이후의 삶에서 뚜렷한 성공 인이 될 수 있다. 이와 유사하게 학문적 속성 면에서 극단적으로 높게 나온 학생이라 할지라도 실제 삶에서는 성공에 필수적인 속성들이 결여되어 성공적이지 못한 사람이 될 수도 있다.

우리 사회에서 개개인을 분류하는 일은 극도로 중요한 업무이다. 그리고 이에 대한 결정은 주의 깊게 수집되고, 걸러진 폭넓은 증거의 기초 위에서 이루어져야 한다. 개개인에 대한 결정의 결과는 매우 심각하기 때문에 최종적 증거의 비중과 판단은 모두 합쳐져서 종합적으로 이루어져야 하며, 이들은 또한 자격 있고 책임감 있는 인사들에 의해 수행되어야 한다.

재능인에 대한 몇 가지 잘못된 인식들

지능의 결정에 관한 이론으로서는 유전적 자질의 차이에 기인한다고 보는 유전론과 환경의 차이에 기인한다고 보는 환경론이 있다. 유전론을 믿는 사람들은 사회에서 보수적 요소들을 일반적으로 좋아하며, 환경론자들은 진보적 사고를 하는 사람들로서 사람 간의 지적 불평등은 사회적 불평등에 기인한다고 믿고 싶어 한다. 초기 지능검사 개발에 크게 공헌하고, 천재아 연구로도 유명한 Lewis Terman은 지능의 결정인자로서 유전적 요인을 너무 많이 강조한 나머지 당시의 컬럼니스트들로부터 혹독한 비판을 받았었다.

지능의 결정이 유전이냐 환경이냐의 논쟁은 쉽게 정리될 수 있는 문제가 아니다. 또한 많은 전문가들은 이 같은 논쟁이 이롭지도 않고, 의미가 있는 것도 아니라고 오래전에 결론을 지었다. 일반인들에게는 단지 지능이 무엇이고, 유전론과 환경론이 무엇을 시사하는지를 알고 싶을 뿐이기 때문이다.

지능은 인간의 타 속성에 비해서 상대적으로 안정적이며, 쉽게 변하지 않는 것으로 알려져 있다. 그런데 이 지능이 높은 사람, 곧 재능인에 대해 잘못된 몇 가지 오해가 있다.

첫째는 "일찍 피면, 일찍 진다early bloom, early fade"는 속설이다. 고도로 천재성이 있는 어린이는 그 천재성을 어려서 태워버리기 때문에 성인이 되어서는 남는 것이 없다는 생각이다. 이와는 반대로 커서 위대한 사람은 어렸을 때 하나 같이 모자라거나 까탈스럽다는 것이다. 그러나 이 둘은 진실이 아니다. 역사적으로 위대한 사람들을 살펴보면 어려서 재능을 보인 사람이 커서도 더 잘 수행하는 경향을 보이고, 커서 큰 능력을 선보인 많은 사람들은 어려서도 천재성을 관찰할 수 있었다는 것이다.

물론 예외는 있을 수 있고, 또 있어야 한다. 성공에는 재능 이외의 요소가 보태져야 가능하기 때문이다. 두 가지 경우의 예외를 상정해 볼 수 있다. 첫째는 큰 재능이 초기에 발견되었으나 등한히 한 결과 나중에 이를 펼치지 못하는 경우이고, 둘째는 큰 재능이 초기에 발견되지 않다가 나중에야 보이는 경우이다. 촉망은 보통 태어나면서부터 시작된다. 이 분야의 고전(古典)이 되고 있는 Lewis Terman의 연구에 의하면 천재아들은 살아가면서 계속적으로 높은 성취를 보여 준다.

둘째로는 큰 재능은 고도로 특수화되어 있다는 생각이다. 그러나 이 같은 생각은 잘못된 것이다. 연구에 의하면 천재아들은 단일 재능이 아니라 여러 재능을 함께 갖고 있는 것으로 알려져 있다. 그러나 개인이 갖고 있는 재능들은 모든 방면에서 개발하지 않기 때문에 나중에는 그의 재능 범위가 실제보다 좁게 보일 수도 있다. 인간에게는 시간과 에너지에 한계가 있기 때문에 어느 정도 재능의 축소화는 불가피한 측면도 있다. 일단 재능이 발견되면 높은 보상이 뒤따르게 되고, 이에 집중하다 보면 다른 재능들은 발견되지 않거나 소홀히 다루어지기 쉽기도 하다. 그래서 뛰어난 천재성을 가진 사람을 다루는 사람은 가능한 한 그의 모든 재능을 탐색하도록 돕고, 천재성을 좁히는 시간을 가능한 한 늦추도록 해야 한다.

셋째로는 고도로 천재성이 있는 사람은 불안정하다는 인식이다. 역사적으로 볼 때 이렇게 믿게 하는 실증적인 자료들이 많이 있기 때문에 이 같은 인식을 부정하기란 쉽지 않다. 자신의 귀를 잘라 버린 반 고흐Van Gogh 라든지, 주벽이 심했던 포우Poe, 실성한 종말을 맞은 니

체Nietzsche 등이 그 예이다. 그러나 천재들에 관해 광범위하게 수집한 자료들에 따르면 천재들은 보통사람에 비해 더 안정적임이 밝혀지고 있다.

넷째로 재능 있는 사람은 책임 있는 위치에 있을 때 결단성이 부족하고, 비실천적이며, 신뢰롭지 않고, 활동적인 삶에 적합하지 않다는 인식이다. 이것도 잘못된 오해이다. 제2차 세계 대전 동안 많은 천재적 학자들이 긴급 상황에 투입되었는데, 이들은 극도로 유능한 행정가로서 결단성 있고, 신뢰로움을 스스로 입증해 보였다.

물론 재능이 뛰어난 사람들 중에 비실제적인 사람이 없는 것은 아닐 것이다. 그리고 음악이나 미술과 같은 분야에 있어 큰 천재성을 가진 사람들은 비실제적이도록 사회가 조장하는 측면이 있고, 많은 사람들은 이를 자연스럽게 받아들인다. 이는 문화적으로 받아들인 속성일 수 있다. 만약 위대한 예술가는 고도로 실제적이라고 규정된 사회에서 산다면, 이들은 그렇게 바뀔 것이다.

재능인의 교육

우리 사회의 여러 분야 중 교육체제에서보다 더 개개인의 능력 차이를 잘 관찰할 수 있는 곳은 없을 것이다. 교육체제는 똑똑한 학생들을 상급 학년이나 상급 학교로 끌어 올리는 데 꼭 필요한 효과적인 관찰과 측정을 하게 되었고, 이에 따른 학생들의 분류 과정도 더 까다로워져 왔다. 이 같은 경향은 앞으로 훨씬 더해질 것으로 예측된다.

학교는 지적 능력이 뛰어난 젊은이에게는 황금가도를 달릴 수 있는 기회를 제공한다. 그러나 지적 능력이 모자라는 학생들에게는 스스로의 한계를 발견하게 하는 고통스러운 곳이기도 하다. 분명히 우리의 교육체제는 모든 젊은이들을 부(富), 사회적 지위, 종교, 인종 등의 방해 없이 능력과 야심이 끌고 가는 데까지 데려다주는 그런 아름다운 곳만은 아니다. 사람들은 분야를 불문하고 필요한 재능이 부족한 사람들이 겪는 고통을 생각하지 않는다. 여기에는 분명히 아픔이 있다. 재능인 교육과 관련하여 몇 가지를 제시하면 다음과 같다.

선생님, 특히 학급 담임 선생님은 학생 개개인의 입학 시의 성적, 재학 중의 성적, 취향, 성격, 잘하는 분야, 가정 배경, 장래 희망 등 거의 완전히 꿰뚫고 있다. 그러나 일반 능력 면에서 어떤 학생은 우수, 어떤 학생은 보통과 같이 개인차에 대한 분명한 낙인찍기를 대단히 주저한다. 이는 교사의 학생에 대한 솔직함의 차이라고도 할 수 있다. 어떤 교사는 학생의 능력에 대해 매우 직설적으로 표현하기도 하지만 대부분의 교사들은 솔직한 반응을 잘하지 않는다. 대신 학생에게 상처를 주지 않기 위해 간접적으로 표현하거나 제도적 방법들, 예를 들면 통신표나 성적기록표와 같은 방법을 사용하여 능력의 위치를 가르쳐 준다. 따라서 학부모나 학생들은 교사의 표현을 바르게 이해하도록 신경을 써야 한다.

오늘날의 사회는 그 어느 때보다도 더 수행performance이 개인의 지위를 결정하는 사회이다. 따라서 수행의 수준이라는 지표가 개인에게 주는 메시지는 그가 세상에 살면서 얼마나 높이 오를 수 있는지를 나타낸다. 세습적으로 계층이 결정되는 사회에서는 수행은 개인의 지위를 확립하는 중요 요인이 아니었다. 그래서 수행의 수준을 결정할 개인의 능력에 대해서 큰 관심을 두지 않았다. 그러나 사회가 세습적 계층화 사회에서 멀어지고, 수행이 지위를 결정하는 체제로 나아감에 따라 개개인의 능력에 대한 관심은 증가하고 있다.

개인의 능력에는 여러 가지 종류가 있다. 이 중에서 지적 능력(지능)은 뭐라고 정의하든 개개인에 대한 총체적인 판단과 자기 존중 감self-esteem의 핵심이다. 사람들은 운동에 있어 뛰어난 사람과 보통사람을 아주 잘 구분해 낸다. 그러나 지능에 있어서의 차이는 똑 부러지게 말하기를 거부한다. 왜 그런가? 그 이유는 우리가 운동 능력이 좀 부족하다 해도 심리적으로 크게 타격을 받지 않기 때문에 운동 능력에 대해서는 냉정하고 객관적일 수 있으나 지능은 개인에 대한 총체적 판단이나 자기 존중의 중심이 되기 때문에 그렇게 할 수 없다. 따라서 본인의 지적 능력에 대해서는 자기 스스로 객관적으로 엄정하게 평가하고, 진로를 결정하도록 해야 할 것이다.

둘째, 재능 교육의 장애물이 되는 기회의 불평등unequality of opportunity을 제거해야 된다는 점이다. 교육 기회의 불평등 문제는 학생이 받는 교육의 양 측면과 교육의 질 측면으로 나누어 생각해 볼 수 있다. 교육의 양 측면에서의 불평등은 학부모의 경제력에 따라 자녀들을 상급학교로 진학시키지 못해서 주로 발생하였는데, 최근에는 의무교육 기간의 연장과 무상교육·무상급식 체제의 확충에 따라 많이 해소된 상태이다. 한국의 각 급 학교 등록률을 보면 세계적으로 최상위 수준임을 알 수 있다. 그러나 학생 본인 및 사회적 문제로 발생하는 중도 탈락률을 낮추는 방안을 시급히 세워야 할 것이다.

학생들이 받는 교육의 질의 불평등은 교육의 양의 불평등에 비해 훨씬 심각한 편이다. 우선 학생들은 공부하기 위해서 풍부한 도서와 공간이 필요하고, 특히 정보화 시대를 살고 있는 학생들에게는 정보에 접근하고, 만들고, 활용하는 컴퓨터를 비롯한 정보통신 기기들이 요구된다. 그러나 가정환경에 따라서는 이 같은 여건을 갖추는데 심각한 제약을 받을 수 있다. 또한 학부모의 교육 정도, 교육 방식, 그리고 자녀에게 거는 기대감 등은 학생들에게 커다란 학습상의 차이를 낳을 수 있다. 근래에 지구촌 사회로의 이행에 따라 다문화 가정의 초·중등학교 재학생수가 급격히 증가하고 있다. 이들이 초등학교, 중·고등학교로 진학함에 따라 학습 결손이 누적되고, 결국에는 낙오자가 되어 사회에 나가 새로운 계층을 형성할 가능성도 없지 않다. 여러 가지 사정으로 가정이 담당할 수 없는 역할을 사회가 대신 담당함으로써 물리적·심리적 결손 가정환경의 영향을 최소화하도록 힘써야 할 것이다.

교육의 질은 거주지역과도 밀접한 관련이 있다. 강남 8학군을 찾는 이유도 여기에 있다. 고등학교를 똑같이 졸업했어도 어디에 있는 고등학교를 졸업했느냐가 중요하다. 어느 고등학교는 제2외국어를 배우고 싶어도 가르치지를 않는다. 또한 똑같은 수학을 가르쳐도 깊이도 방법도 교사에 따라 다르고, 이에 따른 학생의 실력이나 활용 능력도 천차만별이다. 특정학교나 학교 급을 막론하고 공동으로 이용할 수 있는 공간과 기자재를 확보하는 방법, 학생들이 배우고 싶어 하는 희소한 교과목의 경우—예를 들면 제2외국어, 특수 악기 연주 등—한 교사가 여러 학교, 여러 학년을 모아서 혹은 순회하면서 가르치게 하는 방법 등을 고려해 볼 수 있을 것이다. 그러나 무엇보다 중요한 것은 교사의 질을 높이는 일이다. 교육의 질은 교사의 질을 능가할 수 없기 때문이다.

재능인의 교육과 관련하여 셋째로 언급하고 싶은 것은 복수 기회의 원칙principle of multiple chances을 지켜야 한다는 것이다. 어떤 사람은 초등학교 졸업과 동시에 학문의 길로 갈 사람과 직업계로 갈 사람으로 일찌감치 분류해서 서로 다른 트랙track을 밟도록 하는 것이 인력 양성에 효율적이라고 주장한다. 이 같은 제도를 실제로 실시하고 있는 국가들도 있다.

그러나 재능아와 비재능아, 학문 트랙과 직업 트랙으로 어려서부터 분리하는 것은 복수 기회의 원칙을 위반한다고 볼 수 있다. 복수 기회의 원칙은 자신의 재능을 발견하는 기회를 계속 갖도록 하자는 것, 마지막 기회의 문을 닫는 것을 가능한 한 늦추자는 것을 나타낸다. 우리의 주위에서 보면 대학 1, 2학년 때까지 빈둥거리거나 헛 군데에 정신을 팔고 살다가, 대학 3학년 때 갑자기 눈이 열리고, 정신이 깨어, 그 이후로 아무것도 그를 학문의 길에서 멈출 수 없게 만들고, 나중에는 자기분야의 세계적인 석학으로 성장한 사람이 있다. 또 어떤 가정주부는 30대 중반까지 자녀들을 키우며 평범하게 살다가, 유학길에 오른 남편을 따라 미국에 가서 생명과학을 공부하기 시작하였는데, 이것이 계기가 되어 세계적인 과학자가 된 사람도 있다.

개개인에게 주어지는 기회의 문이 닫히는 시간이 점점 늦춰지다가 요즈음에는 빨라지는 경향이 있다. 깨이지 않은 머리로 좋은 대학에 들어가기도 어렵거니와, 들어가서 지탱하기도 어려우며, 반거충이로 빈둥대는 것을 우리 사회가 잘 허용하지 않기 때문이다. 또한 아무리 풍성한 사회라 할지라도 젊은이들이 성인이 될 때까지 내버려 둘 만큼 많은 돈을 낭비하려 들지도 않는다.

가정의 사회문화적 환경은 학교에서의 동기와 수행 모두에 크게 영향을 주는 것으로 의심할 바 없다. 따라서 교육·문화적 환경이 메마른 가정에서 자란 사람은 머리가 트이기까지 더 오랜 시간이 걸릴 수 있다. 머리 트이기blooming는 사람에 따라 다를 것이다. 문제는 무엇이 머리 트이기에 작용하느냐는 것이다. 머리가 트였다는 것은 커다란 깨달음을 얻었다는 것, 곧 나에게 어제와 달리 큰 변화를 가져왔다는 것인데, 이것이 무엇에 의해서 일어나느냐는 것이다. 이것을 알게 되면 좀 더 적극적으로 사람들의 의식 개혁에 개입할 수 있을 것이다. 이와 관련한 경험적 이론으로서는 Mezirow의 변형학습이론transformative learning theory을 들 수 있다. 그러나 그 변형의 원인이 합리적·인지적인 것이냐, 감성적·영적spiritual인 것이냐, 그리고 변형이 어떤 과정을 거쳐서 이루어지는 것이냐에 관해서는 아직 논란의 여지가 많이 남아 있다.

넷째로 언급하고 싶은 것은 범인(凡人)의 위험을 경계해야 한다는 것이다. 재능인과 비재능인, 천재아와 일반인처럼 분류할 때, 후자에 속한 사람들이 겪는 아픔에 대해 강조하였는데, 이들의 아픔을 너무 강조하다 보면, 또 다른 구렁텅이에 빠질 가능성이 있다. 나아가 불편한 변별을 피하고 싶은 욕심은 교육목표에 대한 심각한 혼란과 표준에 대한 붕괴 위험을 낳을 수 있다.

우리는 우수한 사람들에게 박수쳐 주고 싶지 않은 사회에 살고 있다. 허울뿐인 평등을 주장하는 사람들 중에는 다른 사람들의 성공에 화내고, 다른 사람의 우수성에 대해 몹시 혐오하며, 기회 있을 때마다 명성에 해악을 가하는 시기심 많은 사람들이 많이 있음을 볼 수 있다. 이에 따라 우수한 수행 능력을 갖춘 사람도 평범 인의 수준에 맞추어 어쩔 수 없이 수행하게 되는 경우도 있다.

표준은 전염성이 강하다. 이들은 조직, 집단 혹은 사회에 쉽게 퍼져 나간다. 만약 조직이나 집단이 높은 표준은 좋아하면 거기에 들어간 개개인의 행동은 불가피하게 영향을 받아 표준을 높이게 된다. 이와 유사하게 되는 대로 살아가는 삶이 사회에 만연해 있으면 타인의 행동에 영향을 받지 않고 자기의 높은 표준을 유지하려 해도 잘되지 않는다. 적당히 살아가는 식의 삶은 나무를 갉아 먹는 좀 벌레와 같이 전 학교나 전 조직을 순식간에 점령해 버린다. 이것이 소위 말하는 학교 풍토 혹은 사회 풍토를 중시해야 하는 이유이다.

우리 사회는 비범한 천재들에 대한 관심과 걱정이 너무 적은 것 같다. 이는 평범한 젊은이들에게 전에 없던 관심을 쏟는 것이 틀렸다는 말을 하려는 것이 아니다. 우리는 천재든 평범인 이든 각 능력 수준별로 개개인이 갖고 있는 잠재력을 최대한 개발해야 하는 것이 과제이고 목표이다. 그래서 천재들에 대해 쏟는 관심 때문에 천재가 아닌 사람들을 소홀히 한다면 이보다 더 멍청한 짓은 없을 것이다. 새로운 결함을 만들지 않으면서도 현재의 교육체제가 안고 있는 천재교육의 단점들을 고치거나 보완해 나가는 방안이 필요하다.

개인에 내재해 있는 능력을 최대한 성취하도록 하기 위해서는 개인별로 맞춘 독특한 형태의 교육을 제공해야 한다. 개인의 체격에 맞게 옷을 재단하는 것과 같이 교육도 개인의 특성에 맞춰 처방하는 식이다. 이것이 바로 진정한 기회의 균등이며, 민주주의 원리와도 일치한다. 좋은 사회란 개인차를 무시하는 사회가 아니라, 개인차를 현명하게 그리고 인간적으로 다루는 사회이다.

영재교육이 성공했다는 소식보다는 실패했다는 소식을 많이 듣는다. 어렸을 때 고급수학을 거침없이 풀던 아이가 점점 자라면서 평범인이 되고 오히려 둔재가 되어버렸다든지, IQ 200이 넘는 아이가 공부 의욕을 상실하고 중도 탈락하는 예들이 그것이다. 우리는 흔히 영재교육을 위한 준비로 훌륭한 교수진, 엄격한 학생 선발 기준, 높은 수준의 교육과정 난이도 등을 제시한다. 그러나 정작 중요한 것은 영재교육의 외부적인 요인들과 영재들의 내부적인 정신 과정(지적, 정의적, 운동 기능적인 모두를 포함한) 간에 얼마나 효율적으로 상호작용하도록 하느냐에 달린 문제일 것이다. 이것은 결국 영재 교수 이론에 관한 것이다. 영재들의 학습과 관련된 개인차 변인들은 일반인들의 그것에 비해 훨씬 더 다양하고 광범위할 것이다. 따라서 일반인들을 대상으로 한 원칙이나 법칙 발견보다 훨씬 더 어려울 것이 예상된다. 그러므로 영재들을 성공적으로 가르친 선생님들의 경험담이나 영재로서 선생님으로부터 받았던 수업들 중 좋았던 것들을 서로 나누고 정리하는 방법이 어떨까 제안해 본다.

대안적 교육기관들

대학 교육과 인간의 가치

대학 교육이 질(質) 중심으로 이루어져야 하느냐, 아니면 양(量) 중심으로 이루어져야 하느냐는 큰 쟁점 중의 하나이다. 엘리트elite 교육 대 대중mass 교육이 바로 그것이다. 엘리트 교육은 소수 사람들을 잘 교육하자는 것으로서 '모두를 위한 교육은 누구를 위한 교육도 아니다'라고 주장한다. 나아가 많은 사람들을 대상으로 하는 교육은 본질적으로 천박해질 수밖에 없다고 믿는다. 반대로 대중 교육을 주장하는 사람들은 질은 좀 떨어지겠지만 가능한 한 많은 젊은이들이 능력에 상관없이 대학 교육을 받도록 해야 한다고 믿는다.

위의 주장처럼 엘리트 교육과 대중 교육은 상호 배타적인가? 그렇지 않다. 현대의 교육이론은 많은 젊은이들을 대상으로 양질의 교육을 수행할 수 있다고 본다. 또한 사회가 살아남기 위해서는 사회구성원 전체를 대상으로 수월성을 추구하지 않으면 안 되는데, 수월성의 추구는 양과 질을 함께 성취할 것을 요구한다. 결과적으로 수월성 추구는 교육의 양과 질의 병행을 강요한다고도 볼 수 있다.

오늘날 대학이 양적으로 급속도로 팽창한 이유는 사람들이 대학을 유의미한 삶으로 통하는 유일한 출입증으로 인식하는 데 있다. 따라서 대학을 나오지 못하면 결혼도, 취직도, 원하는 지위도 얻을 수 없다고 여긴다. 기실 대학은 대학이 제공하는 교육의 유형에 적합한 사람들에게 후속 교육을 제공하는 하나의 기관일 뿐이다. 대학은 결코 인간의 가치를 확립시켜주는 유일한 수단으로 간주되어서도 안 된다. 대학은 행복, 자기 존중, 그리고 내적 신뢰를 쌓게 하는 고유한 열쇠로 보아서도 안 된다. 인간의 존엄성과 가치는 인간이 다다를 수 있는 범위 내에서 정신의 질과 품성에 의해서만 평가되어야 한다. 이것이 곧 기회의 평등성에서 존중의 평등성equality of respect으로 옮겨가야 할 이유이기도 하다.

제도적 다양성과 수월성의 중요성

학습자 개개인의 특성을 다루고, 이에 알맞은 교육을 제공하기 위해서는 제도적 다양성을 마련해야 한다. 교육기관으로서는 학교와 같은 형식적 교육formal education 기관과 각종 도제식 교육이 이루어지고 있는 비형식적 교육informal education 기관들을 상정해 볼 수 있다. 학생들의 다양성에 대한 제반 측면들을 존중하지 않는다면, 다양성을 창조하거나 유지할 희망은 사라지게 된다. 서로 다른 각 기관들은 전체적인 교육의 형태 측면에서 중요한 역할을 갖고 있으며, 그것이 갖는 역할을 수행할 수 있도록 존중되고 인정되어야 한다. 그렇다고 모든 기관들은 서로 유사해야 할 필요는 없다. 각 기관은 개성을 개발해야 하며, 그 개성들은 보존토록 해야 한다.

기관의 다양성이 개인차에 대한 모든 대답이 될 수는 없다. 제도적 다양성을 갖추고 나면, 각 기관은 나름대로의 방식에 의해 수월성을 위해 노력하고 있음을 보여야 한다. 이는 어떤 다른 유형의 교육기관보다 효과적으로 각 기관의 목표들을 성취하고 있음을 보여 주어야 함을 뜻한다.

높은 사기morale가 없이는 뛰어난 수행도 없다. 교육기관의 유형이나 학교 급에 상관없이 '사기가 없으면 뛰어남도 없다'는 규칙이 적용된다. 교육에서 사기를 해치는 가장 큰 적은 행정과 교수진의 '무사안일'을 들 수 있다. 기관으로서 목표를 이루겠다는 뚜렷한 희망이 없다는 것, 그리고 이 같은 태도는 사기를 좀먹을 뿐만 아니라 목전에 둔 수월성까지 놓치게 만든다.

수월성은 단지 고등교육의 최상층부에서만 경험할 수 있는 것이라는 생각을 버려야 한다. 이는 각 수준마다, 각 교육기관마다 경험할 수 있는 것들이다. 우리는 모든 학생들에게 똑같은 도전적 요구들을 해야 한다. 우리는 지적 노력이 크게 요구되는 분야에 해당하지 않기 때문에 특정 기준을 가지고 엄격한 잣대를 들이대는 것이 불가능하다는 식으로 거만하거나 평가 절하적 가정을 해서는 안 된다. 똑똑한 학생에게는 높은 수준의 기대를 요구하고, 덜 똑똑한 학생에게는 그에 온당한 수준의 기대를 요구하면 된다.

똑똑한 학생이 대학에 들어와야 하는 것처럼 평범한 학생이 대학에 들어온다고 해서 그것이 죄가 되지는 않는다. 그러나 평범한 학생이든 똑똑한 학생이든 이들이 노력 없이, 성장 없이, 그리고 목표 없이 대학 생활을 하는 동안 표류하도록 내버려 두는 것은 죄가 된다. 우리는 각각의 학생들이 다다를 수 있는 최대한의 범위 내에서 수월성의 종류에 따라 그것을 위해 매진하도록 하지 않으면 안 된다.

우리는 사회라는 큰 테두리 내에서 각자 사회적으로 받아들여지는 활동을 하며 살고 있다. 그런데 이 활동들이 아무리 미천하더라도 또 아무리 고귀하더라도 수월성을 똑같이 존중하는 법을 배워야 한다. 훌륭한 배관공은 무능한 철학자보다 무한히 더 찬양받아야 한다. 배관 작업이 천한 일이기 때문에 배관 업에 뛰어나도 멸시를 받고, 철학이 고귀하기 때문에 조악하더라도 참아야 한다면 좋은 배관공도 좋은 철학자도 가질 수 없게 된다. 우리는 직업의 종류보다도 수월성의 수준에 따라 존중받는 사회로 나가야 된다.

대학 이외의 교육기관들

오늘날 우리 사회에서 대학 교육은 그것이 얻은 명성 때문인지 고등학교 이후의 계속 교육의 유일한 형태로 인식되고 있다. 학생이고 학부모고 간에 대학에 가지 않고 학업을 계속하거나 성장하는 여러 가지 길에 대해서는 거의 생각하지 않는다. 대학에 간 학생들이 하는 것처럼 대학에 가지 않은 학생들도 적극적으로 자신의 성장과 학습에 임할 수 있도록 길을 보장해야 한다.

우리 사회에는 정규 고등학교나 대학의 교육 프로그램 이외에도 많은 후속 학습 유형이 있다. 정규 학교에서 성공적이지 못했다는 사실은 다른 상황에서 학습을 계속해야 한다는 것을 의미할 뿐이다. 후속 교육의 기회를 제공하는 기관은 셀 수도 없이 많고 또 다양하다. 특히 정보통신공학ICT : Information Communication & Technology의 발달에 따라 학교와 사회 현장 간의 간격이 크게 좁혀지게 되고, 이에 따라 여러 유형의 교육 프로그램들이 개발 시행되고 있다. 어찌 보면 학교가 곧 사회 현장이 되고, 사회 현장이 곧 학교가 되는 셈이다. 학교에서 배운 것들을 사회 현장에서 실천으로 익히고(인턴제도), 현장에서 필요한 특수 인력을 대학에서 위탁 교육하는 형태를 떠올릴 수 있다. ICT를 활용한 사이버 교육의 보편화는 시·공간의 개념을 초월할 수 있기 때문에 교육의 유연성은 더 크게 되고 있다.

전통적으로 큰 기업이나 정부 혹은 군대 같은 경우는 특정한 목적을 갖는 교육 프로그램들을 운영해 오고 있다. 학생 입장에서는 일하면서 학위나 자격증을 딸 수 있고, 기관의 측면에서는 업무의 효율성을 높일 수 있다는 측면에서 일거양득인 셈이다. 이 같은 프로그램들에 있어서 학점은행제의 시행은 시간적인 압박을 피하게 해준다. 이외에도 여러 유형의 미술학교, 음악학교, 간호학교 등이 있고, 도제식 교육을 통해 양성하는 여러 유형의 장인, 명창 등도 생각해볼 만하다.

동기와 재능인 교육

열심인 학생과 무관심한 학생

동기(動機)는 성취의 강력한 요소임을 누구도 부정할 수 없을 것이다. 동기가 없는 재능은 무력하고, 세상에 쓸모가 없다. 여러 연구에 의하면 역사적으로 천재였던 사람들은 매우 높은 지능을 가졌을 뿐만 아니라 수월성을 갈망하고, 장애물을 직면해서는 인내하고, 또 그들의 천재성 발휘를 열망하는 특징을 갖고 있었다고 한다.

어떤 사람들은 태어나면서부터 위대할 수 있다. 그러나 대부분의 훌륭한 사람들의 이야기를 들어 보면 피나는 노력의 결과인 것을 알 수 있다. 수월성은 노력의 결과로 성취하는 것이지, 하다 보니 자연스럽게 얻어지는 것이 아니다. 모든 수월성은 목적을 갖고 추구한 단련과 끈질김의 결과이다.

학생들을 한 번이라도 가르쳐 본 사람이면 공부에 열심인 학생과 무관심한 학생 간의 뚜렷한 차이를 발견할 수 있다. '배우기를 좋아하면 어느새 지식이 문턱에 와 있다'라는 속담이 있다. 흥미 있어 하는 학생을 배우지 못하도록 막는 것은 거의 불가능한 일이다. 따라서 주의를 쏟아 선생님의 가르치는 활동에 정신을 쓰면 못 배울 수가 없다. 이들은 목표지점의 반 이상의 길을 와서 선생님을 맞이하는 셈이다. 그러나 공부에 무관심한 학생에게는 거꾸로 선생님이 그를 만나기 위해 거의 코앞까지 가야 한다. 주의가 흩어지지 않게 모든 출구를 막고 공부에 빠지도록 해야 한다. 그리고 일단 학생의 주의를 끌면, 이를 유지하기 위해 기상천외한 창의력을 발휘해야 한다. 선생님은 상담하고, 격려하고, 일깨우고, 그리고 단련하기 위해 한없는 열성을 쏟아야 한다.

구조할 수 있는 사람은 구조하는 것이 교사의 임무이다. 그러나 아무리 희생정신이 강한 교사라 하더라도 그들이 하고 있는 행위의 결과들을 의식하지 않을 수 없다. 목적이 없는 교육, 쓸데없는 노력, 마음이 내키지 않는 교육은 교사로 하여금 아주 힘들고, 비용도 많이 들게 하며, 그리고 더 중요한 것은 높은 동기를 지닌 학생들과는 전혀 다른 교육의 과정(過程)으로 임해야 한다는 것이다.

요즈음 의무교육 기간이 연장되고, 대학 교육이 보편화됨에 따라 교육과정(教育課程)의 색조가 기성세대와는 다르게 근본적으로 변화하고 있다. 특히 가르치는 방법, 과제의 본질, 교과목 편성 그리고 학생을 대하는 방법 면에서 그렇다. 그리고 낮은 동기를 지닌 학생들에게 맞는 교육적 실천에 집중해야 되기 때문에 높은 동기를 지닌 학생들을 다루는 기법은 점점 잊혀져 가고 있다.

현대는 인본주의humanism 사회이다. 사람이 중심이고, 학교에서는 당연히 학생이 중심이 된다. 따라서 학생이 학교에 적응하기보다 학교가 학생에 적응하는 방향으로 나아가고 있다. 이는 학교가 학생들의 자연스러운 요구에 충족하도록 해야지, 학교가 학생들에게 따라오도록 요구해서는 안 된다는 것이다. 구체적인 예로서 대학에서조차 학생들이 심한 경쟁에 직면하지 않도록 해야 한다든지, 조그마한 희생도 강요해서는 안 되며, 심지어는 학생 본분에 충실하도록 요구하는 것조차도 정당하다고 여겨지지 않는다.

특정 시점에서 개인이 가지고 있는 동기의 정도는 그에게 거는 기대나 요구에 큰 영향을 받는다. 또한 내적·외적 위급 상황이나 위기를 맞게 되면 개인에 숨어 있는 강인한 의지와 높은 동기로 부응하게 된다. 조직이나 가정이나 운동 팀이나 정치 조직은 그 구성원들에게 어떻게 하면 높은 수준의 개인적 성취를 불러일으킬 수 있는지, 그 방법을 알고 있다. 승진 승급이나 보수, 그리고 칭찬이나 인정 등이 그것들인데, 동기는 이 같은 외적 강화체에 어느 정도 의존한다. 그러나 이들 외적 강화체를 어떻게 효과적으로 사용하느냐는 또 다른 문제이다.

고난과 동기

첨단 과학자이든 자수성가한 사업가이든 그들을 정상에 이르게 한 힘은 그들의 추진력, 그들의 목적의식, 그리고 그들의 불요불굴의 의지였을 것이다. 그러나 이 같은 자산은 누구에게 쉽게 전달할 수 있는 것이 아니다. 그들이 성취한 결과, 곧 부(富)나 지식 등은 자식이나 후대에 전달할 수 있으나 성취의 과정에서 얻었던 것들, 즉 고난의 기억, 이겨내겠다는 의지, 치열한 결단 등은 전달할 수 없다.

우리 사회는 쉽고 편함이 삶을 지배하는 원칙이 되고 있다. 우리는 겪고 있는 고난을 줄였으면 하는 소망을 갖고 있으며, 수많은 공적·사적 채널channel을 통하여 이 목표를 추구한다. 부모로서 우리는 우리의 자녀들이 겪을 고난을 줄이기 위해 가능한 한 모든 것을 다한다. '내가 겪은 고생을 내 자식에게는 물려주고 싶지 않아'라는 생각으로 안 쓰고, 안 먹고, 그것으로 자녀를 학교에 보내는 등 부모의 생은 자식이 잘사는 데 하나의 디딤돌이 되면 그만이라 생각하고 산다.

그러나 상당수의 사람들은 보편적 편함의 결과를 우려한다. 그리고 이 같은 중대한 경고에 귀를 막고 있다고 말한다. 이들의 주장에 의하면 어려움의 극복은 성격을 강하게 하고, 난관은 위대함의 산실이라는 생각이다. 요즈음 젊은 세대는 고생을 안 해 보았기 때문에 유약하고, 끄떡하면 좌절하거나 자살하는 행위들도 같은 맥락에서 이해된다.

이 같은 풍요로움과 편함에 대한 우려는 돌이켜볼 만한 가치가 있다. 그렇다고 명석한 견해라고 보기도 어렵다. 풍요로움은 저주가 아니며, 더구나 가난은 축복이 아니다. 풍요는 잠재적 영재들의 날카로움을 무디게 할지 모르지만 불가능할 수 있는 재능의 육성을 대규모로 가능하게 해 준다. 우리는 어떠한 경우에서건 자유 사회와 풍부한 경제의 혜택을 이용하여 가능한 많은 사람에게 혜택을 주려는 확고한 의도로부터 물러설 수 없다. 나아가 고난의 불평등을 만드는 사회적 조건들을 제거하기 위한 우리의 노력은 계속되어야 한다.

풍요로운 사회라 해서, 꼭 도전이 없는 사회라고 말할 수도 없다. 선택은 우리가 하기 때문이다. 성공한 사람의 자식은 대대로 내려갈수록 동기가 감퇴할 수 있다. 그러나 성공한 사람들의 자식들이 이 같은 흐름과 정반대로 가는 경우도 더러 있다. 경제적 성공은 자식들에게 자극을 주는 곤경이 적어지게도 하지만 싸우기 위한 새로운 모델을 갖게 해주기도 하기 때문이다. '왕 대나무밭에 왕대 나고, 신우 대밭에 신우 대 난다'라는 속담도 여기에서 비롯된 게 아닌가 싶다. 그래서 미래를 위해 더 높은 기준의 성취와 더 높은 품격이 베어 있는 분위기에서 성장하게 된다. 한국의 몇몇 재벌 기업 가정에서도 여러 세대에 걸쳐 은연중에 숨겨져 있던 높은 성취의 전통을 만듦으로써 가업을 잇는 데 성공한 예들을 볼 수 있다. 그러나 분명한 것은 기성세대의 고난의 모델은 풍요로운 젊은 세대에게는 맞지 않으며, 강요해서도 안 된다는 것이다.

개인에게 도전하고, 자극하는 조건을 만들어 줌으로써, 젊은 사람들에게 끊임없이 어려움에 직면하게 하고, 이를 극복하게 하기 위해 노력하게 하거나 인내, 용기, 큰 포부의 가치를 배우도록 하는 것은 수월성을 추구하거나 인생을 배우는 데 있어 의미 있는 일일 것이다. 우리는 재능처럼 높은 동기가 귀중한 일상 용품임을 이해해야 한다. 높은 동기를 불러일으키고, 그리고 불러일으킨 이 높은 동기를 유지시키는 방안을 마련하여 생활화해야 할 것이다.

기대와 확신

우리 사회에서 꽃피우는 재능들을 보면 하나같이 우리 사회가 가치롭게 여기는 것들이다. 대중이 가치롭게 여기게 되면 재능의 소유자에게는 보상이 뒤따르고, 재능을 갈고닦은 노력의 보람과 만족감이 형성된다. 이와 같이 높은 성취는 높은 만족이 뒤따를 것이라는 기대의 골격 안에서 발생한다. 기대가 없으면 높은 성취도 없다. 이는 수요와 공급의 법칙과도 같아서 제한을 가하면 그 양은 줄어들고, 장려를 하면 배가 된다. 우리는 우리가 기르는 재능의 유형만을, 그리고 우리가 원하고 기대하는 재능의 유형만을 가질 수 있다. 우리는 위대한 대한민국을 창조할 수 있는 재능의 유형을 육성하고, 기대하고 있는가? 아니면 그렇지 못하고 있는가?

H. W. Show는 "아이가 가야 할 길로 그를 기르기 위해서는 나 스스로가 그 길로 다녀보아야 한다"고 말한 적이 있다. 어른들이 공부를 존

중하면, 자녀들도 공부를 존중한다. 사회가 지성과 의로움을 가치롭게 여기면 아이들도 이들을 가치롭게 여긴다. 부모가 반듯한데 자식이 반듯하지 않은 경우가 있는가?

아이들이 전체 사회에 걸쳐 있는 폭넓은 가치관이나 태도 등에 의해 간접적으로 영향을 받는다면, 그의 성장은 그가 바로 접하고 있는 세계, 즉 가정과 이웃의 특성에 좀 더 직접적으로 의존한다. 만약 가정과 이웃이 아이들의 지성과 의(義)를 기르고, 도전하도록 하는 힘을 가졌다면 전체 사회의 부족한 점들은 크게 문제가 되지 않는다. 그러나 아이가 직접적으로 접하는 세계가 그에게 필요한 도전과 자극을 제공할 수 없다면 그는 곤경에 처하게 된다. 이때에는 사회가 도움을 주기 위해 나서야 하는데, 이 같은 도움을 주는 전형적 수단이 곧 학교교육이다.

사회 환경과 관련하여 한 가지 더 언급하고 싶은 것은 우리사회가 도전과 노력이 통하는 사회가 되어야 한다는 것이다. 도전과 노력과는 무관하게 성공이 결정된다면 누가 도전하고 노력을 쏟겠는가? 공정과 정의는 기회의 평등, 경쟁의 평등에 있다. 누구나가 다 내가 목표를 향하여 나갈 계획을 짜고, 이를 최선을 다해 수행하면 목표를 성취할 수 있다는 자기 효능감self-efficacy을 갖도록 해야 한다. '나는 안 돼'보다 '나도 할 수 있어'가 중요하다. 따라서 부모를 잘 두어서나, 운이 좋아서보다는 자신의 노력에 의해서 성공하는 건강한 사회 분위기를 조성해야 한다.

우리가 여기서 잊지 말아야 할 것은 학습과 성장의 최종적 책임은 학습자 본인에게 있다는 것이다. 우리는 학습 장애물을 제거하기 위해 환경을 재형성하고, 자극과 도전의 분위기를 조성할 수 있다. 그러나 마지막에 이르러서는 학습자 개개인이 자신의 발달을 길러야 한다. 연령을 불문하고 개인 스스로의 흥미, 추진력, 그리고 열성을 갖추어야 한다.

학습자 개개인의 수월성 성취와 관련된 또 다른 요인이 있다면 그것은 스스로에 대한 자신감 혹은 확신이다. 확신이 없는 사람은 뛰어난 성취를 이룰 수 없다. 그들은 실패의 아픔을 겪을 수 있다. 절망의 순간들을 가질 수 있다. 그리고 여러 차원에서 보장이 결여된 삶을 살 수 있다. 그러나 그들의 깊은 내면에 성취를 가능하게 하는 단단한 확신confidence과 자기 신뢰가 있으면 굳굳 하게 버티어 나간다.

학습자에게 자신감이나 확신을 구축하기 위해서는 도전적인 목표를 성공적으로 얻는 기회를 가끔씩은 갖도록 해야 한다. 이는 학생들이 실패의 경험을 갖지 않도록 해야 한다는 것을 뜻하지는 않는다. 실패는 성공의 어머니라는 속담이 있다. 도전하는 과제와 학습자의 능력이 잘 맞아떨어지고, 학습자가 스스로 주도하며, 실패의 원인이 전략의 잘못 사용에 있다고 보는 한 실패의 경험은 건설적일 수 있다. 또한 자신이 도전하고 있는 과제들에 대해 합리적인 수준의 통제 감을 가질 수 있도록 해야 확신 감을 키울 수 있다. 예를 들어 열심히 시험 준비를 했음에도 전혀 다른 시험 범위에서 문제가 나와 아무것도 못 쓰고 나왔다든지, 시험 문제가 너무 어렵거나 쉬워서 공부를 하나 마나 똑같았다면 나의 그 시험에 대한 통제감은 무력해질 것이다. 이런 경우 내가 아니라 나 밖의 운이나 하나님께 성공·실패를 맡기게 될 것이다. 나아가 목표나 방향을 분명하게 하는 것, 그리고 학생들 스스로 목표를 설정하도록 하는 것도 확신 감을 키우는 계기가 될 것이다.

우리는 개인의 동기를 이해하는 데 필요한 지식이 턱없이 부족하다.

예를 들면 어떤 사람에게는 있으나 다른 사람에게는 없는 수월성에 대한 내적 압력을 매우 불완전하게 알고 있다. 어떤 사람은 초년에 실패를 겪고 평생을 체념 가운데 살아가고 있는 데 비해, 또 어떤 사람은 끝없이 새로움을 추구하고, 실패로부터 일어나고, 배우고 성장하며 중단 없이 새로운 에너지와 기를 찾아내는데, 무엇이 이 같은 차이를 만들어 내는지 그 원인을 모른다.

재능 있는 인력의 부족을 걱정한다면 사람들의 재능을 완전하게 발굴하지 못했던 것은 아닌지, 그들의 재능을 너무 낮게 보고 더 높게 발굴할 가능성을 소홀히 한 것은 아닌지 고민해봐야 한다. 이 같은 진귀한 요소들을 찾아낼 수만 있다면 재능의 보고(寶庫)가 열릴 것이다.

재능인 육성의 환경 조성

민주사회의 딜레마(dilemma)

재능인의 육성과 관련하여 늘 발생하고 있는 논쟁은 개별적 수행을 강조할 것이냐 아니면 개별적 수행을 억제할 것이냐이다. 개별적 수행 혹은 성취를 강조해야 한다고 주장하는 사람들은 우리 사회가 '가장 잘하는 사람이 승자'가 되도록 하자는 주의로서, 태생과 관계없이 성공을 이루고, 이에 상응하는 보상을 주자는 것이다. 반면에 개별적 수행의 억제를 주장하는 사람들은 덜 성공한 사람이나 성공하지 못한 사람이 승자를 가장 크게, 가장 최종적으로 통제하는 사회의 형태가 되어야 한다고 말한다.

우리 사회에서 지위를 결정하는 주요 결정 요소는 무엇인가? 무엇이 그를 정상으로 끌어올리는가? 개인이 가지고 있는 능력, 추진력, 동기, 결정적 순간에 대처하는 기질? 아니면 가정적 배경이나 재력? 무엇이 그를 승자로 만드는지 모르지만, 이를 승복하고 사회적으로 받아들이기란 쉽지 않은 일이다. 따라서 여러 가지 이유로 고도의 개별적 수행을 강조하는 체제에 불만족하는 사람들은 불필요한 좌절과 패배감을 줄이고; 민주주의 특성인 사회적 조치들에 따라 자유를 누릴 수 있도록 지위의 결정 요소로서 수행의 강조를 줄이는 정교한 제도적 방어책을 만든다.

예를 들어 산업 노조에서는 느린 노동자를 돌보는 것이 자신들의 본연의 임무라고 생각하고 이들을 보호한다. 반면 경영진 쪽에서는 경쟁에 총력을 다 하라고 강조한다. 그러나 여기서도 경쟁이 과도하면 강력한 방어적 조치를 취한다. 과도한 경쟁은 독과점에 이를 것이기 때문이다. 일반 사원들에 있어서도 과도한 수행 강조의 칼끝을 무디게 하기 위해 설계된 수많은 규정들을 찾을 수 있다. 근무 연수에 따른 선임자제seniority와 정년보장제에 관한 규정, 각종 승진 및 승급제에 관한 규정 등이 그것이다. 학교에서는 지능이나 학업성적과 무관하게 1년에 한 학년씩 오르도록 되어 있는데, 이것도 같은 맥락에서 이해될 수 있을 것이다.

우리 사회는 과도한 개별적 수행의 강조를 막기 위한 제도적 방어책들로 가득하다. 이러한 방어책들은 높은 수행에 대한 가장 강력하고도 효과적인 억제책들이다. 그러나 이러한 방어책들을 과도하게 적용하게 되면 경직된 사회, 정체된 사회로 빠져들 수 있다.

세계 각국은 인적 자원의 효과적 활용이 생존을 위해 필수 불가결하며, 영재의 발굴과 육성을 남보다 빨리 시행해야 됨을 인지하고 있다. 초기에는 영재들을 위한 대책들을 무조건적으로 반대하고, 모든 학생들은 똑같이 다루어야 한다는 생각이 옳은 것처럼 보였다. 지금은 영재들에 대한 열정이 되살아나고, 사람들은 이 영재들을 위한 여러 가지 제언들에 대해 경청하는 분위기이다.

영재들을 돕기 위해 설계된 대책들은 영재가 아닌 사람들에게 적대감을 일으킬 수 있다. 이렇게 되면 불필요한 후유증backlash을 야기한다. 영재가 아닌 아동과 영재를 두지 않은 부모가 우리 사회구성원의 대부분임을 기억해야 한다. 교육 분야에서 수월성을 다루는 사람들은 그 대책들이 개별적 수행의 억제나 패배적 반대운동을 일으키지 않으면서도 수월성을 배양할 수 있는지를 끊임없이 반문해 보아야 한다. 따라서 가장 중요한 일은 어떻게 하면 각 수준의 능력을 지닌 개개인들에게 그들의 잠재력을 완전히 실현하도록 하고, 가장 잘 수행하도록 하며, 그러면서도 다른 수준의 개개인에게 혐오감을 주지 않도록 하는 방안을 마련하는 일일 것이다. 나아가 갈등을 일으키는 집단들끼리 함께 공유하는 공동의 목표를 갖도록 만들어 주어야 한다. 모든 갈등 집단들이 함께 긴장의 순간을 뛰어넘어 지적 능력과 의기를 끌어올릴 수 있는 비전을 가져야 만이 동질감을 느낄 수 있기 때문이다.

공동선의 목표 설정

세습적 귀족사회를 대체하는 기준으로서 지성intellect을 드는 사람들도 있고, 부(富)를 드는 사람들도 있다. 과거에는 학문하는 사람들을 중심으로 '지성의 귀족사회'가 주창되기도 하였다. 지성을 존중하고, 인간의 지적 능력의 성취에 대해 경외해야 할 여러 가지 이유가 있기 때문이다. 그러나 근래에 이르러서는 정보통신 기기의 발달과 더불어 지식에의 접근이 쉬워짐에 따라 경험적 지식의 축적체인 노인에 대한 존경심과 새로운 지식을 창조해 내는 지성인의 값어치가 함께 추락하고 있다. 이에 따라 가치의 기준이 '돈'으로 갑자기 몰려가고 있는 모습이다. 어쩌면 지식이나 권력 등은 돈을 모으는 수단으로 바뀌어 가고, 돈벌이에 효과적이어야 그 가치가 인정되는 실정이다. 인격도 돈에 의해 결정되는 세상이니 말이다. 그러고는 육체적 쾌락에 탐닉한다.

그러나 돈과 지성은 그 자체로서 선(善)이 아니다. 지성은 돈과 마찬가지로 본질적으로 종속 선subordinate good에 불과하다. 지적으로 매우 뛰어난 사람이 궤변을 늘어놓는 것을 보면 얼굴이 찡그려진다. 나아가 우리는 지성인이 그의 지성을 독재나 잔인함의 원인이 되게 사용한다면 칭찬할 수 없다. 우리는 과학자가 진리의 발견과 같은 문화적 가치를 위해 그의 지적 재능을 사용할 때 박수를 친다. 그러나 사악한 목적으로 똑같은 재능을 사용한다면 존중하지 않는다. 돈도 마찬가지로 어떻게 사용하느냐에 따라 그 가치가 달라진다.

간단히 말해서 지성이나 돈은 그 자체로서 사회 발전의 충분한 기초가 되지 못한다. 이들은 모두 바르게 사용할 때만이 가치를 지닌다. 이와 관련하여 어떤 목사의 설교가 생각이 난다. "열심히만 하면 안 된다. 바른 것을 행해야 한다. 열심zeal과 진실truth은 함께 가야 한다."

재능과 책무

우리 사회는 권력에는 반드시 책임이 따르기를 기대한다. 우리 사회는 영향력을 성취한 사람들이 우리가 공통적으로 소유하고 있는 가치에 대한 서약과 함께 지역사회에 대한 책무 감을 가지고 행동할 것을 요구한다. 그러나 이 같은 요구는 단순히 권력자나 영향력 있는 사람에게만 해당되는 것이 아니고, 우리 사회를 구성하고 있는 모든 사람에게 해당한다. 우리는 권리만을 요구할 뿐 책임과 의무를 의식하지 않고 살고 있다. 우리는 높은 자리에 있는 사람들이나 낮은 자리에 있는 사람들의 무책임을 너무 참아 주는 경향이 있다.

지적으로 재능 있는 사람들의 경우에는 이 같은 규칙이 적용되지 않아도 되는가? 그런 것 같지 않다. 오늘날 많은 분야에서 지적으로 특출한 사람들은 과거에 경험하지 못했던 큰 영향력을 누리고 있는데 이들이 누리는 만큼 공통의 선에 적극적으로 헌신함을 보여 주지 않으면 안 된다. 재능이 뛰어난 사람들은 그들의 자연적 재능들을 단순히 보여 주고, 그렇게 함으로써 보상을 받고 있다고 생각한다. 그래서 그들이 연마한 특기의 추구를 넘어서 책임감을 가져야 한다거나 지도력을 발휘해야 한다는 것은 받아들이기 어렵다고 생각한다. 그러나 재능 있는 사람이 영향력이나 권력의 지위에 오르게 되면, 사회는 그들에게 무책무성을 더 이상 방기하지 않는다.

이와는 반대로 사회가 특정인의 고도로 창조적인 지적 능력이나 수행performance의 혜택을 완전히 누리고자 한다면, 우리는 이들을 몇 몇 책무성으로부터 보호해 주어야 한다는 주장도 있다. 지적이고 예술적 작품들은 세속적인 일들에 너무 많이 얽히지 않을 때 가장 잘 수행될 수 있기 때문이다. 가장 높은 수준의 수행은 다른 데 시간이나 에너지를 뺏기지 않고, 오로지 자기 일에만 몰입해 있을 때 성취될 수 있다. 과학·기술 분야 인력에 대한 군 대체복무제, 올림픽 메달리스트나 BTS(방탄소년단)와 같은 예체능 인들에 대한 군 면제 등을 그 예로 들 수 있다.

우리 사회에서 리더십은 여러 유형의 사람들에 의해 행사되고 있다. 이들은 자신의 조직이나 지역사회에서 여론을 형성하고, 공공 여론이 형성되는 분위기를 만들고, 그리고 국가적 삶의 과정을 결정한다. 우리의 국가적 삶에서 고위직에 오르고, 영향력을 성취한 사람들은 지역사회와 국가에 대한 강력한 의무감을 갖고 살지 않으면 안 된다. 그가 농부이건, 은행가이건, 노동자이건, 교수이건, 법률가이건 간에 그가 속한 분야에서뿐만 아니라 더 큰 지역사회에 대한 책무감으로부터 벗어날 수 없다. 그들은 자신의 역할을 항상 의식하고, 그 역할의 요건을 완벽하게 알고 수행할 수 있어야 한다.

수월성의 종류

수월성excellence이란 앞에서도 언급한 것처럼 우수함, 뛰어남, 탁월함을 나타낸다. 교육을 통해서 수월성을 추구한다고 할 때, 수월성의 개념을 구체화할 필요가 있다. 그래야만이 표적이 뚜렷해지고, 개념 규정을 통해서 방법론도 창출해 낼 수 있기 때문이다.

수월성의 종류는 매우 다양하다. 예를 들어 수월성의 유형으로서는 구체적인 일에서의 수월성으로 ①새로운 이론을 이끌어내는 일, ②새로운 기계를 만들어 내는 일, ③가르칠 때 효과적 표현을 찾는 일 등을 들 수 있다. 분야별 수월성으로서는 미술, 음악, 공예, 인간관계, 기술 작업, 리더십 등으로 구분하여 찾아질 수 있다. 수월성은 또한 학교교육 체제 내에서 길러질 수 있는 재능과 학교교육 체제 밖에서 길러질 수 있는 재능으로 구분되기도 하고, 개인 간의 비교를 통해서 수월성을 측정하는 경우와 개인 내적 비교를 통해서 수월성을 측정하는 경우가 있다. 개인 간의 비교를 통해 수월성을 측정하는 경우, 예를 들어 과학자라면, 가르치는 능력 수준, 제자들의 세계 및 학문 발전에의 기여도, 과학의 흐름을 꿰뚫어 보는 눈, 전문성·창의성·끈기, 실천의 천재성 등의 기준으로 개개인을 평정하게 하여 과학자로서의 수월성 기준을 마련할 수 있을 것이다. 개인 내적 측정의 경우 최선일 때의 나와 최악일 때의 나 의 비교를 통해 특정 개인의 수월성의 목표 내지는 기준을 설정할 수 있다.

특정 분야의 재능인을 선발하거나 특정 분야의 재능을 측정하는 검사를 개발하거나 훈련을 시행할 경우, 수월성의 정의(定義)는 더욱 좁혀지게 된다. 이때는 요인 분석이나 가설 검증 방법 등의 타당성을 높이는 기법 등을 사용할 수 있다.

수월성의 폭의 확장

특정 사회, 특정 시점에서의 수월성을 구성하는 생각들은 제한되고 좁혀지는 경향이 있다. 그러나 한 사회에서 다른 사회로 혹은 금세기에서 다음 세기로 옮겨갈 때 그 개념은 변할 수 있다.

인간의 역사를 돌이켜 보건데, 인간의 수월성은 광범위하게 탐색되어 왔다. 그러나 현시점에서 수월성은 전체 범위 중에서 일부분만이 존중되고, 보상을 받고 있다. 존중되고 있는 수월성들은 연속되는 생명력을 가지고 큰 성과를 내고 있는 것, 상대적으로 사람들의 눈에 잘 띄는 것, 그리고 실용성이 큰 것들에 치우칠 가능성이 있다. 이렇게 되면 선조들이 대대로 쌓아왔던 커다란 유산들 중 상당 부분이 사장되거나 퇴락할 가능성이 있다.

특히 과학·공학의 시대에 접어들면서, 눈에 보이는 것이나 만질 수 있는 구체적인 것들에 집중함으로써, 우리의 사고가 추상적인 것, 신비롭거나 낭만적인 것, 영적인 것들로부터 멀어져 가고 있다. 우리가 자식을 낳고 기르는 본능적인 욕구까지도 버리고, 육체적 쾌락과 편함만을 추구하는 현 세태는 이 같은 정신적 빈곤에서 나타난 현상이라고도 볼 수 있다. 따라서 육성해야 할 수월성도 구체성과 추상성, 정신과 육체, 인문·사회과학과 자연과학·공학 간의 균형과 화합의 측면에서 고려해야 한다. 나아가 인류 역사의 색조와 결texture을 위해 우리는 무엇을 보태려 하고 있는가? 그리고 우리의 후손들에게 무슨 정신적, 물질적 유산을 물려주려 하고 있는지를 고려해서 판단해야 한다.

현실적인 대안으로서 실용성이 부족하더라도 인류에게 소중한 것, 눈에 잘 띄지 않더라도 가치 있는 것, 그리고 조상의 귀중한 자산 중 잊혀 진 것들을 발굴하여 육성해야 할 수월성의 범주에 포함시켜야 할 것이다. 여러 수준에서 많은 종류의 수월성을 껴안는 것이 인간의 다양한 잠재력과 완벽하게 조화를 이루는 유일한 방법이다. 이것은 어쩌면 전체 사회를 통하여 높은 사기를 허용하는 하나의 길이기도 하다.

높은 수준의 표준과 사기

오래전의 일이기는 하지만 나는 중학교에 다니는 아들 녀석에게 '너는 나중에 커서 어느 대학에 진학할 예정이냐?'고 물은 적이 있다. 나는 말로나마 국내 최고의 대학에 진학하겠다는 말과 그것을 목표로 열심히 공부하겠다는 대답을 듣고 싶어서였다. 그러나 대답은 그게 아니었다. 내가 실망하는 내색을 하자 아들은 '이 대학도 얼마나 들어가기 어려운데, 아빠는…….' 하며 오히려 나에게 핀잔을 주었다.

성취 표준을 터무니없이 너무 높게 잡는 것도 문제지만 너무 낮게 잡는 것도 문제이다. 표준의 높고 낮음은 또한 개개인의 능력과 밀접한 상관이 있다. 따라서 능력에 따라 개개인들이 힘껏 노력해야 성취할 수 있는 높은 표준의 설정 필요성을 수용하고, 그러한 표준을 가능한 한 많은 사람들이 성취하도록 해야 함을 강조하고 싶다.

일반인들은 흔히들 수월성의 문제는 상층부에 있는 사람들에게나 해당하는 것으로 생각하는 경향이 있다. 그러나 이러한 식으로는 위대한 사회를 이룰 수 없다. 인공위성의 발사가 실패하는 이유는 과학자가 설계를 잘못하여 발생하기도 하지만, 기술자가 마지막 밸브를 잘못 조이는 바람에 생길 수도 있다. 우리 사회도 똑같은 이치로 굴러간다고 볼 수 있다. 뛰어난 과학자도 필요하고, 뛰어난 기술자도 필요하다. 우리 사회의 발전은 좋은 수행을 위한 넓게 퍼져 있는 보편적 노력에 달려 있다.

모든 사람들이 함께 노력하겠다는 의지를 가지고 수월성의 개념에 접근하지 않는다면, 우리는 수행을 위한 바른 유형의 노력과 경각심, 그리고 떳떳한 관심을 가질 수 없다. 여기서 수월성의 개념은 내가 누구이든, 무슨 일을 하고 있든 상관없이 사회적으로 받아들여질 수 있는 활동에 참여하게 만들어 주며, 추구하는 수월성은 성취 가능한 표적의 범위 안에 들어오게 된다.

아무리 높은 수준의 표준을 설정해도 이를 성취하지 못하면 쓸모가 없다. 따라서 전 사회를 통하여 높은 수준의 사기morale와 추진력을 성취하고 유지할 수 있어야 한다. 사람들은 노력을 쏟아 붓고, 이루고야 말겠다는 목표를 가져야 한다. 그리고 그들의 노력은 스스로에 대한 존경심과 다른 사람으로부터의 존경심을 얻을 것이라고 확실하게 믿어야 가능하다. 이것이 바로 우리 사회가 지향해야 할 사회의 조건이다. 그러면 우리는 탁월함과 질에 대한 감각을 배양하는 데 매진할 수 있다. 우리는 가장 뛰어난 영재에게, 가장 뛰어난 재능인에게, 그리고 가장 의기로 운 젊은이에게 최선을 요구할 수 있다.

전인(whole person)과 수월성

교육은 개개인의 지적, 정서적 그리고 도덕적 성장을 돕는 사회의 큰 과제의 일부분을 맡아 수행한다. 교육을 통해 이루고자 하는 것은 개개인이 원하는 사람이 될 수 있도록 부단한 자기 발견과 자신의 최선의 모습을 실현하기 위해 끊임없는 탈바꿈의 과정에서 조력자의 역할을 수행하는 것이다.

이 같은 교육의 개념은 개인의 지성뿐만 아니라 감성, 성품, 그리고 인성을 포함한다. 그것은 사고와 행위의 외부적 표현뿐만 아니라 내면의 깊숙한 도덕적, 영적 성장까지를 포괄한다.

교육의 최종적 목표가 무엇이라고 생각하느냐고 물으면 대부분의 사람들은 흔히들 '자아실현'이라고 대답한다. 그러면서 자아실현은 곧 개인이 가지고 있는 잠재력을 찾아 개발하여, 이들을 충분히 사용하면서 살도록 하는 것이라고 말한다. 과연 그런가? 자아실현은 자아를 현실화하는 것이라고 바꾸어 말할 때, 자아는 곧 숨어 있는 잠재력을 나타내는 셈이다. 그러나 Jung은 자아를 전혀 다르게 설명한다.

자아실현에 대해서 맨 처음 논의한 Jung은 '자아'를 인성의 한가운데 위치한 것으로서, 그 주위를 여러 개의 체제들이 위성처럼 둘러싸고 있다고 보았다. 인간의 4가지 기본적인 심리적 기능들을 사고thinking, 감정feeling, 감각sensing, 직관intuiting으로 나눈다고 할 때, 최소한 4개의 위성이 자아를 둘러싸고 있는 셈이다. Jung도 인간 발달의 종국적 목표는 자아실현에 있다고 말한다. 그러나 그가 말하는 자아실현의 의미는 전혀 다르다. 그에게 자아실현이란 인간의 인성의 모든 체제들이 완전히 채워지고, 가장 완전하게 분화 발달되고, 그리고 조화롭게 통합된 상태라는 것이다. 이는 의식과 무의식, 외면의 세계와 내면의 세계가 직접 교호작용하면서 심리적 전인(全人)을 이룸으로써 가능하다고 보았다. 그는 또한 자아가 이들 체제들을 하나로 붙잡고, 통일성unity, 평형성equilibrium, 그리고 안정성stability 있는 인성을 제공한다고 말한다. Jung은 자아를 만달라mandala나 신비스러운 원으로 생각하였다. 그리고 사람들이 끊임없이 성취하려고 노력하는 삶의 목표이나 다다르기는 매우 어려운 것으로 여겼다.

개개인의 잠재력은 가치중립적 개념이다. 따라서 잠재력은 사회에 반하는 가치를 지닐 수 있다. 우리는 개개인이 그의 잠재력을 실현하기를 원하지만, 큰 범죄자나 큰 깡패 혹은 독재자로 발전하기를 원치 않는다. 교육은 가치중립적이 아니라 가치 추구적 성격을 갖는다. 따라서 개인이 가지고 있는 잠재력을 최대한 발현하도록 하는 수월성의 추구는 합리적이고도 도덕적인 골격 내에서 이루어져야 한다. 수월성의 추구도 교육체제가 안고 있는 더 폭넓은 교육목표의 범위 내에서 이루어져야 함을 잊어서는 안 된다.

우리는 사회라는 거대한 조직과 광대한 힘이 개개인을 위협하고 왜소하게 하는 시대에 살고 있다. 어느덧 나는 없어지고, 거대한 톱니바퀴 속의 한 부품이 되어 끌려간다. 이런 사회일수록 개성화individuation가 필요하다. 개성화는 '통합된 전인으로서 독특한 인성을 갖는 것'을 말한다. 그렇다고 우리는 무책임하고, 비도덕적이거나 순전히 자기만을 위한 개성에는 박수칠 수 없다.

따라서 우리는 왕성한 개성에 대한 감각과 활발한 공유의 목적에 대한 감각을 동시에 살리지 않으면 안 된다. 우리는 깊은 존경을 얻기 위해서는 자신을 발견하기도 하고, 또 자신의 것을 버리기도 해야 한다. 우리는 자신의 욕구를 초월한 가치를 섬길 때 존경받는다. 그러나 섬기는 사람이 성숙된 인격의 소유자이어야 하며, 공공의 선을 위해 모든 것을 희생하였다고 하더라도 마음이 없는 봉사는 받아들일 수 없다.

끝맺는 말

교육에는 두 가지 수준의 목표가 있다. 하나는 개인 수준의 목표로서 개인의 지적, 정의적(情意的), 운동·기능적 개발이 이에 속하며, 다른 하나는 사회 수준의 목표로서 문화의 보존 및 전달, 함께 사는 법규의 준수 등을 들 수 있다. 개인은 스스로를 위해서 살기도 하고, 또 그의 사회를 위해서 산다. 이러한 의미에서 개인의 목적은 개인적 실현뿐만 아니라 그가 속한 사회를 부유하고 강하게 하는 데 있다. 그래서 개인적 실현의 전통이 내부로부터 붕괴되면 자유사회는 살아남을 수 없다. 마찬가지 이치에서 자유 사회가 살아남아야 만이 그 속에 사는 개인들도 살아남을 수 있다. 따라서 개인들은 공유된 그들의 목적이 분열되지 않도록 특별한 고통을 감내해야 한다.

한국의 사회는 유사 이래 최고의 부를 누리는 선진국 대열에 서 있다. 2020년 기준 1인당 GDP는 32,000달러이며, 2021년 수출입 실적은 1조 2600억 달러(294.9억 달러 흑자)로 세계 8위를 기록하고 있다. 기타 여러 지표들도 전 세계에서의 한국의 위상을 잘 보여 준다. 우리의 문제는 어떻게 하면 배부르면서도 깨어 있도록 하느냐이다. 우리는 또한 어떻게 하면 쉽고 편하게 사는 삶에 취한 상태에서 탈선을 막고, 우리 앞에 놓인 요구들에 꿋꿋하게 대응해 가느냐이다. 이를 위해서 몇 가지 제안을 한다면 다음과 같다.

첫째, 우리는 우리 사회가 공유하고 있는 목표들을 재확인하고, 이들을 성취해 내겠다는 재 헌신rededication을 결의해야 한다. 우리는 도덕적 서약과 함께, 전 사회에 퍼져 있는 무감각, 무관심, 그리고 무관여를 끝내야 한다.

헌신을 희생과 같은 의미로 사용하는 것은 잘못된 것이다. 헌신이란 무언가 의미 있는 목적을 지향하여 온몸을 쏟는 것을 말한다. 의미 있는 목적을 위하여 강도 높은 노력을 기울일 때 커다란 희열이 뒤따름을 우리는 안다. 최고의 전문의로서 하루 18시간씩 일하고, 밤12시에 전화를 받고 병원에 나가야 하며, 위급한 상황에서 오는 압박과 불안에 떨며 살더라도, 조용한 환경에서 할 일 없이 편안한 삶을 사는 것과 맞바꾸자고 한다면 응할까? 실험에 매진하는 과학자에게도 그의 일에 대한 정신적 보상이 따를 것이란 것을 의심하는 사람은 아무도 없다. 이처럼 사회의 최고 가치를 지닌 목적들을 위하여 헌신하는 사람들에게 대답은 마찬가지일 것이다. 지금처럼 헌신하며 사는 삶 을 택할 것이라고.

우리는 행복이라는 것이 모든 소원이 이루어진 상태에서 편함, 즐거움, 조용함 등을 필연적으로 포함할 것으로 생각한다. 그러나 대부분의 사람들에게서 행복은 이 같은 단조로운 상태에서가 아니라 의미 있는 목적을 지향하는 적극적인 노력 속에서 찾아진다.

우리는 우리 삶에서 의미를 찾기를 원한다. 눈을 들어 수월성을 추구하며, 우리 사회 최고의 목표를 위해 헌신할 때, 우리는 개개인에 들어 있는 최선의 것들을 실현하겠다는 인간의 투쟁에 끼어들게 된다. 생각할 수 있는 가장 높은 목표에 도달하고, 참지 않고 쉼 없이 수월성을 위해 노력한 인간은 위대한 종교적 통찰을 성취하고, 위대한 예술 작품들을 만들었으며, 우주의 비밀을 꿰뚫고, 그리고 인간의 존엄성을 나타내는 행위의 표준을 세웠다. 반면, 표준이 없는 인간, 눈을 땅에만 처박고 사는 인간은 삶에 가치가 없고, 무지에 빠지며, 윤리적·도덕적으로 눈이 멀고, 의미가 결여된 삶을 살 수 있다는 것을 사회와 시대를 불문하고 역사는 반복해서 보여 주고 있다.

우리는 무관심과 무목적 혹은 순간적 쾌락의 추구 속에서는 행복을 찾을 수 없다. 삶의 의의와 행복은 모두 사회 최고의 목적에 헌신하는 데서 찾아질 수 있다.

둘째로는 개인과 사회에 활력을 불어넣어 줘야 한다는 것이다. 우리 사회는 언제부터인가 개개인에게 아무런 다짐을 요청하지도 않고, 또 심적 다짐에 악영향을 주는 것들에 대해 무관심한 것 같다. 이상하게도 우리 사회는 흥미 있는 방법들을 사용하여 개인의 이 같은 다짐을 약화시킨다. 예를 들어 우리가 참여하면서 살도록 되어 있는 기업이나 조직의 막강한 규모나 복잡성은 개인으로 하여금 국가적 문제들에 대해서 뭔가 기여할 수 있는 것들을 찾기 어렵게 만들고 있다. 특히 젊은 사람들에게 우리 사회가 거대한 기계처럼 작동하는 모습에서 무력감은 더욱 강렬해진다.

사람은 가정에서건, 사회에서건, 혹은 국가에서건 자기가 필요한 존재이고, 그 필요에 부응할 수 있을 때 활력과 희열을 느낀다. 필요한 존재가 된다는 것은 가장 풍부한 형태의 도덕적, 영적 자양분이다. 그리고 필요한 존재가 아니라는 것은 가장 지독한 형태의 심리적 박탈이고 형벌이다. 따라서 사회는 젊은이들로 하여금 쓸모없는 인간이라는 인식을 갖지 않도록 하는 것이 중요하다.

요즘 젊은이들 사이에서 목표 상실 분위기가 폭넓게 확산되어 가고 있다. 우리의 현실을 돌이켜보면 이는 전혀 놀라울 일이 아니다. 안정된 직장을 찾을 수 없지, 직장이 없으니 안정된 수입도 없지, 그런데 어떻게 결혼을 하고, 자식을 가질 수 있단 말인가? 더구나 살 집은 천정부지로 오르지, 그래서 어쩔 수 없이 무력감에 빠져든다.

철제 우리에 갇혀서 전기 충격기로 실험을 당하고 있는 개는 처음에는 충격을 가했을 때 빠져나가기 위해 격렬한 반응을 보이나, 나중에는 충격을 가해도 우리를 빠져나갈 수 없다는 것을 깨닫고, 그냥 반응하지 않고 충격을 참아낸다고 한다. 이런 상황이 무력감이며, 어찌할 도리 없음이다. 아무것도 이런 상황에서는 젊은이들의 마음과 의지를 붙잡을 수 없다. 더구나 그들 속에 들어 있는 최선의 재능들을 꺼내 실현하도록 독려하는 것은 전혀 불가능하다.

기성세대들은 젊었을 때 배고프고 가난하였지만 일자리는 많았었다. 그래서 세월이 지나면 나아지겠지 하는 꿈과 소망이 있었다. 나의 사고와 행동이 나의 발전과 함께 사회와 국가 발전에 기여할 수 있다고 생각하며 살았다. 그러나 지금은 왜 젊은이들이 사회와 국가를 위해 필요한 존재라는 것을 깨닫게 하지 못할까? 노력을 하면 꿈을 성취할 수 있다는 확신을 심어 주지 못할까? 그리고 우리는 왜 내가 사회와 인류 발전과 관련되어 있다는 것을 인식하게 하지 못할까? 그것이 경제적 성장 문제인지, 분배의 문제인지, 공정과 정의의 문제인지는 모르겠으나 우리 기성세대들은 모든 지혜를 모아 젊은이들이 삶의 활력을 찾게 하고, 이들의 도움이 절대 필요하다는 것을 말할 수 있어야 한다.

셋째로는 우리 모두가 유능한 인간이 되어야 한다는 것이다. 나는 내가 매우 존경하는 어떤 선생님에게 그의 학생들을 가르치는데 뛰어난 비결이 무엇인지를 물은 적이 있다. 그의 대답은 간단하였다. '나는 잘하는 것이 못하는 것보다 더 낫다는 것을 가르칩니다. 많은 선생님들은 높은 표준standards을 설정하고, 이 표준을 달성하기 위해 사는 것이 기쁨이고, 자랑임을 가르치지 않습니다'고 말씀하셨다.

표준! 이는 모든 사람의 가슴속에 새겨 두어야 할 가장 중요한 단어이다. 우리의 성격과 우리의 삶 속에는 이 표준들을 성취하는 데 방해가 되는 여러 가지 요인들이 있다. 게으름, 자기만족, 한 방에 대한 열망, 지름길, 꾸물거림 등.

건전한 사회인의 조건으로서 유능의 중요성은 폭넓게 무시되고 있다. 민주사회를 지키는 데 있어 설익게 교육받은 사람이나 반거충이들이 설 곳은 없다. 자유로운 사람이 되고 싶으면 먼저 유능한 사람이 되어야 한다. 자유로운 민주사회에서 유능은 개개인이 갖추어야 할 하나의 기본적 의무이다. 그들의 업무가 무엇이든지 간에, 이들을 능숙하게 수행하는 것은 전체 사회의 격조를 높이게 된다. 그러나 자기 일을 적당히 수행하는 사람은, 그 사람이 청소원이든, 판사든, 의사이든, 기술자이든 사회의 격조를 떨어뜨린다. 그래서 사기꾼들, 정직하게 일하지 않고 이득만을 취하려는 자들은 모두 자유로운 민주사회의 유감스러운 짐들이다.

수월성은 유능 그 이상을 나타낸다. 그것은 매 삶의 국면에서 최고로 높은 표준을 향한 노력을 시사한다. 우리는 개인적 수월성이 어떤 모양의 것이건 간에 모두 필요하다. 민주사회에 가장 깊이, 그리고 가장 크게 헌신하고 있는 사람은 수월성을 주창하는 사람이며, 이 수월성 곧 최고 표준의 성취를 수행할 수 있는 사람이다.

자유인은 자신의 목표를 스스로 세운다. 누구도 이들에게 무엇을 하라고 말하지 않는다. 그리고 그들 스스로 그것을 행한다. 자유인은 그들의 사회가 필요로 하는 노력과 수행의 유형을 바르게 간파하고, 자기 스스로와 동료들에게 그 같은 유형의 노력과 수행을 요구할 수 있어야 한다. 이렇게 될 때 우리는 그 사회가 장기간 활력을 유지할 것을 기대할 수 있을 것이다.

우리는 위대한 대한민국, 위대한 인류의 세기를 창조해 내야 할 책무가 있다. 그렇게 하기 위해서는 지성과 상상력 그리고 용기를 지닌 사람들이 절대적으로 필요하다. 다른 사람들이 죽든 살든 신경 쓰지 않고, 나만 편하면 그만이라는 무관심, 냉소주의를 떨쳐버리고, 우리의 아버지 세대가 온전히 희생하며 꿈꾸던 세계를 우리 세대가 구현해야 한다.

최근 대중문화를 중심으로 K-pop 열풍, 한류 열풍이 전 세계를 휩쓸고 있다. 덩달아 우리의 어깨도 으쓱해진다. '오징어 게임'으로 골든 글로브, TV시리즈 부분 조연상을 받은 오영수 배우는 수상 소감으로 '세계 속의 우리'가 아니라 '우리 속의 세계'를 말하였다. 이 말 속에는 한국의 영화가 세계의 영화를 선도해 가겠다는 의지를 담고자 하였다고 생각한다. 한국인은 문화 분야에서뿐만 아니라 학문, 경제, 사회 등 전 분야에 걸쳐 세계와 활발히 교류하고, 세계를 앞장서 끌고 가겠다는 의지와 각오를 다져야 한다. 인문·사회과학 분야든, 과학·기술 분야든 최첨단 연구들을 수행하고 선도해야 한다. 평화와 공존이든, 인간의 존엄성과 가치이든 전 인류가 함께 추구해야 할 목표를 설정하고, 이를 향하여 쉼 없이 나가야 한다. 또한 지적, 도덕적으로 성숙한 인간이 되어 세계인으로부터 존중받는 사람이 되어야 한다.

| 찾아보기 |

【ㅈ】

【ㅊ】

【ㅌ】

류완영 한양대학교 명예교수. 한국미디어교육협회 대표. 서울대학교 교육학과에서 학사와 석사를, 미국 Kansas University에서 교육과정 및 교수학습이론으로 Ph.D를 받은 후, 대학에서 교수학습이론, 교육연구방법론 등을 주로 가르쳐왔다. 「학습자의 특성에 따른 학습 자료의 구조화 방안」, 「정보화 시대를 위한 교육」, 「구성주의에서 의미의 의미」 등 다수의 논문과 『교육과 컴퓨터』, 『교수학습의 이론과 실제』 등의 저서가 있다. 최근에는 인간의 사고의 틀을 바꾸려는 이론인 변형학습이론(transformative learning theory)에 많은 관심을 가져왔었는데, 그 접근방법 면에서 지금까지의 인지적 접근에서 감성적·영적 접근으로 관심 영역이 바뀌어가고 있다. 나아가 다양한 정보통신매체들을 사용하여 교육의 범위를 무의식의 세계, 정의적(情意的)·신비적 영역까지로 확대하는 방안에 관해 고심 중이다.

내일을 위한 교육

펴낸날 2022년 12월 15일 초판 1쇄

지은이 류완영 · **펴낸이** 김우승

펴낸곳 한양대학교출판부 · **출판등록** 제4-7호(1972.2.29)

주소 서울 성동구 왕십리로 222 · **전화** 02.2220.1432-4 · **팩스** 02.2220.1435

홈페이지 press.hanyang.ac.kr · **이메일** presshy@hanyang.ac.kr

본문디자인·편집 김민지 · **표지** 안광일 · **인쇄** 네오프린텍

ISBN 978.89.7218.756.1 (93370)